中华姓氏起名通典丛书

王姓起名通典

毛上文　温　芳　编著

气象出版社
China Meteorological Press

内容提要

本书分为六大部分:姓氏篇、起名篇、起名实例篇、风俗篇、文化篇、人物篇。作者采用考古新成果与史料相互印证比较法,并利用族史学、民俗学、地名学等多种学科知识研究了中华姓氏的来源、祖先、发源地等错综复杂的问题,这为辨识浩繁庞杂的中华姓氏源流,提供了一个崭新的视角。

作者传授了天干、地支、五行等传统文化与重要的起名方法,列举了起名笔画数吉祥模型,提供了起名实例,以便读者学习与应用。书中介绍了亲子连名、生肖星座、姓名避讳等民俗。在姓名文化篇,作者讲解了姓名与人的字号、贵姓郡望与堂号、贵姓楹联与家训,介绍了历代名人的优秀事迹等。

图书在版编目(CIP)数据

王姓起名通典/毛上文,温芳编著. —北京:气象出版社,2010.12
(中华姓氏起名通典丛书)
ISBN 978-7-5029-5104-7

Ⅰ.①王… Ⅱ.①毛… ②温… Ⅲ.①姓名学-中国 Ⅳ.①K810.2

中国版本图书馆 CIP 数据核字(2010)第 231844 号

出版发行:气象出版社
地　　址:北京市海淀区中关村南大街 46 号　　　**邮政编码**:100081
总 编 室:010-68407112　　　　　　　　　　　**发 行 部**:010-68409198
网　　址:http://www. cmp. cma. gov. cn　　**E-mail**: qxcbs@cma. gov. cn
责任编辑:吴晓鹏　黄红丽　　　　　　　　　　**终　　审**:周诗健
封面设计:博雅思企划　　　　　　　　　　　　**责任技编**:吴庭芳
印　　刷:北京京科印刷有限公司
开　　本:710 mm×1000 mm　1/16　　　　　　**印　　张**:14.25
字　　数:203 千字
版　　次:2011 年 1 月第 1 版　　　　　　　　　**印　　次**:2011 年 1 月第 1 次印刷
定　　价:29.00 元

前　言

——起吉名不容易

自 2000 年以来，我们陆续编著了《起名技巧大全》、《宝宝起名实用宝典》、《宝宝吉祥起名大全》、《起名通书》、《周易与人生策划》等十多种书，深受读者欢迎。根据读者反馈信息，起名最难定的问题之一是搞不清汉字的笔画数，这是因为用于起名的汉字笔画数有特殊的规定。我们再三确认了一些难定的汉字笔画数，今列举如下："宝"通常按照 20 画计算，宝＝寶，像房子里有贝和玉，表示家里藏有珍宝，在西周金文里，又加上一个声符"缶"（古音与"宝"同）。宝＝寳，则按照 19 画计算。"瑛"按照从"王"（玉）的部首论为 14 画，意思是像玉的美石。"英"从"艹"（艸）部首，故以 11 画论。"敬"按照 13 画论。"梦"按照 13 画论。"钟"既可以 17 画（钟＝鍾）论又可以 20 画（钟＝鐘）论。如果读者还对哪些汉字搞不清笔画数，可与作者联系。

中国人一向有重视起名的传统，大家都知道：吉祥名字能够使人受到潜移默化的诱导作用。怎样起一个使人终生受益的吉名呢？这是起名最难的问题之二。根据我们十几年的起名经验，起名要在八字五行基础上，考虑格数、音、形、义，这就是我们十几年所倡导的"五维全息吉祥起名法"。

无论大姓、小姓，起吉名都不容易。根据不同姓氏起名，是起名最难的问题之三。因为有些姓氏与名字搭配起来有不雅的音义，比如"李功绩"，听起来像"力公鸡"；"王义"，读音跟"忘义"一样，让人想到见利忘义之徒；"张达人"，"达人"出自《菜根谭》

中的"达人观物之外，思身后之身"，这个名字虽然好，可是与"张"搭配起来就让人误解为"嚣张打人"；"朱生杨"，好似"猪生羊"，给人不伦不类的感觉；"胡丽晶"读音似"狐狸精"；"关鹇鹕"给人要歪的感觉，姓与名不平衡。

不了解自己姓氏的来源，是起名最难的问题之四，比如"祁"姓既可以8画论又可以12画论。据《元和姓纂》和《辞源》所载，春秋时晋献侯四世孙奚为晋大夫，食邑于祁（故城在今山西省祁县东南十五里处古县镇），遂以邑为氏。"祁"姓源自以"祁"邑为姓氏，则按照12画起名，因为右"阝"表示"邑"，以"邑"部首论；"祁"姓源自以"祁"人名或官职为姓氏，则按照8画计算，因为周朝时司马祁父之后裔以先人的名为氏。一说祁父乃管理兵甲之事的官职，后世以官职名为姓。"祁"当盛大、舒缓、众多的意思，也按照8画计算，以8画论的"祁"姓从"礻"（示）而不从"阝"（邑）。经过多年的起名经验和与读者沟通，我们发现大部分读者对自己姓氏起源演变、文化、习俗不太了解，而我们编著的《中华姓氏起名通典》丛书有助于解决姓氏起名难的问题。

综上所述，起个吉祥名字多么不容易！针对各姓氏起吉名更是难上加难，为此我们编著了《中华姓氏起名通典》丛书，先从大姓开始，对每个姓氏的来源、贵姓祖籍、贵姓先人、贵姓郡望与堂号、贵姓楹联、贵姓家训、贵姓起名技巧等，都作了详细且通俗易懂地解答。不管您阅读自己的姓氏起名通典图书，还是阅读其他各姓氏起名通典图书，您读完我们的任一本书，一定能掌握"五维全息吉祥起名法"，也肯定能获得一个姓氏完整新颖的资料。各个姓氏的民俗文化与起名技巧，汇集成中华姓氏起名大百科，这为今人辨识浩繁庞杂的中华姓名文化源流，提供了一个崭新的视角。

毛上文

2010 年 11 月 26 日

目 录

姓 氏 篇

♥ 姓氏发微

　　姓氏发微，就是阐发姓与氏的微妙之处，使读者真正了解"姓"、"氏"以及"姓氏"。在当今人们的意识中，"姓氏"已成为一个固定的名词，姓氏是一回事，其实，在中国古代，姓和氏之间有着较大的差异，古代"姓"、"氏"是两个名词，这两个名词的内涵和用途不一样。古代的"姓"是有血缘关系的世代相承的同族称号，不同血缘的部族团体就有不同的姓，距今一万年前，处于母系氏族社会初期（相当于考古学分期上的中石器时代向新石器时代的过渡时期）的人们通过"姓"识别不同血缘的族群。远古时期的"氏"也可以作为部族的名称，到夏、商、周三代时期，"氏"才变成了"姓"的分支，是一个与地域有紧密联系的人的新标识，以至于"氏"起着标明一个人身份地位高贵的作用。

　　我们的祖先弇兹（yān zī）氏与燧人氏太聪明了，他们早在万年前就用大自然中固有的"风"作为识别血统的图腾了，于是中华第一姓诞生了。

　　距今一万年前的燧人氏（又称"燧人"）与弇兹（yān zī）氏结为群婚杂居的关系后，他们最早发现并认识了风的季节性周期规律，发明了指示四时风向的风向标——相风仪，又称为"方牙"。这种仪器后来传给雷泽氏族称"雷牙"，再传给伏羲氏族时期就叫"苍牙"，所以伏羲继承了先人的文明成果，他会"听八风、法八极"。弇兹与燧人用"方牙"来观测八方季风的方位和时间，有利于他们的族人按节气活动，不断发展壮大，于是他们把天穹宇宙发来的第一信息——"风"，作为自己的族群图腾，以"风"命族姓，中华民族自此真正进入有姓的母系氏族原始社会时期，所以"风"

姓成为中华民族第一姓。

距今约 7500 至 5500 年前，中国古人类进入母系氏族（氏族：原始社会中以相同的血缘关系结合的人类社会群体）社会的强盛时期，该时期出现了中国人的祖先伏羲氏与女娲，伏羲氏又称太昊，亦作大嗥、太嗥、太皞，伏羲氏还被称为庖牺氏、宓羲、包牺、伏戏，是上古中民族的首领，也是神农炎帝和轩辕黄帝的共同祖先，位居三皇之首，伏羲氏认识到季风的规律，他以"风"为姓。马骕《绎史》卷三引《三坟》说："伏牺氏，燧人子也，因风而生，故风姓。"伏羲与女蜗同姓风，可见伏羲、女娲，原是同部落的兄妹关系，他们的传说也是可信的。

往后，神农氏发展起来了，神农氏即炎帝，姓姜，也是中华民族族始祖之一。神农氏后裔与黄帝氏族结为部落联盟，这才有了今天的炎黄子孙。

中国人的姓氏在母系氏族原始社会里是按照母系传承的。中国先人处于"但知其母，不识其父"（《白虎通·号篇》）的母系氏族社会时期，母权制已深入氏族生产和生活的各个领域，氏族成员按母系血统计算世系，并形成明确的姓族制度：子女从母亲居住，由母亲抚养，并属于母亲所在的氏族，同一氏族的成员都是同姓的，子女也从母姓，因此子女的血统世系是按照母系计算的。母性祖先的姓由女性世代相传，即由祖母传给母亲，母亲传给女儿，再由女儿传给孙女，依次类推，长久绵延。在母系氏族社会时期，同姓人出自一个共同的女性祖先。人类学家认为，在群居杂处、男女无别的原始群体中，子女决不可能辨认父亲，而母子之间的关系则是很明确的。这种情况，我国古代文献已有记载。《吕氏春秋·恃君览》云："昔太古尝无君矣，其民聚生群处。"《淮南子·本经训》："男女群居杂处而无别。"摩尔根在《古代社会》里曾经说过，这些原始的人们过着"群团的生活，实行杂乱的性交，没有任何家族，在这里，只有母权能够起某些作用。"

如今云南永宁纳西族仍保留了浓厚的母系制传统习俗。当地以女为贵，认为有女不算断根，但是只生儿子则是断根，必须过继女继承人。中国古籍里记载了母权制氏族社会的婚姻与姓的产生关系。《列子·汤问篇》（战国前期思想家列子著）记述："男女杂游，不媒不聘。"《公羊传》（亦称《春秋公羊传》、《公羊春秋》，是专门解释《春秋》的一部典籍，据传作者是战国时代的公羊高）说："圣人皆无父，感天而生。"《说文·女部》（《说文解字》简称《说文》）："姓，人所生也。古之神圣人母感天而生子，故生天子，因生以为姓。"所谓"无父"、"感天而生"，实际是母系制婚姻形态的反映。

考古专家在以山东泰山地区为中心的大汶口文化早期（公元前4040—公元前3340年）遗址发现无葬具的墓葬，且有反映氏族成员间牢固血缘关系的同性合葬墓，这是母系氏族社会的墓葬特征。

距今约5500至4000年前，中国远古人类进入父系氏族社会，父权代替了母权，从此男性的财产权和社会地位高于女性，家庭婚姻关系也由母系氏族社会的"从妻居"改变为"从夫居"，子女自然不再属于母系氏族成员，而成为父系氏族成员，中国人的姓氏于是转变为按照父系传承，即只在男子中一代代地相传，比较稳定，那时的同姓人出自一个共同的男性祖先。

在大汶口文化的中、晚期（公元前3640—公元前2240年）墓葬中，发现了木椁，出现了夫妻合葬墓和夫妻带小孩的合葬墓，这标志着只知其母不知其父的母系社会的结束，中国开始或已经进入了父系氏族社会。因此，最晚在距今4250年前，中国远古人进入父系氏族社会，父权代替了母权，从此男性的财产权和社会地位高于女性，家庭婚姻关系也由母系氏族社会的"从妻居"改变为"从夫居"，子女自然不再属于母系氏族成员，而成为父系氏族成员，中国人的姓氏于是转变为按照父系传承，即只在男子中一代代地相传，比较稳定，那时的同姓人出自一个共同的祖先。

根据《左传》记载，鲁隐公八年（公元前715年），担任"大夫"官职的众仲曾对"姓"与"氏"的来历及关系作过概述，众仲对曰："天子建德，因生以赐姓，胙之土而命之氏。"就是说，"天子"（从父系氏族时期到夏朝之前，这个称呼可以指代具有最高统治地位的部落联盟首领）分封有功德的人，根据他们的出生即血缘关系赐给其姓，为提高其姓族地位，再赏赐给他们土地而给予氏称。"赐姓、胙土、命氏"就非常明了地勾勒出了"氏"是"姓"的分支。宋朝刘恕《通鉴·外纪》说:"姓者,统其祖(祖为始、初、先之义,后来才用引申为父母以上的长者)考之所自出;氏者,别其子孙之所自分。"班固《白虎通·姓名》篇说:"所以有氏者何?所以贵功德、贱伎力……闻其氏,即可知其德,所以勉人为善也。"宋朝郑樵《通志·姓氏略序》说:"氏所以别贵贱,贵者有氏,贱者有名无氏。姓所以别婚姻,故有同姓异姓庶姓之别。氏同姓不同者,婚姻可通;姓同氏不同者,婚姻不可通。三代之后,姓氏合而为一,皆所以别婚姻而以地望明贵贱。"明末清初著名的思想家、史学家、语言学家顾炎武(1613—1682年,原名绛,字忠清,明亡后改名炎武,字宁人,亦自署蒋山佣,被尊称为亭林先生)曾一针见血地说出了姓和氏的区别:"氏一传而可变,姓千万年而不变。"这三者用更清晰地表述,对众仲的概论作了阐释。

根据以上五种记载,我们可以归纳姓的主要作用是:①别种族;②明世系;③别婚姻。在上古,同姓的人们就是同一个血缘亲族,所以同姓不婚,如《左传·信公二十三年》说:"男女同姓,其生不蕃。"《国语·晋语》也说:"同姓不婚,恶不殖也。"古人从长期实践中领悟到近亲婚配会产生不良后代的道理,辨别男女双方的姓,就能决定婚娶与否。

东汉文字学家许慎在《说文解字》中这样解释:"姓,人所生也,从女从生,生亦声"。"姓"的本义是人生来就有的图腾记号,所以远古产生的姓是用来识别氏族及其成员的血缘亲疏远近关系的标志。"氏"可以说是"姓"或"支姓"的分支。"氏"冠在男人的名前,表露着一个男人的封地、爵位、官职,以及追谥,代表了男人的荣耀功业和尊严。譬如周武王的四弟叔旦,由于其采邑为周,被称为周公。其实,周公为姬姓,周只是他的氏而已。

明末清初著名的思想家、史学家、语言学家顾炎武考证春秋时代只有女子称姓,而男子不称姓。当时的女子,尤其是贵族妇女姓比名重要,没有出嫁的女子在姓上加孟(伯)、仲、叔、季表示排行,如孟姜、叔隗(kui)、季姬;出嫁后,如果嫁给国君,要在姓上加娘家的国名,如齐姜、晋姬、秦嬴;如果嫁给士大夫,就在姓前加大夫的氏，如赵姬（赵公之妻）、棠姜（棠公之妻）；如丈夫去世，要在姓上加丈夫的谥号，如武姜（郑武公之妻）、文嬴（晋文公之妻）；女子嫁给平民，因平民没有氏只有名，则在夫姓后加自己的娘家的父姓。这样做的用意，都是为了避免同姓婚配。国学大师王国维（1877—1927 年，字静安、伯隅，号观堂、静观，浙江海宁盐官人）在《观堂集林》中证实了男子自周代起称氏，女子称姓。

"姓"是因生、因德、因地而得来的，主要从居住地名或者所属的部族名称而来。"氏"是从受封地、所赐的爵位、所任的官职的名而来，或者由死后因功绩被追加的谥号而来。所以先秦时期贵族有姓、有氏、有名，比如周文王（约公元前 1152—前 1056 年），姬姓，周氏，名昌，因商纣王封其为西伯，即西方诸侯酋长，故称为西伯昌，亦称伯昌，《封神演义》称其为西伯侯，周武王灭商建周后，追谥其父西伯昌为"文"，史称周文王，周文王虽姬姓，却不叫姬昌，"姬昌"姓名在东汉时期才出现，后世循之，遂称文王为姬昌。

古代一般平民以及奴隶有名，没有氏，比如《学奕》篇中的"奕秋"，就是名叫"秋"的棋手；《柳敬亭传》中的"优孟"，是指名叫"孟"或者排行老二的艺人。"优"，亦称优伶、伶人，古代用以称以乐舞戏谑为职业的艺人，后亦称戏曲演员。"庖丁解牛"这个成语中的"庖丁"，"庖（páo）"就是屠宰的意思，表示一个人的职业或技艺。《周礼·天官》："庖人：掌共六畜、六兽、六禽，辨其名物。凡其死生鲜槁之物，以共王之膳，与其荐羞之物，及后、世子之膳羞。共祭祀之好羞，共丧纪之庶羞、宾客之禽献。""丁"可能是名，也可能不是这个人的名，因为"丁"字在汉语中就有人口、成年男子的含义以及指代从事某种专业劳作的人，如壮丁、男丁、园丁、家丁之"丁"就是这个意思，因此，《庄子》书中称这个杀牛的人为"庖丁"，或许正是我们今天称杀猪的屠夫为"杀猪的人"，或《水浒传》中称外号叫"镇关西"的屠户为"郑屠"一样。

正因为古时一些以技艺为职业的人在早期没有姓氏，所以古书称呼他们时常在其名前面加一个表示他的职业或所具有的专长的字眼，让人一看就知道这人的专业身份。如《师说》中的"师襄"和"群英会蒋干中计"中提到的"师旷"，"师"，意为乐师，表明职业。不过，一种职业或技艺称号被叫久了，也会逐渐成为一个家族的姓氏，尤其是到秦代，以职业或技艺的名号为氏的人就很多。

战国以后，平民也可以有自己的姓为人称呼了。所以，"百姓"这个词，在东周以前指的是贵族，那时"百姓"即"百官族姓"的意思，如《尧典》"乎章百姓，百姓昭明。"以往贵族才有姓，平民仅有名，战国以后，平民也有姓或有氏，"百姓"遂成为民众的通称。

史籍中关于姓氏的记载多以炎黄时期为起点。通常，姓氏学家把炎黄时期至春秋时期的姓与氏称为"古姓"。古姓与氏主要由上古时期的各部落的称号演变而来的。上古至春秋时代的古姓中有许多带"女"字旁，如：姜、姬、姞（jí）、嬴、姚、妫（guī）、妘、姺（shēn）、姒（sì）、嫚（màn）、娸（qī）。为什么这样？研究姓氏的学者认为，姓是母系一族的名称，一个姓代表了生来就是一个始祖母的后代，因为"姓"是由女和生组成的字，据此证明姓是由女而生的。所谓"今姓"，指春秋战国之后出现的姓氏。

中国的古姓是怎样得来的？据古籍上记述，古姓来源有三："因生得姓"、"因德得姓"、"因地得姓"。所谓"因生得姓"，就是根据一个人由何所生而确定其姓。所谓由何所生，即指一个人的血统来源。古姓实际上是一个人血统的标志，亦即其所归属的血缘集团的标志。血统是自然传承的生命之源，人是自然蕃衍的结果，因此，姓所表明的血统是一种自然的事实。上古，一个人诞生的母族姓什么，他自然就该姓什么。汉字"姓"由"女"和"生"组成的，"生"字表示生命、出生、生来，而"女"则表示生命来源于女性血缘。东汉文字学家许慎《说文解字》解释"姓"字说："姓，人所生也。古之神圣母感天而生子，故称天子。从女从生，生亦声。《春秋传》曰：'天子因生以赐姓。'"这说明上古的人们一出生就从母亲所在的氏族里得到识别血缘身份的标志——姓。《说文·女部》所列的古姓，如姞、嬴、妫、妘、姺、妞、娸、嫚、娥、娃、姒、娴、嫪、姜、姬等皆带"女"字形，这是母系氏族的血缘族姓。

"因生得姓"是出生就得到母系血缘传承的标志。"因德得姓"是因一个人创造出特别的业绩或重大的贡献而得姓，是彰显文明成果的标志。"因地得姓"就是以发祥地或者出生地为姓氏。"因生得姓"和"因地得姓"的法则浓缩了人类认识自然、把握宇宙规律、造福人类的历史经验，建构了中华民族大生态天人合一文化体系，建构了人类最佳生态环境，最佳生命状态，最佳生存状态的理念体系和实施技术体系。"因德得姓"的法则浓缩了中华文明的进程，展示了中华先人创造的中华文明的多层面的历史勋业，这些社会的发明，极大地推动了世界文明的发展进程。

举例来讲，因生得姓。据先秦文献《世本》所言，禹是黄帝的第九代孙，姓姒，氏夏后，名文命，号禹，后世尊称大禹，他的父亲名叫鲧，母亲是有莘氏部族人脩己。相传禹治黄河水患有功，受舜禅让继帝位。禹是夏朝的第一位天子，因此，后人也称他为夏禹。大禹的母亲脩己吃了薏苡（植物名）神米后怀孕了，生下了禹。所以禹这个家族便以薏苡为图腾，并用作族号。尧当部落联盟首领时，他知道大禹母亲的故事，为了表彰禹的功德，赐禹姓"姒"，即把"苡"的草字头换成女字旁，成为姒。这就是禹姓"姒"的由来。又如《史记·殷本纪》记载："三人行浴，见玄鸟堕其卵，简狄取吞之，因孕生契。"大意是，在远古的原始社会时期，有三个人在外面洗澡，其中包括有娀氏之女简狄，她见到全身黑色的小燕产下一个蛋卵（即燕子，子就是卵的意思，现在还有地方称鸡卵为鸡子），简狄捡起来吃了，她就这样怀了孕，生下了殷商王朝的始祖契。于是这个家族以黑鸟为图腾，以子为族号，所以契姓"子"。简狄吃燕蛋而生契的传说，实际上告诉我们：远古的男女在外面媾和交欢，把怀孕、生儿育女看做是神物的恩赐，这反映了原始人类的生殖信仰，因为那时还没有"生理学"，原始人不懂卵子与精子结合产生新生命的道理。契是商族自母系氏族过渡到父系氏族所祭祀的最早的男性直系祖先。从契开始，商族人才有了以父子相承为主的惯例，从此才真正进入父系氏族社会。

古文学家胡厚宣从殷墟卜辞中，找到祭祀商高祖王亥的"亥"字，形体从亥从鸟从隹，隹也是鸟形，这便是商族以鸟为图腾的确证。晚商青铜器《玄妇罍》其铭文有"玄鸟妇"三字合文，这更是商族祖先以鸟为图腾的佐证。唐朝司马贞的《史记索隐》记录三国时期蜀汉著名的儒学大师、史学家谯周说的话："契生尧代，舜始举之，必非喾子。以其父微，故不著名。其母娀氏女，与宗妇三人浴于川，玄鸟遗卵，简狄吞之，则简狄非帝喾次妃明也。"东汉史籍《潜夫论·志氏姓》中记载："昔尧赐契姓子；赐弃姓姬；赐禹姓姒，氏曰有夏。"

以所生之地或发祥地的地名为姓，称为"因地得姓"。发明阴阳五行、甲子纪年、文字、音律、乐器、医药的华夏部落联盟领袖黄帝本来姓公孙，因生长在姬水之滨，又得姓姬。史书上说黄帝有25个儿子，他们得了十二个姓，《国语·晋语四》："司空季子曰：凡黄帝之子，二十五宗，其得姓者十四人为十二姓。姬、酉、祁、己、滕、箴、任、荀、僖、姞（jí）、儇（xuān）、依是也。"也就是说，这十二个姓都是源自黄帝的姬姓，由姬姓分支出来的。现有的大姓的渊源都很深，多数是从黄帝的姓中绵延分支而来的。

从时间上估计，氏比姓的产生至少晚一两千年。后人撰写五帝时期的部落联盟首领的事迹一般不说"姓"只称其"氏"，总是以××氏的模式出现。如：有熊氏、少典氏、彤鱼氏、方雷氏等，这是对先王的敬称，如燧人发明了火，称其为燧人氏；夆兹发明了结绳编织，被称为织女氏或玄女氏或须女氏；伏羲发明了舍饲庖厨，称为庖牺氏，又名伏羲氏；炎帝发明了农业，称神农氏；盘古发明了盖天，因称混天氏或壶灭氏；少昊发明了金星历，称为金天氏。再如，自颛顼（黄帝的孙子）以来，帝喾（黄帝的曾孙）、尧（帝喾的儿子）、舜（黄帝的七世孙，舜的父亲叫瞽叟，瞽叟的父亲叫桥牛，桥牛的父亲叫句望，句望的父亲叫敬康，敬康的父亲叫穷蝉，穷蝉的父亲是颛顼）都来自一个血缘始祖姓，但他们的氏并不相同，例如：颛顼在高阳兴起，称为高阳氏；帝喾在高辛兴起，故称高辛氏；尧因在古名叫唐的地方烧陶而发展起来，所以得陶唐氏；舜因有虞之地而称虞氏。

禹（姒姓，夏后氏，名文命，号禹，后世尊称大禹）为颛顼的曾孙、黄帝的第六代玄孙，禹的祖先黄帝为姬姓，但禹本人被舜帝赐姓姒（sì），在一个名叫"夏"的地方担任部落酋长。当时黄河流域的人们已遭受了连续多年的水患，禹带领大家奋战十三年，终于用疏通河道引水入海的方法制服了洪水，以此获得崇高威望，被氏族推举为原始社会末期的最后一个部落领袖。对此《国语·周语下》记载："其后伯禹念前之非度，厘改制量，象物天地，比类百则，仪之于民，而度之于群生，共之从孙四岳佐之，高高下下，疏川导滞，锺水丰物，封崇九山，决汨九川，陂鄣九泽，丰殖九薮，汨越九原，宅居九隩，合通四海。故天无伏阴，地无散阳，水无沈气，火无灾燀，神无间行，民无淫心，时无逆数，物无害生。帅象禹之功，度之于轨仪，莫非嘉绩，克厌帝心。皇天嘉之，祚以天下，赐姓曰'姒'、氏曰'有夏'，谓其能以嘉祉殷富生物也。"随着经济上私有制的出现与发展，政治权力的独占与世袭也日益为原始社会的各级首领所追求，禹成为这种要求的代表人，他没有按照传统把部落联盟领袖的权力传交给各氏族推举出来的接班人伯益，而是私自授给了自己的儿子启，启继承了这份政治遗产，夏朝成为中国第一个奴隶制国家的国号。夏朝由立国之君禹到亡国之君桀，一共相传了十四世、十七君王，大约延续500年左右。《史记·夏本纪》记述："禹为姒姓，其后分封，用国为姓，故有夏后氏、有扈氏、有男氏、斟寻氏、彤城氏、褒氏、杞氏、缯氏、辛氏、冥氏、斟戈氏。"从字面上理解，就是姒姓自建立夏朝后即改姓夏，随着夏王人口繁衍，又产生了许多分支。按照夏商周三代时期"女子称姓，男子称氏"的规矩，除了历代夏王保持这个夏姓外，其他夏姓男子当是以"氏"称呼的。商王汤（姓子、名履、又叫成汤、商汤，庙号太祖，为商太祖）灭夏后，夏桀的后代男性中有的以夏为姓，社会上从此有了以"夏"姓冠名的人。

氏是先秦贵族专用的称号，平民与庶民没有资格取氏。《左传》有一句"坠命亡氏"的话，就是指贵族被削爵夺地而降为平民或者其后代沦落为庶民后，其氏也连带失去了。春秋以前，有姓有氏的都是官贵之人，平民和奴隶仅有个名字而已。因为氏有"别贵贱"

的作用，因而以氏冠名便成为上流社会的一种时髦。

姓和氏都是在历史发展中产生的标识族别或社会身份的符号，其中的一部分随着历史的演进而亡失，应属正常现象，因此，古书上常有"亡其氏姓"的记载。姓氏亡失的历史现象一般有两种情形。一种情形是某个族姓或族氏因灭族之祸，就此从历史上消失了。导致这种后果的主要原因，是民族或氏族部落间的征服与兼并。司马迁在《史记·五帝本纪》中，描写了上古许多惨烈而壮观的部落联盟相互间厮杀拼搏的场面。战争中，不少氏族被对方用暴力消灭，或者因被征服而隶属于其他氏族，并且被迫使用其他氏族的徽记，于是他们的族姓也就像历史长河上的泡沫一样，转瞬而逝了。《国语·周语下》对姓氏兴衰总结教训道："有夏虽衰，杞、鄫犹在；申、吕虽衰，齐、许犹在。唯有嘉功，以命姓受祀，迄于天下，及其失之也，必有慆淫之心间之。故亡其氏姓，踣毙不振；绝后无主，湮替隶圉。"这段话的核心意思是，只有为世人谋福利，创建济世功业的人，才能获得姓与氏，但是他们的后人因傲慢淫乐而断送了祖先的功业，因此，他们的氏、姓灭亡了，败亡又不能振作，一族之主慢慢没人接替了，子孙沦为奴隶。其实，如此概括氏姓灭亡的因果关系，未必是历史真相，但我们因此可见这种事是经常发生的。据经学大师郑玄（字康成）考证，伏羲时有五十九姓，西周金文中约有三十姓，《左传》里可见二十余姓，到东汉许慎（约公元 58—147 年，字叔重，著名经学家、文字学家，有"字圣"之称）撰写《说文解字》时，《说文》中仅剩下十二姓了。这种统计，虽然不会是每一个历史阶段的古姓的实数，但毕竟反映出古姓逐渐减少的趋势，而这种结果当是与姓族的灭亡有关系。姓氏亡失的另一种情形，是大批沦为奴隶或贱役的男女因身份卑微而失去了姓氏。比如那位夏末商初的大名人伊尹，尹为官名，一说其本名"伊"，一说本名"挚"，甲骨卜辞中称他为伊，金文则称为伊小臣，他是有莘国人，和有莘氏出自同一血统，故姓姒，是夏朝建立者禹的后代。夏朝的第二位天子启（姓姒，名启，大禹的儿子，史称夏启）封支子于莘（今陕西省渭南市合阳县），称"有莘国"，简称莘国。商代因之。西周时，有莘国改属畿内地。公元前 770 年，周平王迁都洛阳后，废有莘国，并入晋国，称"莘"、"梁"或"羁马"。伊尹本属于姒姓族团有莘氏支派中人，但是因为是弃婴，而后从事耕田、师仆（奴隶主贵族子弟的家庭教师），所以不能再用姒姓或有莘氏作自己的标记了。只因在莘国当地很有贤德之名，以"媵（yìng）女"（指古代贵族嫁女时随嫁或陪嫁的人）的方式被商族首领汤，聘请过来，当上了商汤的右相（即右丞相，最高行政长官），后任三代商王外丙、仲壬、太甲的辅佐之官。假使伊尹没有机会当上汤的大臣，也可能结婚生子，一代一代延续下去，其后裔自然就成了没有姓氏的人，这样，也没有人替他考证家世，寻找出已经亡失的姓了。

此外，在土地私有制尚未出现以前，一般贫民因无财产可以继承，故不立族谱，标志家族系统的姓也就失去了使用的意义，所以许多人就在名前冠以劳役名、职业名或居住地名，如巫咸、庖丁、弈秋、优孟等。等到战国中期（指从韩赵魏三家分晋开始算起直到秦始皇统一天下为止，即公元前403—公元前221年），历史进入分裂对抗最严重且最持久的时代，社会财富与姓氏制度随社会大变革也发生变化，庶民也有些微薄的财产可供继承，这些叫惯了的世代相传的手工业或居住地名，便成为他们在姓氏合一的新的历史条件下使用的"氏"，即所谓"今姓"。

春秋以前，贵族之姓承袭远祖的族称，因此百代不变，比较稳定；氏为当事人因自己的先人有大德或者自己建立功德由受封地名、爵位名、官名而来，而且还会随着封邑、官职的改变而改变，因此会有一个人的后代有几个氏或者父子两代不同氏。另外，不同姓之间可能会以同样的方式命氏，因此会出现姓不同而氏相同的现象。

中国人的"氏"集中产生于周朝。周朝初年，为控制被征服的广大地区，大规模地分封有功德的人当地方的诸侯，而这些诸侯国的后人即以所封国名为氏。周之诸侯又以同样的方式对国内的卿大夫进行分封，大夫的后人又以受封地名为氏。以后，各种形式的氏的来源又不断出现，并且氏的数量远远超过了姓的数量。至于贵族女子，则无论怎么称呼都必须带上姓，因为女子的姓起着辨别婚姻的作用，这反映了中国周代社会婚姻制度的严谨性。

战国初期，也就是周朝的后半期，周朝二十多个诸侯国依然以周王为共主。进入战国中期，七国（齐、楚、燕、韩、赵、魏、秦）争雄，各个诸侯国为保持自己的生存和扩大国土的势力，不断改革图强，加强军备，君主们都相继称王，独霸一方。各诸侯互相攻伐，宗法制度开始瓦解，社会发生大变革，社会财富分配与姓氏制度也发生根本变革，于是有些世袭的贵族开始没落，有许多贵族还沦为平民甚至奴隶，一些庶民或者奴隶有了社会地位与财富，为此表明贵族身份的"氏"就变得不重要了，这时氏开始转变为姓，如本属于妫姓的齐国国君陈厉公的儿子陈完，至战国时已以田为姓，姓与氏开始走上合二为一的轨道。

在公元前221年，秦始皇就完成了古中国统一大业，建立中国历史上第一个统一的、多民族的、中央集权制国家——秦朝，秦始皇接受了李斯的建议，废除了分封诸侯的制度，全面推行郡县制度，郡县制需要户籍制度配合，所有的人都要登名造册，姓与氏正式合二为一了。《通志·氏族略》载："秦灭六国，子孙该为民庶，或以国为姓，或以姓为氏，或以氏为氏，姓氏之失，由此始……兹姓与氏浑为一者也。"姓氏制度的演化，反映了姓与氏由分离走向合二为一的历史。

当氏贵制度瓦解后，氏作为一个人的称号不再是有权有钱的贵族身份标志了，而与姓一样成了单纯的家族识别称号，氏"别贵贱"的作用就不存在了。在秦朝崛起的新贵族需要标识身份地位的新招牌，于是新兴起的"郡望"代替"氏"起到了"别贵贱"作用，自秦以后的贵族就在其姓氏前加上郡名（古代行政区域名，秦代的郡比后来兴起的县大），如太原王氏、琅琊王氏等等，太原、琅琊就是姓氏古籍中常说的王姓郡望。在中华百家姓中，王姓拥有郡望最多，这从一个侧面反映了王姓家族的超强繁荣。太原王氏起源于山西的太原，从魏晋到唐朝都非常显赫，与陇西李氏、赵郡李氏、清河崔氏、博陵崔氏、范阳卢氏、荥阳郑氏等七族并列为五姓七族高门。太原王氏是较早登上一流门阀士族地位的王姓。到了唐朝，太原王氏这块沃土中孕育出了王勃、王之涣、王昌龄、王维等一批顶尖诗人，形成大唐诗歌史上一个目不暇接的诗坛盛宴。琅琊王氏家族中涌现出王羲之、王献之、王守仁等名人。太原与琅琊王氏的近祖是秦朝名将王翦。后来，王翦之孙王离死于巨鹿之战，王离长子王元，因避秦乱，迁于琅琊（今山东境内），为琅琊王氏始祖，王元之弟王威则是太原王氏的祖先。"郡望"一词，是"郡"与"望"的合称。"郡"是行政区划，"望"是名门望族，"郡望"连用，即表示某一地域范围内的名门大族，它成为某一显赫姓氏望族的社会身份的地域性标志。

命氏的九种来源

古代男人的氏来源有二十几种，这些氏族后来都变成了姓。命氏有种种不同的方式。查其来源，大致有以下几方面情况：

1. 以国名为氏。例如：芈姓之后鬻（yù）熊曾为周文王师，周成王追封鬻熊曾孙熊绎为诸侯，定都丹阳建立荆国。后熊通自封为武王，他儿子又迁都到鄂（湖北江陵）改国号为楚，春秋战国是强国之一，后被秦灭，子孙以楚为氏。吴姓出自黄帝姬姓，周太王亶父长子太伯为了让贤，出奔到东南沿海一带，土著居民拥为君长建立吴国，春秋后期曾成为强国而称霸一方，后被楚国所灭，子孙以吴为氏。另外，齐、鲁、燕、郑、卫、曹、任、吕、梁、申、霍、耿等都是以国为氏，这里不细说。

宋姓源出于子姓，武王灭商后，纣王哥哥微子启被封于商丘一带，建立宋国，七百多年之后被齐国所灭，子孙以宋为氏。

2. 以封邑（yì）名为氏。周代被封邑的人就以邑名为氏，例如：楚国楚武王有个名叫瑕的儿子，瑕被封于名叫"屈"（今湖北秭归）的采地，于是其后代以"屈"为氏，屈氏后来变成了屈姓，代表人物屈原。

晋公族靖侯被封食采于羊舌这个地方，遂以"羊舌"为氏，以后就成为羊舌姓了，代表人物羊舌赤。

西周初期，周武王之子、周成王的弟弟叔虞有个名叫良的儿子，良被封于解邑（今山西省临晋县西南解城），所以称为解良。解良的子孙后代于是以"解"为氏，这就是"解"姓的来源。

东周时，周匡王封小儿子到刘邑建立刘国（今河南偃师县南），号刘康公，其后代中有的人以刘为氏，即今天的刘姓一支。

3. 以居住或出生地名为氏。例如：《国语·晋语》记载了炎黄二帝得姓来源："昔少典娶于有蟜氏，生黄帝、炎帝。黄帝以姬水成，炎帝以姜水成。成而异德，故黄帝为姬，炎帝为姜。"

最早住在傅岩的人以"傅"为氏，后来"傅"就变成了姓。

东门襄仲的先人居住在东门，遂以"东门"为氏。

百里奚的先人居于百里，遂以"百里"为氏。

西门豹的先人居住在西门，遂以"西门"为氏。

4. 以官职名为氏。例如：周武王当政时，执掌刑狱的官叫司寇，司寇的后代以"司寇"为氏，代表人物司寇惠子。

周朝有史官，史官尹逸的后代以"史"为氏，代表人物史墨。

古代担任司马官职的人就以"司马"为氏，司马后来也变成了姓，代表人物西汉历史学家司马迁。

上官复姓源出于芈姓，战国时，楚国公族子弟靳尚任上官大夫，后代子孙以上官为氏。

5. 以爵名为氏。古代有王爵、侯爵，封王爵和侯爵的人就以王、侯为氏。王和侯都是后代的大姓。

6. 以谥（shì）号为氏。例如：楚庄王的"庄"是谥号，楚庄王的后人就以"庄"为氏。卫康公的"康"也是谥号，后人就以康为氏。庄、康二氏后来又都成为姓。周文王姬昌谥号"文"，其后代以"文"为氏，后来就有"文"姓，代表人物文种。

7. 以从事职业名为氏。这种氏一般是古代平民使用的，他们把自己职业名作为氏，也有极个别官人因职为氏。例如：汉武帝的丞相车千秋，本姓田，皇帝念他年老，叫他每天乘小车上朝，因此号为车丞相，其后就以"车"为氏。这样的氏还有匠石、徒人费、弈秋、庖丁等，其中"石"、"费"、"秋"、"丁"都是人名，"匠"、"徒人"、"弈"、"庖"均为这些人的职业，自然也是他们后代子孙的氏。

8. 以技艺为氏。古代有世代精通巫医、卜筮之术的人，他们的子孙就以巫、卜为氏，即现代的巫姓和卜姓来源。

9. 天子赐氏。例如：古史记载了"五帝"中的禹是黄帝的玄孙，以其治理洪水有功，被赐氏曰"姒"。

贵姓何来——源自子姓的王氏

王姓在《百家姓》中排第8位。据2007年4月24日中国公安部对全国户籍人口的一项统计，当代的王姓人口已经达到了9288.1万，为中国第一大姓，约占全部人口的7.25%（其他三大姓氏依次为李张刘）。从明朝至今的600年间，王姓人口由620万稳定增长到近9288.1万，接近14倍。明代的平均人口接近9300万，当代人口如果按12亿计算的话，增长了近13倍。王姓人口的增长速度略高于全国人口的增长速度。由于在多种方言当中，"王"与"黄"的发音极近。在吴语、赣语、闽东语、粤语中，二字则发音完全相同。为区别两姓起见，王姓口语表述为"三画（横）王"或"三横一竖王"。除中国外，在北朝鲜、南韩也有部分姓王的人，他们祖先应是殷商太师箕子的后代。虽然"王"是朝鲜半岛历史上高丽王室的姓，但今天已经不多见了。据说，当高丽王朝灭亡之后，那些姓王的人们为了避免朝鲜王朝的严重迫害而改姓其他的姓了，部分人改为全姓。在开城王氏的家谱中至今仍可以找到高丽统治者的部分痕迹。

姓氏释义。在古汉字中，"王"的三横，自上而下分别代表"三才"——天、地、人；当中那一竖象征对三者的贯通或精通，能够精通天、地、人的人，就是所谓的"王"，即首领，是君临一方至一国的统治者，因此"王"具有首领、居尊、君主或第一位的含义。清代古文字学家还说"王"字，乃"旺"之本字，解作"德盛亦曰王"。

中国人的姓氏命名遵循一定的习俗与原则。姓氏命名的习俗与原则概括起来有：以国、邑、乡、亭的名为姓，如：徐姓是由古徐国名而来的，邾氏以古邾国命名而来，此后邾氏去掉表示"邑"的邾字右"阝"而成朱姓；以人之名、字、号、谥为姓，如：孔姓由祖先孔父嘉的"字"——"孔父"简化而来，孔子的祖先姓子、名嘉、字孔父，史称孔父嘉，他是商王帝乙的妃子所生的儿子微子启的后代，孔父嘉担任西周的诸侯国宋国的大司马（中国古代的官职名，是朝廷中掌管军政的最高武官），宋国是周武王分封微子启建立的诸侯国；有的姓因音讹或转声而来，如：由"韩"姓的音讹而得"何"姓，由"楂（chá）"姓转音而得查（zhā）姓；有的姓命名以救命物为依据，如：商纣王的法官理徵为纪念木子救命而姓李；有的姓以技、事为依据取得，如造车人的后裔以轸为姓氏；有的姓以官职、官名、爵号为依据命名的，如：春秋时晋国的士会，就是以其世袭的官职名"士"为氏，知名族人还有士鞅、士鲂等，与士会同为晋国贵族的荀林父，因担任"中行"军职，遂以"中行"为氏，于是就有了中行偃、中行寅等姓名，又如，先秦表示社会等级的爵位有公、侯、伯、子、男等五爵，侯姓就属于以爵位名为氏。那么王姓氏怎么得来的呢？

王姓的起源也相当久远。在从姓中分氏的夏商周三代，凡天子的后代多有姓此姓者。历史变迁，帝王换代，王姓的源头很多，不同于出自某一国、某一地域或某一人的其他众多姓氏。总的来说，王姓起源于"王"——部族首领，在各部族首领的王子、王孙们中，有些后裔以王为姓氏。《尔雅·释诂》曰："王，君也"。《六书·故疑》："王，有天下曰王。帝与王一也。周衰，列国皆僭号自王。秦有天下，遂自尊为皇帝。汉有天下，因秦制称帝，封同姓为王，名始乱矣"。《尚书·洪范》："天子作民父母，以为天下王。"中国历史上最早的"王"就是黄帝，黄帝是父系氏族社会部落联盟首领。《庄子·外篇》里曾有黄帝与王倪（公元前3200年代人）论道的记载。王倪是传说中的人物，因为没有其可考证的世系，他能否承担起传宗接代的重任，成为一个家族的始祖，需要慎重下结论。农祖后稷（公元前2200年代人），是黄帝的裔孙、周族的始祖，名叫弃，曾经被尧举为"大农"，被舜命为"后稷"，后稷的"后"字就与"王"字同义。夏朝王室第七代、商族首领王亥（公元前1950年代人），是姒姓最早的王姓人之一，后又有子姓王氏商末的王子比干（公元前1100年代人）和姬姓王氏的王子成父、太孙赤（公元前700年代人）、太子晋（公元前565—前549）等人，组成了王姓始祖群体。

具体来说，王姓来源有子姓之王、姬（jī）姓之王、妫（guī）姓之王和外族改姓王。

源自子姓的王氏：子姓之王是中国王姓最早的来源，太始祖是商朝贵族比干的后人，比干是商朝第十五代王太丁（又名文丁）儿子、商纣王的叔叔。《广韵》（全称《大宋重修广韵》，是我国北宋时代官修的一部韵书）载："东莱之王，殷王子比干为纣所害，子孙以王者之后，号曰王氏。"世人公认比干是子姓王氏的太始祖，《广韵》所载"东莱之王"应该理解为：东莱（今山东省龙口市）是子姓王氏发祥地之一，并不是说东莱王氏的立姓始祖是比干。据考证，周平王（姬宜臼）的太孙姬赤是东莱王氏之祖。据《元和姓纂》、《姓解》、《通志》、《古今姓氏书辩证》、《姓氏急救篇》、《姓觽》、《氏族典》等典籍记载，比干死后，一部分后人留在汲郡（今河南卫辉境内）守护祖墓，以王为姓，取比干为殷朝王子之意，这就是子姓之王的来源。唐代，王氏有32个郡望，其中天水、东平、新蔡、新野、山阳、中山、章武、东莱、河东等9处为比干后裔子姓王氏的发祥地。如今子姓王氏遍布全国各地，山东、江苏、河北、山西、甘肃、河南、安徽、湖北等省份均有不少。此外，子姓王氏在各省建立的乡镇村庄也星罗棋布，尤以山东、河北为最，如山东东平县的王古店、王台，肥城市的王庄，邹城市的王村；河北定州市的王庄子、王咬村、王沿土、东王习、王家庄乡，安国县王庄、王街等。

子姓王氏人才济济，杰出人物有春秋时期被孔子誉为圣人的王骀、西汉丞相王商、三国时期"建安七子冠冕"王粲、魏晋医学家王叔和、北宋名臣王化基、元代农学家王祯、清代白莲教女教首王聪儿等。

王姓可考的远祖先人是"王亥"，商朝尊其为"高祖王亥"。在商朝末年，比干、箕子与微子一起被称为商末三位"王子"。纣王荒淫无道，担任少师（辅佐之官，少师与少傅、少保合为三少或三孤）官职的比干见太师（辅导太子之官）箕子谏言不被纣王采纳而装疯作奴，比干接着直言谏纣，反遭到纣王杀害，葬于汲郡（今河南淇县一带），其子孙在此生息繁衍，因源出王子之故，改姓王氏，被称为"子姓王氏"。

王亥，又名振，王国维在《殷卜辞中所见先公王考》一文中说："卜辞作王亥，正与《山海经》同，又祭王亥，皆以亥日，则亥乃其正宗，《世本》作核，《古今人表》作垓，皆其通假字。《史记》作振，则因与核或垓二字形近而讹。"据范文澜、郭沫若等人研究，商部族活动的中心在今河南商丘，商部族开始是夏王朝的一个重要组成部分，王亥是商族始祖契的第六世孙、冥之长子，继任为商族首领，商族先公之一，甲骨卜辞中称之为"高且（祖）亥"、"王亥"、"高且（祖）王亥"，《山海经·大荒东经》中也作"王亥"，《竹书纪年》作王子亥或"侯子亥"，《楚辞·天问》作"该"或"眩"。在史籍中有世系可考证的王姓人，就是夏朝冥的儿子王亥，由于王亥的地位很高（夏王室的亲王），史籍中多有提及。王亥的存在，证明了王室即为王氏之源的论点。王亥的世系清晰，为黄帝第三十六世（此前有学者传为十世）。王亥是一位很有作为的人，他不仅帮助父亲冥在治水中立了大功，而且还发明了牛车，开始驯牛，为人使役。王亥的谥号"商高祖"。王亥家族世系如下：六世祖——契，五世祖——昭明，高祖父——相土，曾祖父——昌若，祖父——曹圉，父亲——冥，弟——恒，儿子——上甲微。王亥是商王朝开国帝王成汤的七世祖，是夏朝诸部落首领中的一个重要人物。上古五帝之一的舜与王亥的六世祖先契为同时代人，并且舜封契于商，使契成为商部族的首领，所以商部族把舜奉为始祖神。王亥在《史记》卷三"殷本纪"也被提到，但司马迁没有撰写其事迹。相比之下，其它古籍提到他的事迹较多，但大多提到"王亥服牛"一事，其中《竹书纪年》、《天问》对王亥的事迹描述较多，如《天问》言："该（即王亥）秉季德，厥父是臧，胡终弊于有扈，牧夫牛羊。"在商王世系中，最重要的有契、王亥、上甲微、成汤四位，王亥是卜辞中所称的三位高祖之一。在商朝的发展史上，契是商部族最早的首领之一，成汤是商王朝的建立者，而王亥、上甲微父子则是先商时期商族强大过程中的关键人物。

王亥为什么被商王贵族如此重视呢？这还要从王亥所生活的时

代及所从事的事业谈起。王亥大约生活在夏朝的中期，与少康同时。当时，夏朝正处于奴隶制社会阶段，奴隶制的生产关系已逐步确立，社会生产力得到较快的发展。《管子·轻重戊》记载说："殷人之王，立皂（皂字之误）牢，服牛马，以为民利"。"皂"圈养马，"牢"圈养牛。郭沫若在《中国史稿》中说：传说相土作乘马，王亥作服牛，也就是驯养牛马，作为运载的工具。这说明，到王亥时代，商人已经驯用牛马。但王亥所处的时代还是奴隶制初期，农业生产水平虽有进步，但还比较低下，驯养牛等家畜无疑是提高百姓生活水平的重要措施。商部族畜牧业的兴起，不仅提高了商族的生活水平，同时还极大地促进了社会的进步。因此，胡厚宣等人在《殷商史》中认为："王亥是中国畜牧业的创始人。"随着商部族经济实力的增强与牛马数量的增加，王亥便开始了一项前所未有的事业，这就是开始从事商业贸易活动。

夏泄十二年，王亥为了要解决牛、羊过剩的问题，跟其弟恒讨论如何跟其他部落以物换物。决定好之后，与子恒选一些有活力的牧人，一起亲自把这些动物送至有易国（今河北省易县一带）。王亥作为商部族的首领，他率领部落成员同其他部落进行的贸易已不是简单的个人与个人之间的交换，而是部族与部族之间的大规模的贸易活动，所以王亥称得上是部落间大规模贸易的第一人。《山海经·大荒东经》记载："王亥托于有易，河伯仆牛，有易杀王亥，取仆牛。"《山海经·大荒东经》注引《竹书纪年》记载："帝泄，十二年，殷侯王亥宾于有易，有易杀而放之。"还说："殷王子亥宾于有易而淫焉，有易之君绵臣杀而放之。是故殷王甲微假师于河伯，以伐有易，灭之，遂杀其君绵臣。"历史古籍所记载的"淫"并不一定指胡乱性交，因为淫的含义有：浸渍、涂染、浸染、放荡、乱媾、奸污、放纵、恣肆、贪欲、贪心、沉浸、遨游、奸邪、惑乱、沉湎、过度、无节制、邪恶、乱杂等意思，但是王亥确实因三角恋情而惨遭杀害，这值得今天的王姓后人以及所有的商人、企业家引以为戒，商人、企业家赚钱不要贪色，拒绝各种色情诱惑，以免成为第二个"王亥"。

王亥被杀并未影响商部落的强大，商人所从事的贸易活动也并未因此停止。王亥死后其子上甲微借助于河伯的武力，打败有易氏，杀了有易氏国君绵臣，进一步扩大了自己的势力。商之所以能够取代夏朝，其原因是多方面的，但商人所从事的商业贸易使其日益强大可以说是不争的事实，商人的商业贸易活动为商灭夏打下了坚实的物资基础。在《殷墟卜辞综类》所收祭祀王亥的卜辞，就多达96条。殷人有时用祭天的礼节来祭祀王亥，可见王亥在商朝人心中具有极高的威信。正是王亥所开创的畜牧业和所开始的商业贸易活动给当时的商部落注入了新的活力，使商部落迅速壮大起来。

著名文学史家、楚辞学专家游国恩（1899—1978年，字泽承，江西临川人）比较众说，得出如下结论：据《竹书纪年》的记载，启伐有扈，而据先秦典籍，有扈氏虽被攻伐而并未灭国，所以《天问》中的"有扈"并非"有易"之误。"该秉季德"一段，所问的正是关于夏代的历史传说，即王亥托于有扈，放牧（或售卖）牛羊，有淫行，有扈使人袭击于床第之间，刚好王亥先已离开，得以幸免，然其后终于以此丧生。这一段历史不见于其他载籍，正可补古史之阙。

王亥服牛与有易（亦即有扈）氏族的历史故事，出在夏朝中晚期的易水流域，见于《世本》（张澍·集补注本）及《山海经·大荒东经》、《山海经·海内北经》、古本《竹书纪年》、《楚辞·天问》等古籍。由于古籍记述零散，文字简短难懂，神话学家袁珂（1916—2001年）先生把它们用白话文串联起来，写成完整的故事，本书收录其白话文《王亥服牛》一篇如下。

当夏民族逐渐走向衰弱道路的时候，东方的殷民族开始强大兴盛起来。殷民族的兴盛，是以王亥被有易族人杀害，上甲微兴师复仇、灭了有易的传说故事为其标志的。

在东方草原上过着游牧生活的殷民族，从玄鸟（玄鸟：燕子，因其羽毛为黑色，故名）降生的祖先契开始，传了六七代，传到王亥手上，由于王亥对于驯养牛羊特有研究，使畜牧事业进一步发展起来，牛羊成群，铺山盖野。王亥和他的弟弟王恒，决定亲自率领牧夫们，赶一大群牛羊到北方有易族高爽的地方去畜牧，并且和那里的人进行些交易。有易族大约是殷民族的一个旁支，和殷民族有

着亲属的关系，两族人一向往来密切。他们中间隔着一条黄河，黄河的水神河伯和两族人都很友善，时常给他们以济渡的方便。这一回王亥赶了牛羊到有易去畜牧并做生意，也是靠了河伯的帮忙，才平安地渡过了波涛汹涌的惊险的黄河。

有易的国君绵臣，听说贵宾赶了牛羊到来，万分高兴，热情地接待着他们，又是曼妙的歌舞，又是丰盛的饮食。弟兄俩在有易一住就是好几个月，异国的舒适生活，使他们都长养得肥胖胖的，连胸脯两边的肋骨都隐没在肥肉当中，看不见了。健壮的王亥更是一个大食客。他常两手捧着一只煮得半熟的硕大的野鸟，津津有味地吃着它的头，可见他的食欲是多么旺盛。

王恒虽然也还是喜欢吃，可是他更喜欢美貌的女人。有易国君绵臣的妻子年轻貌美，王恒来到不久就把她当作追求的对象，后来终于追求到手。绵臣的妻因对绵臣的年老不满，王恒来到之前她已和绵臣手下一个青年卫士有些暧昧关系，现在和王恒交往还不上算，又对稳重的王亥发生了兴趣。由于她主动向王亥表示好感，王亥就做了爱情的俘虏，却不知道弟弟已经比他占先了。

这一来关系更复杂了：王恒愤恨哥哥抢夺他的所爱，敢怒而不敢言；青年卫士愤恨两个异国王爷的淫纵无礼，更是怒火中烧；但是由于王恒的失意，青年卫士和王恒之间，暂时又以利害关系互相勾结。

终于有一次，王亥去赴绵臣妻的幽会，王恒觑（觑：窥探）着了个实在，便暗中把这消息告诉了青年卫士。青年卫士正找机会要杀人报仇，得到这消息，马上怀着锋利的斧子跟踪前去。这时，酒醉的王亥正在酣眠，绵臣的妻却已应绵臣之召先去了。正是下手的好机会，青年卫士不顾一切，举斧便砍。可怜的王亥便毫无知觉地被杀死在床上了。杀他之后，为了泄愤，还将尸身切成了八块：两手、两腿、加上脑袋和胸脯各横断为二。后世民间传说的"亥有二首六身"，大约指的就是这回事。

青年卫士杀死王亥，气势汹汹，当先跑出，却不知道业已被人发觉，因此一出来便被捉住。人们把他押送到有易君绵臣那里，一问情由，真相大白。老君大怒，登时发下命令，除了将死者王亥带来的牧夫和牛羊全部没收，还把王恒驱逐出境。至于卫士擅自杀人和王后所犯的过错，则由于种种原因，终于被宽恕了。

王恒狼狈不堪地回到东方草原，把王亥被杀经过作了歪曲报道，草原上的人们愤恨有易族人残暴无礼，当即拥戴王恒做了新王，急忙兴师整旅，图谋报仇。

王恒怕问罪之师一兴，自己的马脚难免就要暴露，便自告奋勇前去有易索还牛羊。

王恒到了有易，有易族人知道殷民族的实力雄厚，王恒又新登大位，未可小视，只得仍照先前的礼数款待迎接他。当他一开口，先前没收的牧夫和牛羊就马上返还给了他。但是浪荡子的王恒这回在有易终于坠欢重拾，有所留恋，却迟迟不想回国了。这样一住就是好些时间，有易君臣拿着这个老无赖委实也没有办法。东方草原上的人们，见王恒久去不回，以为又有什么变故，便又拥立王恒的儿子上甲微做了新王。上甲微虽然年轻，却是个贤王，见有易族人杀害了伯父，现在又把父亲扣留起来，实在太骄横无礼，决心统领军队，去和有易族人见个高下。

大军浩浩荡荡到了黄河边上，上甲微找水神河伯商量，请求把他的军队渡过黄河。河伯对于这个请求，真也感到为难，因为他和有易族人也是好朋友，怎忍心让好朋友去吃苦头呢？但是托他帮忙的这边也是好朋友，受了这么大的委屈，又这么义正辞严，最后还是只得勉勉强强把上甲微统领的大军平安地渡过了黄河。有易王听说上甲微带领军队杀来，心里着慌，想是为了王恒久留不归，赶紧派遣使臣去说明事实的真相，上甲微听了，半信半疑。但是箭已离弦，势难收住，于是仍旧指挥大军，继续向有易前进。

可怜年老的有易王，对于战争，素无准备，敌人来了，只好匆忙应战。杂凑的军马，怎能当草原上剽悍的铁骑，不消几仗，就杀得有易族的军队瓦解土崩，最后小小的一座王城也被攻破，老王绵臣则被杀死在城破后的一场混战中。大军一进城，上甲微就赶紧差人去寻觅父亲王恒，可是遍寻无着，想来这个老浪子，也是在混乱中给愤恨的有易族人杀死了。上甲微在悲痛和怒恼之下，更相信父亲被扣留是真，于是纵容军队，在城里城外，大肆屠杀、奸淫、掳掠。只杀得小小一个国家，几乎连人烟都快断绝了。到处只见一些怪模怪样的野鸟，站在树梢或荒野的荆棘丛中，望着地面上的死人，张开翅膀，哑哑地叫。

上甲微灭了有易，意气扬扬，奏凯班师回还。水神河伯对于这个正在得势的朋友，更是不敢得罪，仍旧小心地帮助他把全部的人马、战胜品和俘虏都平安地渡过黄河。等上甲微带领人马回去了，水神河伯才悄悄地去看看他那个失败的老朋友。一看之下，景象果然叫人伤心：田野里长满了杂草和荆棘，繁华的都城早已经成了一片瓦砾，只有几个半死不活的老弱男妇还在废墟里艰难地生活着。

河伯在哀悼老朋友的灭亡之余，于心不忍，就暗中把有易族的孑遗集合起来，变化作另外一种民族，搬迁到另一个地方去居住。这个民族，就叫摇民，或叫嬴民，据说人人都长着一双鸟的脚，成为后来秦国人的祖先。

王亥故事的意义在于：故事的主角虽然有过创造发明的贡献，却终于因为骄惰淫逸丧亡了身子，留给后人以极大的儆省和无限的感慨。《易·大壮》六五爻辞说："丧羊于易，无悔。"又《旅》上九爻辞说："鸟焚其巢，旅人先笑，后号咷（táo，同"啕"）；丧牛于易，凶。"——就是此一故事最早见于记录者，从简单的几句话中已可见到故事的粗略轮廓以及作者对于它的观感了（节选自袁珂：《古神话选释》）。

微子，姓子，名启，世称微子、微子启，"微"是商朝所管辖的诸侯受封地名，"子"是爵位名。微子是商王帝乙的长子，又是纣王的庶兄（《吕氏春秋》称微子、微仲与纣王三人同母，但是其母在生微子和微仲时尚未成为妃，所以是庶子），周武王封微子建立诸侯国——宋国。微子是第一位向纣王谏言的人。等到周西伯昌（即后来的周文王）施行仁德之政强大起来，纣王还是不听劝告，微子害怕大祸来临，想以死解除烦恼，但又犹豫不定，于是请教箕子和比干指点迷津，箕子为微子指路说：如果自杀，国家还是得不到治理，还不如离去。微子于是选择出宫流亡之路。《史记·宋微子世家》对此记载："微子开（注：微子的名本来叫启，司马迁把"启"写作"开"的原因，是避讳汉景帝刘启的名）者，殷帝乙之首子而帝纣之庶兄也。纣既立，不明，淫乱于政，微子数谏，纣不听。及祖伊以周西伯昌之修德，灭璠国，惧祸至，以告纣。纣曰：'我生不有命在天乎？是何能为！'于是微子度纣终不可谏，欲死之，及去，未能自决，乃问于太师、少师……太师若曰：'王子（微子因是商王帝乙之子，故称王子），天笃下菑亡殷国……今诚得治国，国治身死不恨。为死，终不得治，不如去。'遂亡。"

箕子也是商王太丁的儿子、帝乙的弟弟、纣王的叔父，官职太师，封于箕（今山西太谷，榆社一带），姓子，名胥余，箕是诸侯国名，子是爵位号。《史记·宋微子世家》记载了箕子劝谏纣王的言语，原文是："纣为淫泆，箕子谏，不听。人或曰：'可以去矣。'箕子曰：'为人臣谏不听而去，是彰君之恶而自说于民，吾不忍为也。'乃被发佯狂而为奴。遂隐而鼓琴以自悲，故传之曰箕子操。」箕子提出了"洪范九畴"治国大法，当周武王以"小邦周"败"大国商"后，曾经恭恭敬敬地访问箕子，询问箕子商朝败亡的原因。箕子不愿意说殷商的坏处，就拿国家兴亡的道理告诉武王。武王也因言语失礼而难为情，转而请教天道自然规律。《史记·周本纪》对此记载："武王已克殷，后二年，问箕子殷所以亡。箕子不忍言殷恶，以存亡国宜告。武王亦丑，故问以天道。"《史记·宋微子世家》记载了武王与箕子的对话原文："武王既克殷，访问箕子。武王曰：'於乎！维天阴定下民，相和其居，使有常生之资也。我不知其常伦所序。'箕子对曰：'在昔鲧堙鸿水，汩陈其五行，帝乃震怒，不从鸿范九等，常伦所斁。鲧则殛死，禹乃嗣兴。天乃锡禹鸿范九等，常伦所序。'"这里的"阴"就是庇荫的意思；"鸿范"就是《尚书》里的"洪范"；"锡禹"就是赏赐给大禹的意思。箕子把"洪范九畴"（即大法九种）治国大道传授给周武王，第一是五行；第二是认真做好五事；第三是努力施行八种政务；第四是合用五种记时方法；第五是建事使用皇极；第六是治理使用三种品德的人；第七是尊用以卜筮解疑的方法；第八是经常注意使用各种气候征兆；第九是凭五福鼓励臣民，凭六极警戒臣民。

《尚书·洪范》最早记载了"洪范九畴"具体内容，"九畴"中的第一畴是讲我们熟悉的"五行"：水、火、金、木、土。五行不仅是一个对基本物质的分类系统，而且具备"相生相克"这一关系推演系统，而五行体系的最大特征是在于"行"这一字上，体现了生灭流转、变化不息的宇宙观。另外八畴包括政治、天文、气象、修养、道德和人生幸福。

"洪范九畴"概要如下：1. 五行，即"水、火、木、金、土"。水曰润下（指属性），火曰炎上，木曰曲直，金曰从革，土曰稼穑。润下作咸（指味道），炎上作苦，曲直作酸，从革作辛，稼穑作甘。2. 敬用五事。五事即一曰貌，二曰言，三曰视，四曰听，五曰思。态度要恭谨就严肃；说话要和顺，说话和顺办事就顺利；认识要清楚就能辩别是非；听事要聪敏谋事就能成功；思虑要通达，思虑通达就能圣明。3. 农用八政，即管理民食，管理财货，管理祭祀，管理建筑，管理教育，管理司法，接待宾客，治理军务。4. 协用五纪，五纪即一曰岁，二曰月，三曰日，四曰星辰，五曰历数。意思是要协调运用岁、月、日、星辰、历数。5. 建用皇极，即树立皇极的威信，并建立遴选官员和赏罚的标准。6. 义用三德，一曰正直，二曰刚克，三曰柔克，即治理众民要以"正直"为本，同时在必要时又要刚柔并用，或者以刚制胜，或者以柔制胜。7. 明用稽疑，就是通过龟卜和巫占以探询上天的旨意，同时，参照卿士、众民和自己的意见做出判断和决定。8. 念用庶徵，就是通过雨、晴、暖、寒、风等的气候变化以判断年景和收成。9. 飨用五福，威用六极，就是通过寿、富、康宁、好德、善终"五福"劝导人巫向善；通过夭折、多病、忧愁、贫穷、丑恶、懦弱等"六极"，警戒和阻止人们从恶。从洪范九畴的内容看，它涵盖了对自然世界、人身、行为、治国安民、政纲、天文、历数、根本大则、做人德性、气候征象、祸福种类等等人生实践内容的全部，但它决不是西方认识论意义上的知识，而是完全出于实用目的的一种经验积累。这个洪范九畴在中国思想史的地位实在了不得。它阐述了行政方式、行政准则及行政决策方式，是一部中国历代专制王朝的行政大法，对于中国专制社会形成有着特别重要的意义，同时也奠定了阴阳五行说的基础，提供了中国人传统思维的框架。箕子作为思想家最伟大的地方在于首次提出"社会公正"的政治哲学，并且寄希望于"开明君主制"。在商周政权交替与历史大动荡的时代中，因箕子道之不得行，其志之不得遂，"违衰殷之运，走之朝鲜"，建立东方君子国（即箕子朝鲜国），其流风遗韵，至今犹存。中国记载箕子开发朝鲜事迹的书籍，有《尚书大传》、《史记》、《汉书》、《后汉书》、《三国志》等。《史记》和《尚书大传》都记载了周武王封箕子于朝鲜的事。成书于西汉初年的《尚书大传》云："武王胜殷，继公子禄父，释箕子之囚。箕子不忍周之释，走之朝鲜。武王闻之，因以朝鲜封之。"《尚书·微子》篇中，微子称箕子为"父师"。先秦史书《竹书纪年》云："伯夷、叔齐去隐于首阳山。或告伯夷叔齐曰：'胤子在，父师在夷，奄孤竹而君之，以夹煽王烬，商可复也。'"这与箕子开发朝鲜吻合。西汉焦延寿《易林》也说："朝鲜之地，箕伯所保。"这些记述可以互相印证。其中，《史记·宋微子世家》记述："……于是武王乃封箕子于朝鲜而不臣也。其后箕子朝周，过故殷墟，感宫室毁坏，生禾黍，箕子伤之，欲哭则不可，欲泣为其近妇人，乃作麦秀之诗以歌咏之。"箕子早对微子说过："商其沦丧，我罔为臣仆（出自《尚书·微子》，意思是殷商如果灭亡了，我不会作周王朝的臣仆）。"于是前往与商有一定族缘关系的朝鲜。

比干，沫邑（今河南淇县）人，商代贵族，商朝第十五代王太丁（文丁）帝的二儿子，十六代王帝乙的亲弟弟，末代王帝辛（商纣王）的叔父。据《孟子杂记》载："王子干，封于比，叫比干。"可见，比干本名干，因受封于比（今山东省曲阜一带），故名比干。按照商朝的继承法，长子继位，次子分封，比干既是受封的王，又同时担任当时商朝最高的政务官"少师"。比干生于公元前1092年，幼年聪慧，勤奋好学，20岁就辅佐其兄帝乙，又受托孤重辅帝辛（即纣王）。比干是商代以死谏君的忠臣，也是历史上有名的敢于进谏、又不惜以死抗争的忠臣。他和箕子、微子尽心尽力辅佐纣王更是有口皆碑，彪炳青史，三人并称为商末三贤，孔子则尊其为"殷三仁"。历史学家范文澜在《中国通史简编》里曾把他和战国末期的屈原、三国的诸葛亮和唐朝的魏征同列为敢言直谏的爱国者。比干是商纣王的叔父，但同时也是纣王王位的积极争取者。《尚书·微子篇》载：帝乙在位时间很短，病重期间，曾宣比干、箕子等进宫商议继承王位之事。箕子劝帝乙立长子微子为王位继承人，比干却力荐次子帝辛（即后来的纣王）。因微子不是帝乙的正妻所生，所以比干不同意箕子的建议。最后，帝乙采纳比干的建议立辛为王位继承人。帝乙病重期间，比干曾向鬼神祈祷，保佑哥哥身体健康，并许愿只要哥哥能够恢复健康，自己情愿代之以死。帝乙死后，纣王即位，比干全力辅佐纣王治理国家。比干看到纣王荒于政事，就坦言直谏，并带纣王去太庙祭祀祖宗，给他讲历代先王创业之艰辛。纣王虽表面点头称是，但并不真正改过，而且更加荒淫暴虐。比干叹曰："主过不谏非忠也，畏死不言非勇也，过则谏不用则死，忠之至也。"遂到摘星楼强谏三日不去。纣问何以自恃，比干曰："恃善行仁义所以自恃。"纣怒曰："吾闻圣人心有七窍，信有诸乎？"遂杀比干，剖视其心，终年63岁。《史记·宋微子世家》对此记载如下："王子比干者，亦纣之亲戚也。见箕子谏不听而为奴，则曰：'君有过而不以死争，则百姓何辜！'乃直言谏纣。纣怒曰：'吾闻圣人之心有七窍，信有诸乎？'乃遂杀王子比干，刳视其心。"说罢，命人剖开比干的肚子、取出心肝，并向全国下令说："少师比干妖言惑众，赐死摘其心。"公元前1029年夏四月初四，比干被纣王杀害于朝歌摘星台。

　　如今，3000年过去了，虽然比干的躯体早已化作一抔尘土，然而比干舍生取义的浩然正气却永留人间、名垂青史。后人"自古拒谏之君莫甚于纣，自古死忠之臣莫甚于比干"的评价，更使我们对一代忠臣肃然起敬。

　　比干从政40多年，主张减轻赋税徭役，鼓励发展农牧业生产，提倡冶炼铸造，富国强兵，一生忠君爱国倡导"民本清议，士志于道"，被誉为中国"亘古第一忠臣"。周武王消灭殷商王朝暴君纣王，夺取全国政权，建

纣王杀比干

立了西周王朝。为了巩固新建的政权，周武王听从齐太公（即姜太公，姜姓、吕氏、名望，尊称为吕尚或师尚父）建议，在政治上采取了许多政策和措施，安抚殷商遗民，下令释放被纣囚禁的贤臣箕子，扩大商朝贤臣比干坟地并增培墓土。对此《史记·齐太公世家》记载为："散鹿台之钱，发钜桥之粟，以振贫民。明日，武王立于社……封比干墓，释箕子囚。迁九鼎，修周政，与天下更始。"比干谏死后，受到历代君主褒扬，如北魏孝文帝拓跋宏为比干立庙宇；唐太宗李世民下诏封谥"忠烈公"、"太师"，唐太宗为比干撰写的碑文："虽今古殊途，年代冥漠。式遵故实，爰赠太师，谥忠烈公。"元仁宗为比干立碑塑像、清高宗祭文题诗、清宣宗修复比干庙正殿等等。

比干在民间被尊称为文财神，享有财神之首的地位。他所体现出的忠义诚信、公正无私、爱民轻财、回报社会的财富文化内涵，更是中国传统财富文化的重要组成部分。

比干不但是王氏的一支血缘祖先，还是林氏的一支血缘祖先，比干被杀后，他的夫人妫氏刚怀孕三月，恐祸及，逃出朝歌（zhāo gē，古地名，遗址在今河南省北部淇县，殷商末期纣王在此建行都，改称朝歌），于长林石室之中生了一个男孩。周武王姬发灭商后，表彰比干忠烈，寻觅其后，赐比干之子姓林名坚，并封在博陵（今河北安平县一带）。因此比干之子坚是林姓始祖。

新蔡、新野、章武的王姓大多是商朝贤臣比干的后代。子姓王氏的历史至今已有约3100年了。经历了从秦朝一直到唐朝，再到今天。期间子姓王氏一直居住在河南地区，形成著名的汲郡王姓望族，后来迁移到了甘肃、山东、河北和山西等地。

❤ 贵姓何来——源自姬姓的王氏

当今姓王的人有许多源自古姬姓周族人后稷之后，后稷是黄帝的第五代孙、周族的始祖，姬姓王氏还可以细分为四个分支，所谓"一棵树，同根、同果不同枝"。

姬姓中第一支王氏出自周文王第十五子毕公高后代，子孙多为

居住在京兆、河间一带。毕公高：姬姓，毕氏，名高。周文王的庶子，周武王的十五弟。周成王时，入为天子三公之一，故称毕公。毕公高之"公"并非爵位，而是三公之"公"。周初时，他被封于毕（今陕西咸阳西北），建立方国——毕国，故史称为毕公高。春秋时，其裔孙毕万自毕国出奔晋，担任晋国的"司徒"官职，功高位重，被封于魏邑，到战国时期的魏文侯（姬姓，魏氏，名斯，是魏国百年霸业的开创者），魏与赵、韩三国瓜分晋国。公元前403年，韩、赵、魏被周王与各国正式承认为诸侯，成为封建诸侯国。魏文侯任用李悝、吴起、乐羊、西门豹、子夏、翟璜、魏成等人，他在战国七雄中首先实行变法，改革政治，奖励耕战，兴修水利，发展封建经济，富国强兵，抑制赵国，灭掉中山，连败秦、齐、楚诸国，开拓大片疆土，使魏国一跃成为战国初期的中原的霸主。魏文侯后裔中最著名的人物就是历史上著名的"战国四君子"之一的信陵君，即魏昭主之子魏无忌。历史进入公元前225年，魏无忌的孙子魏卑子在秦国灭魏国后逃至山东泰山，后来刘邦称帝，建立汉朝，召卑子入朝作官，封为兰陵侯，当时人们以他出身王族，便称其为"王家"，延以为姓。以上种种，都是出自周朝姬姓的王氏。这支姬姓王氏大约有2200年的历史了。

姬姓中第二支王氏的先人为中国东周平王（姬宜臼）的太孙姬赤之后。因赤的父亲姬泄早死，周平王立赤为太孙，故又称太孙赤。周平王，姬姓，名宜臼，是周幽王的太子。周幽王淫宠新妃子褒姒，竟废黜了王后申氏和太子宜臼，册立褒姒为王后，改立褒姒之子伯服为太子。周幽王荒淫无道，为逗褒姒开心，常常烽火戏诸侯。周幽王废申后所生之子宜臼，引起了申侯（申伯之子）的不满，申侯与缯国、犬戎于公元前771年，联合伐周，当时各诸侯害怕再次被戏弄，都没有派兵前来救周幽王，导致西周的灭亡。犬戎攻破都城镐京（今陕西西安西南），杀死了周幽王以后退走了。公元前770年，卫、晋、秦、郑、申、鲁、许等诸侯国就拥立宜臼为王，于公元前770年在申（今河南省南阳市北）即位，是为周平王。镐京经西戎侵袭，十分残破，加上为避犬戎，平王在秦国护送下把都城从镐京东迁至洛邑（今河南省洛阳）。东迁后的周朝，史称东周。周平王在位 51 年，期间因其太子洩父（姓姬，名洩父，父又作甫）比他死得早，所以公元前 720 年周平王去世之后，其孙姬林即位，是为周桓王，姬赤到他处做官，其子孙也因是王族，改姓王氏，此为太原王氏的一支，也是东莱王氏的一支。东莱王氏分布在今天的山东烟台莱阳。据《温州王氏通志》载，温州的东莱王氏是从祖籍山东登州莱阳县长声乡孙售店（今属烟台莱西市孙绥镇）王氏迁移而来，家谱记载他们的始祖是周平王孙子姬赤。这支姬姓王氏至少有 2700 年的历史了。

据唐贞元年间（785—805 年）王颜所撰《王卓神道碑》，碑文明确指出姬林是篡位当周王的，这与《史记》记载不同，《史记·周本纪》："平王崩，太子洩父早死，立其子林，是为桓王。桓王，平王孙也。"司马迁没说林废赤而自立，王颜当初撰《王卓神道碑》，显然是另有所据。《史记》中未记此事，不能说明王卓碑文可疑。王卓历任魏晋河东太守，迁司空，封猗氏侯，葬于河东猗氏县故解城西隅，在今临猗县庙上乡城西村东，其碑首篆额"追树十八代祖晋司空河东太守猗氏侯太原王公神道碑"，碑文历叙自晋至唐王氏族人变迁之梗概，说："卓，河东猗氏（今山西临猗县）人也，子孙因王显姓，始自四十一代祖周平王孙赤，其父泄未立而卒，平王崩，赤为嗣，为叔父桓王林废而自立，用赤为大夫，及庄王，赤遂奔晋，用为'并州牧'。自赤至龟八代，代牧并州，龟生乔，至文钊十六代，通前八代，代袭封晋阳侯。文钊生叔隽，叔隽生伯明，伯明生屯，屯河东太守，征西大将军。屯生卓，字世盛，魏晋时官河东太守，迁司空，封猗氏侯。卒，遇刘聪、石勒乱晋阳，不遂归葬，而厝于河东猗氏县焉。隋析猗氏为桑泉县，子孙复为桑泉人。司空冢在县东南解石城西二里，至今子孙族焉。我卓公葬于河东，子孙成族，间出将相，太原之望独不鼎盖河东著姓乎？又见近代太原房谱称显姓之祖始自周灵王太子晋，……不乃妄欤？"这说明姬姓王卓家族这支王氏曾经长期在山西临猗一带，而且各代都出官人，被称为河东临猗王氏。但是《王卓神道碑》碑文提出了"太原王氏始祖周平王太孙赤"说，还对当时之前（近代）的家谱称太原王氏始祖只是周灵王太子晋不满，认为那是胡言乱语，荒诞不合理，如碑载："又见近代（指唐代）太原房谱称显姓之祖始自周灵王太子晋，琅琊房谱亦云太子晋后，是各为修谱世务神奇，祖先竟称太子晋后，不及妄欤？"该碑所记资料不得不让我们深思《史记·周本纪》所载周桓王史料与唐代以后的谱牒学，更要反思在太原是否存在同姓同地异根的问题。我们倾向太原王氏的开山始祖是周平王的太孙赤，又过了百年，周灵王的太子晋之后来到太原发展、蕃衍。我看过当代浙江大学教授、史学家、方志学家仓修良写的《作为政治斗争工具的唐代谱学》一文，非常认可仓修良教授的观点。据官修史书《旧唐书·高祖本纪》载，唐朝创始人即唐高祖李渊出自陇西李氏，其祖父李虎在北魏封陇西郡公。近现代最著名的历史学家、古典文学研究家、语言学家陈寅恪先生在《李唐氏族之推测》一文中说："李唐先世疑处边荒杂类，必非华夏世家"，所谓陇西李氏云云，"皆依据唐室自述宗系之言，原非真实史迹。"唐代谱学跟整个史学发展一样，其编修权几乎全为官府所垄断，而它的服务对象则是中央集权的最高统治者，因为刚建立不久的唐朝政权，是一个中央集权的封建政权，与地方豪族势力割据自然是势不两立的，加之唐王朝的政治集团中，许多开国元勋和枢要大臣中，很大一部分是来自庶族地主、农民起义的将领和贫寒之家，如曾身任大将、宰相重职的李勣，在临死前还称自己为"山东一田夫"，唐太宗曾称魏征为"田舍翁"，又如刘洎、马周、张亮等都是来自寒门，他们虽然都掌有实权，但其出身与显赫世家即士族还有一定界限，因此，他们在社会上的地位和影响显然还敌不过名门世家望族。唐朝当权者面对这一社会现实，很快决定要利用编修谱牒这一措施，来提高政治集团的社会地位、调节士庶之间关系，以便巩固其政权的统治，为此，唐朝中央政府不惜花费巨大代价一次又一次地组织力量编纂大型的全国性谱牒著作，尤其是唐太宗李世民下圣旨编撰谱牒书。在贞观五年（631年），唐太宗便"诏（高）士廉和御史大夫韦挺、中书侍郎岑文本、礼部侍郎令孤德棻等刊正姓氏，名义上凭据史传，考其真伪，撰写《氏族志》。由于高士廉等人对唐太宗要求编修《氏族志》的意图精神实质领会不进，加之他们这批人本身都出身于旧的士族，因而士族的门第观念可以说是根深蒂固，以致编修出的《氏族志》初稿，使唐太宗很不满意，迫使唐太宗不得不再作出更加明确的指令性原则。即"不须论数世以前，只取今日官爵高下作等级。"这就是说，《氏族志》的编修，不必再过于突出几代以前的世系门第观念，因为他们已经是"世代衰微，全无冠盖"；而应当"崇重今朝冠冕"，因为"凡在朝士，皆功绩显著，"他们都为国家立下汗马功劳；尤其应当突出李唐王室的崇高地位，肯定其在"平定海内，天下一家"的巨大功劳。唐太宗还怕高士廉等人再不领悟，又特地举了"汉高祖只是山东一匹夫，以其平天，主尊臣贵"，以作启示。按照这一新的编修谱牒精神，重新编订的《氏族志》，将皇室列为第一，外戚列为第二，崔干列为第三等，同时弄出了"天下王氏出太原"的传说，所以有人查《新唐书·宰相世系表》所载"太原王氏"世系子孙，没法找到与王卓家族世系相合的资料，这就很正常了。平心而论，中国人对待祖先一向是严肃的，是自己的祖先，会敬若神明，为人后代的是不会伪编自己祖宗的，如果强加给自己一个祖先，会认为是一种耻辱。所以王颜所撰王卓先世历祖情况，作者考虑不是虚构。所说"并州牧"，魏国之前有此官名，自赤至龟这八代中应该王卓先人当并州的最高行政官，而晋国未尝有此官名，八代之后被封晋阳侯。并州是今太原市的旧称，据《周礼》、《汉书·地理志上》记载，并州为九州之一，其地大约在今河北保定和山西太原、大同一带地区。王颜《王卓神道碑》碑文说太原王氏的开山始祖是周平王孙赤之后，这个说法虽然从古到今也只此一家，但是未必是假，后人不应该妄加怀疑。

姬姓中第三支王氏的祖先出自周王的王子成父（亦作城父）。

对于"王子成父"，我们要先分开讲，先说"王子"，再说"城（成）父"。因祖先亶父当周族首领时迁居于"周原"（今陕西岐山），所以周武王在公元前1046年灭殷称王时就以"周"为国号（史称西周，是朝代名），周王是那时中国奴隶制王国各诸侯的最高统治者，又是全体姬姓宗族的"大宗"，即最大的族长。周王为了巩固政权，采取了分封诸侯国的行政管理制度，周初共分封了七十一国，姬姓之国共有五十三个，占了其中的绝大部分。而在姬姓之国中，属于文王诸子的有十六国；属于武王之子的有四国；属于周公后裔的有六国。这些封国诸侯广泛地分布在中原地区内，与旧殷的旧贵族错杂在一起，这就直接加强了周王的统治力量。后来没有被封诸侯的周王的儿子或孙子就在各诸侯国做官，别称为王子或王孙，这些王子、王孙的后代有的以祖上别称为氏，称为王子氏或王孙氏。南宋著名史学家郑樵的《通志·氏族·以爵为系为氏》中记载："王子氏……周大夫王子狐，王子城父之后也。""王子"的本义是古代对天子或王的儿子的称谓，后来演变为姓氏。凡姬姓各诸侯国及周王之子孙在诸侯做官者，即可用"王子"或"王孙"，所以"王子"与"王孙"源头纷繁，如周桓王庶子王子克、周襄王之孙、大夫王孙满（《国语·周语中》有王孙满观秦师）、卫有王孙贾、齐有王孙挥、楚有王孙由等。王子氏、王孙氏的族人到王莽当新朝皇帝时、特别是明代以后，多简改为"王"氏或"孙"氏，故今天王子姓、王孙姓的族人甚为稀少。

说到"成（城）父"，许多人误以为是人名，因为古代以"父"字命名的人还不少，比如程伯休父、詹父、庆父、管至父、逢丑父。程伯休父是周宣王的大司马，程是都城镐京畿内诸侯国名，程国在今陕西咸阳东北，伯为爵位，休父为其字。詹父是周庄王姬佗的大夫（大（dà）夫，古代官名，在国君之下有卿、大夫、士三级，大夫世袭，有封地）。庆父是周惠王姬阆执政时鲁国很出名的人，是鲁桓公之子，鲁庄公庶兄，姬姓，鲁氏，名庆父，担任鲁国上卿，关于庆父的著名成语有"庆父不死，鲁难未已"。管至父是春秋五霸齐国的大夫，逢丑父是春秋五霸齐国的将军。作名字用的"父"与"甫"同义，意思是对男子美称，西汉经学家、目录学家、文学家刘向《别录》曰："父亦男子之美号也。"其实"城父"（成父）是官职名，相当于今天的大城市行政区区长兼城防警卫官。

周武王建都于镐京（今陕西西安西南，史称"西都"或"宗周"），武王建周第二年就死了，由年幼的儿子姬诵即位，是为周成王，因成王年幼，辅佐成王的周公（周武王之弟，姓姬，名旦，爵位为公。因采邑在周，称为周公，史称周公旦）代成王处理国政，为了巩固政权，在周公东征三年平定"三监之乱"后，便按照周武王在世时的计划接着在东方营建新邑，因为东征开拓了东方辽阔疆域，要求统治重心的东移。于是周公派太保召公（姬奭）到东方选址"相宅"，对此《尚书·召诰》记载："惟二月既望，越六日乙未。王朝步自周，则至丰。惟太保先周公相宅，越若来，三月。唯丙午出，越三日，太保朝至洛，卜宅，厥既得卜，则经营。"意思是说，周成王在（约公元前 1020 年）2 月 21 日早晨，自都城镐京来到丰地。周公派太保召公先出去相地选址，也就是说，出去寻找营建城邑的"吉地"，为此事来回花了三个月的时间，到五月甲申日召公来到镐京东方的洛邑，占卜得吉，就着手规划城廓、宗庙、朝、市的具体位置，营建洛邑。建洛邑的主要劳力是反抗周朝的"殷顽民"，即殷人当中的上层分子。"殷顽民"西迁，一则使他们脱离了原来住地，失去了社会影响；二则集中起来，便于看管。为了看管殷顽民，周公曾经派了八师兵力驻守。经过一年左右的时间建成了洛邑，成王莅临，举行祀典，返镐京时命周公留守，周公把从殷都（今河南安阳市）西迁来的殷民安置到洛邑东郊，借以控制。周时的洛邑名称众多，又常变换，所以洛邑建成后又叫"成周"，意思是成就周王，原来的镐京就称作"宗周"了。洛邑建好后，周成王命周公占卜新邑居所，对此《史记·周本纪》太史公曰："学者皆称周伐纣，居洛邑，综其实不然。武王营之，成王使召公卜居，居九鼎焉，而周复都丰、镐。"为此在洛邑西面开始营建"王城"（今河南洛阳王城公园一带）作为周成王回洛邑的居所，"王城"建好后就把九鼎安放在这里。周成王执政五年就迁到"成周"即洛邑办公。《何尊》铭文中记载："惟王初迁宅于成周，复禀武王礼，福自天。惟王五祀。"周王自成王始，诸王均来成周居位、施政，这在周铜器铭文中有所记载，其中记载成王的有 8 器铭文、昭王的 7 器铭文、穆王的 1 器铭文、恭王的 14 器铭文、懿王的 4 器铭文、孝王的 3 器铭文、夷王的 1 器铭文、厉王的 15 器铭文、宣、幽二王的各 2 器铭文，康王未发现铭文记载。其他诸王经常居洛处理国事。镐、洛二都均设有中央最高官署卿事寮，周公居洛、召公居镐。由此可见，洛邑作为东方诸侯朝会的"东都"在西周的政治经济中起着重要作用。周王的王子历来都是管理并守卫"王城"的首长，因此被称为"城（成）父"，通常叫"王子城父"或"王子成父"，此"父"字的含义不是父亲或者与父亲同辈的男性亲属的称呼，而是上古对官长的称呼，例如著名谋略家吕尚（字子牙，姜姓，吕氏，一名望，尊号"太公望"，世称"姜太公"，因功被周武王封为齐侯，建齐国，史书又称其为"齐太公"）被周武王尊称为"师尚父"（《史记·齐太公世家》）。历代周王的王子世袭"城（成）父"官职，究竟哪位担任"城（成）父"姬姓王子的后代以"王"为氏，很难考证，所以后人笼统地说王姓的一支始祖是王子城父。

据考证，文献最早记载的王子城父是周宣王（前827—前782年在位）时的王子吉甫。《后汉书·桓谭冯衍列传》："昔周宣中兴之主，齐桓霸强之君耳，犹有申伯、召虎、夷吾、吉甫攘其蝥（máo）贼，安其疆域。"清代著名的校勘学家、经学家、吴派经学的创始人惠栋（1697—1758年）补注"吉甫"时，引宋代吴仁杰撰《两汉刊误补遗》说："'吉甫'当作'成父'，谓王子成父也。若尹吉甫，不应序于夷吾之下。"

见于史书的世袭"城父"的姬姓王子后代是春秋五霸之首的齐桓公的大司马王子成父，据说姓姬名森。周桓王（姬林）有二子：太子姬佗、王子姬克。公元前697年3月，周桓王病重，召周公黑肩入卧室托付说："依照祖宗制度，我立了嫡长子姬佗为太子。但是，我所钟爱的却是次子姬克。今天，我将姬克托付给你，日后如果姬佗寿终，就兄终弟及，让姬克继位。你要尽力办好这件大事。"不久，姬林病死于洛邑。公元前696年姬佗继位，是为周庄王。周庄王继位后的第三年，周公黑肩遵照周桓王临终时的嘱咐，策划要杀掉姬佗，改立姬克为国君。大夫辛伯劝阻他说："嫡庶有别，废嫡立庶，这是内乱的根源啊！"然而周公黑肩不听，于是辛伯便将这一阴谋报告了周庄王，周庄王立即捕杀了周公黑肩。姬克见事情败露了，便逃奔燕国。这件事史称"子克之乱"。王子成父为避王室之乱奔齐，后被齐相管仲（前723年或前716年—前665年，姬姓，管氏，名夷吾，字仲，谥号敬，亦称"敬仲"，史称管子，著名政治家、理财家）举荐为大夫，担任大司马，即齐恒公手下的大将军，掌管行军作战之事，是齐国的五杰之一，定居齐国都城临淄。管仲在推荐王子城父为大司马时，曾高度赞扬了王子城父卓越的治军才能和军事指挥艺术，说他可以让三军将领"视死如归"，因此请齐桓公任命他统率三军，《管子·小匡》对此记载为："管仲曰：'升降揖让，进退闲习，辨辞之刚柔，臣不如隰朋，请立为大行，入邑垦草辟土，聚粟众多，尽地之利，臣不如宁戚，请立为大司田，平原广牧，车不结辙，士不旋踵，鼓之而三军之士视死如归，臣不如王子城父，请立为大司马。决狱折中，不杀不辜，不诬无罪，臣不如宾胥无，请立为大司理。犯君颜色，进谏必忠，不辟死亡，不挠富贵，臣不如东郭牙，请立以为大谏之官。此五子者，夷吾一不如，然而以易夷吾，夷吾不为也，君若欲治国强兵，则五子者存矣，若欲霸王，夷吾在此。'"

在齐桓公的大司马王子城父之后，又过了大约80年，到齐惠公二年，齐国又见王子城父的后裔担任将军，《左传》、《史记》都记载了这位王子城父。

《左传·文公十一年》记载："冬，十月，甲午，败狄于咸，获长狄侨如，富父终甥椿其喉，以戈杀之，埋其首于子驹之门，以命宣伯。初，宋武公之世，鄋瞒（鄋瞒是长狄国名，防风氏之后，漆姓）伐宋，司徒皇父帅师御之，耏班御皇父充石，公子谷甥为右，司寇牛父驷乘，以败狄于长丘，获长狄缘斯，皇父之二子死焉，宋公于是以门赏耏班，使食其征谓之耏门，晋之灭潞也，获侨如之弟焚如。齐襄公（注：应为惠公，因为鲁文公十一年是公元前616年，按照时间先后叙事，不应是齐襄公二年即公元前696年）之二年（公元前公元前607年），鄋瞒伐齐，齐王子成父获其弟荣如，埋其首于周首（今山东平阴）之北门，卫人获其季弟简如，鄋瞒由是遂亡。"《史记·齐太公世家》记载："惠公二年（公元前607年），长翟（长翟即长狄，狄字又作"翟"，狄族人部落众多，春秋时以赤狄，白狄，长狄最著名）来，王子城父攻杀之，埋之于北门。"《史记·鲁周公世家》也有这样的记载："（鲁文公）十一年（公元前616年）十月甲午，鲁败翟于咸，获长翟乔如……初，宋武公之世，鄋瞒伐宋，司徒皇父帅师御之，以败翟于长丘，获长翟缘斯。晋之灭潞，获乔如弟棼如。齐惠公二年，鄋瞒伐齐，齐王子城父获其弟荣如，埋其首于北门。鄋瞒由是遂亡。"这说明齐惠公的将军王子成父消灭了长狄人鄋瞒国的首领侨（乔）如之弟荣如。

西周初期，姜太公被周武王封于齐国，建都营丘（在今昌乐县东南），因为距离莱国（周的诸侯国，莱侯姓妘，周封其爵位为侯爵，后改为公爵）都城较近，莱国屡次进犯齐国营丘。到东周春秋时期，齐国变得强大了，打败了莱国，侵占了位于今平度县西边的莱国领土，因此，莱国迫不得已迁都郳邑（今山东省龙口市），史称东莱。齐桓公在位期间，于公元前567年齐国彻底吞并东莱，立国300余年的莱国变成了齐国的莱邑，齐君（最可能是齐桓公）将其分封给战功赫赫的王子城父，王子城父成为世袭莱邑的大夫。王子成父的后代子孙有的以"王子"为氏（属于以身份为氏），有的以"王"为氏（属于以身份为氏），还有的以"城父"为氏（源自姬姓，属于以官职为氏）。城父氏的另一支源于芈姓，出自春秋战国时期楚国城父邑，属于以居邑为氏。城父氏后来简化为城氏或成氏。因此，王子成父就成为东莱王氏之祖。这支姬姓王氏约有2500年的历史。

东汉末三国时期的魏国将军王基（190—261年，字伯舆）是王子成父的后裔。《魏志·王基传》说王基是东莱人。《赠司空征南将军王基碑》载："子有成父者，出仕于齐，获狄荣如、孙湫、违难为莱大夫，遂禀天素皓尔之质，兼苞五才九德之茂，慈和孝友，既著于景山林，元本道化，致思六经，剖判群言，综析无形，文辩赡柔民忠正足以格非，兼文武之上略，怀济世之弘规，初举孝廉司徒辟州辄请留，以自毗辅，後辟大将军府，拜国典惟新，出为安平安丰太守，敷崇惠训，典刑惟明，四躬以允帝命迁荆州刺史扬武将军，又迁使持节镇南穴朱旗所麾，前无交兵，克敌获俊，斩首万计，赐爵关内无遗策，举无废功，故能野战则飞虎摧翼，围城则鲸鲵于九有也，比进爵常乐亭安乐乡东武侯，增邑五千户，之算征有独克之威，而忠勤之性，乃心帝室，屡奏封章，弥留，年七十二，景元二年四月辛丑薨。公天姿高素，与亡则令俭，敛以时服，于是将矩奉册，追位司空，赠以东武侯蜜印绶，送以轻车介泰山之速颓，恨元勋之未遂。俯仰哀叹，永怀惨悴！以为镌石表墓，光示来裔。"王基一生，身历汉、魏二朝五帝，文武兼备，才德兼茂，文武名世，有功于国，位居列侯，深得司马宣王（懿）、司马景王（师）、司马文王三代的器重。陈寿《三国志》对其评价："王基学行坚白……掌统方任，垂称著绩。"

清末谱牒学者王庸敬在《王氏通谱》之《太原王氏通谱》中说："太源派自汉徽君霸始，霸子二：长曰殷，次曰咸。……王子中同直到王子基，因王莽文字改革，才简化为王基，因此，王基……与主体、主流王氏（姬姓王氏）的王箭、王贲、王离、王元、王威等无涉。"所以王基确实是王子成父的后裔。

姬姓中第四支王氏的先人是周灵王太子晋，又名王子乔。根据史书记载，周武王灭掉商朝以后，定都于镐京（在今西安市长安区西北），历史上称为西周。传二十三世至周灵王（姓姬，名泄心，公元前571—前545年在位），国都在"成周"，即今河南洛阳。周灵王的儿子太子晋（也被称为王子晋或王子乔），因为直谏被废为平民。其子宗敬仍在朝中任司徒之职，当时的人们因其是王族的后代，便称其为"王家"。从此，这支族人就以"王"为姓。传到第九代孙王错拜了魏国将军，姬姓王氏又重新贵显。先秦时期，这支王姓一直活跃于河南洛阳一带。秦末汉初，秦朝的武城侯王离之子王元和王威，为了躲避战乱，分别迁徙到山东琅琊和山西太原，最终发展成了最为著名的琅琊和太原两大王姓望族，是王姓中最大的群体。唐朝文学家刘禹锡撰《王质神道碑》云："质字华卿，始得姓自周灵王太子晋，宾天而仙，时人号曰王子，因去姬为王氏。"

自黄帝至太子晋共四十二世，据民国二十六年王嗣槐堂刻本《余姚上塘王氏宗谱》载：太原王氏系姓始祖太子晋，乃周灵王太子，名晋，字子乔，约生于公元前565年，卒于公元前549年，本姓姬。

史载太子晋"幼有成德，聪明博达，温恭敦敏"。十五岁以太子身份辅佐朝政，灵王重之，诸侯从之。当时晋平公派师旷（春秋时代著名的音乐家）见太子晋，师旷问以君子之德，太子晋侃侃而答曰："如舜的为人，仁德配于天道，虽固守其岗位，却处处为天下人着想，使远方的人都能得到他的帮助而受他的仁政。仁而合于天道。此谓之天。如禹的为人，圣劳治水而不自居功，一切以天下为本，取予之间，必合于正道，是谓之圣。再如文王，其大道是仁，其小道是惠，三分天下已有其二，依然是无比谦恭，服事于殷商。既拥有拥戴的群众，而反失其身，为暴纣囚禁，不动干戈，此谓之仁。又如武王，义杀暴纣一人而以利天下，百姓各得其所，是谓之义"。师旷称善不已（使曾经劝说晋平公治国要以"仁义为本"的师旷心悦诚服）。

周灵王二十二年（公元前551年），谷、洛二水泛滥，洛阳附近水害成灾，威逼王宫，灵王拟壅土围宫，排水至村落、田园，太子晋提出应疏通河道，既解救王宫，又能保护村民和庄稼，未被采纳，由于其一再据理力争，被周灵王一怒之下贬为庶民，但太子晋之德举却声名远播。《国语·周语下》载："灵王二十二年，谷、洛斗，将毁王宫。王欲壅之，太子晋谏曰：'不可。晋闻古之长民者，不堕山，不崇薮，不防川，不窦泽。夫山，土之聚也，薮，物之归也，川，气之导也，泽，水之锺也。夫天地成而聚于高，归物于下。疏为川谷，以导其气；陂塘污庳，以锺其美。是故聚不阤崩，而物有所归；气不沉滞，而亦不散越。是以民生有财用，而死有所葬。然则无夭、昏、札、瘥之忧，而无饥、寒、乏、匮之患，故上下能相固，以待不虞，古之圣王唯此之慎。'"

师旷朝见太子晋时，见太子色赤，不寿。太子晋说："我再三年之后，将上天到玉帝之所。"果然不到三年，讣报的使者就到了晋国（言外之意是太子晋死了）。因太子晋能预卜生死，后人便说他成了神仙。《列仙传》记载，太子晋好吹笙，作凤凰鸣，游伊、洛间，道士浮丘生引上嵩山，三十年后见到恒良，太子晋说："可告我家，七月七日会我于缑氏山麓。"其时，果然身乘白鹤立于山巅，可望而不可达，数日方去。

太子晋的直谏，触怒了灵王，被废为庶人，由是郁郁不乐，未及三年而薨。

太子晋卒后不久，灵王驾崩，太子晋之弟姬贵继位，是为景王。太子晋的儿子宗敬后来官升司徒，看到周室衰微，天下大乱，便请老辞官，避居太原。时人仍呼之为王家，遂以王为姓。

唐武则天登封改元，封禅嵩岳时封太子晋为仙太子，别为立庙。圣历二年（699年）再幸，立制御书《升仙太子碑》。现河南偃师县缑氏山升仙太子庙，亦称仙君观。

两千多年来，太子晋成了正义的象征。中国最早的诗人屈原（约前343—前278年，字原，名平，通常称为屈原）在《远游》诗中表达了他对太子晋的景慕："轩辕不可攀援兮，吾将从王乔而娱戏。"李白亦写道，"吾爱王子乔，得道伊洛滨。"新加坡当代学者王秀南先生礼赞道：年少册立，辅政英明，诸侯慑服，万方狄听，为因谷洛，水利民生，极谏堵塞，有违君命，竟遭父王，贬作庶民，裔迁太原，王家频称，因以王姓，代出群英，簪缨相继，为国干城，本支百世，独负盛名，钦水思源，我祖德馨。

在位二十七年的周灵王是东周时期一个平庸的帝王，但太子晋却口碑极佳，温良忠厚，聪明博学，十五岁就开始以太子的身份辅佐朝政，年仅十七岁就郁闷而死。周灵王在位期间，周王朝国势日益衰败，周天子威信日益低落的时代。各诸侯国通过战争扩张势力，大诸侯国无视周君。强国伐弱国，连年战争，民生疾苦。灵王崩后，其子姬贵继承王位。

依据清末谱牒学者王庸敬的《王氏通谱》、《新唐书·宰相世系表》、山西省社科院家谱资料研究中心编绘的《中华王氏统宗世系图》、山东临沂的"琅琊王文化研究会"和山西"太原王氏研究会"、山西灵石县的"王家大院"所示资料，列出太子晋（太原、琅琊王氏共同先祖）至元、威兄弟的世系如下：

第一世：晋。周灵王太子，姓姬，名晋，亦名王子乔。是太原王氏的始祖之一。因谏忤旨，谪居并州太原城都唐坂里。今山西太原建有晋祠。

第二世：宗敬。晋长子，娶吕氏。王姓受姓之祖，为周司徒。其父晋因直谏被废为庶人，时人号曰王家，故以此为姓。卒葬晋阳城北五里，被称为司徒冢。

第三世：凤。宗敬子，卒葬晋阳唐里屯。

第四世：覃。凤长子，抱道躬耕，晋侯屡辟不就。

第五世：渠。覃子，周司徒。

第六世：丰。渠次子。

第七世：芝。丰子，周东都城守长。

第八世：億，芝子，隐居不仕。

第九世：错。億子，周赧王朝封于魏，为魏大将。

第十世：墳。错长子，魏中大夫。

第十一世：渝。墳子。魏上将军。

第十二世：息。渝子，魏司寇、上将军。

第十三世：恢。息长子，魏尹阳君。

第十四世：亢。恢长子，秦以中大夫召之，其不就高官，隐居频阳。

第十六世：翦。颐子，频阳东乡（今陕西富平东北）人，姬姓，王氏，名翦。秦国著名战将，与其子王贲一并成为秦始皇兼灭六国的最大功臣，司马迁在《史记·秦始皇本纪》中直接记录了王翦、王贲的姓名及其事迹。杰出的军事指挥才能使其与白起、李牧、廉颇并列为战国四大名将。

第十七世：贲。翦长子，姬姓，王氏，名贲。出身于世代将门，仍为秦大将军。

第十八世：离。贲子，姬姓，王氏，名离。秦大将军，封武城侯。秦末农民起义爆发，与章邯一起统率秦兵与陈胜吴广作战。

第十九世：元。离长子，姬姓，王氏，名元。初为临淄令，后为避秦乱，迁琅琊后徙临沂，称"琅琊王氏始祖"。

第二十世：威。离次子，姬姓，王氏，名威。秦左长史，为避秦乱于琅琊当了西汉的官，为扬州刺史，后归太原之广武，为太原王氏始祖。

源自姬姓的王氏发展到"琅琊王氏"阶段，这个阶段还可以分为"前琅琊王氏"和"后琅琊王氏"两个阶段，前琅琊王氏的祖先应是周平王之孙姬赤和王子成父，他们的后代都在山东莱阳出现并传承至今。秦汉以后，东莱一带在琅琊境内，真正的琅琊王氏，应从周威烈王时的"琅琊郡公"王亢（公元前450年前后）开始的，前琅琊时期的聚居地为今山东胶南、莒县等地，史称东莱、皋虞、临淄、沂川等名。末代周王姬延退出河南洛阳的王城时，当时的河东太守王稽，曾秘密联系琅琊的旧族亡秦，这表明：秦灭周后，周王室的贵族们作为"旧族"在后琅琊时期的聚居地，即今山东省的临沂地区，还不断跟秦抗争。秦始皇的大将军王翦、王贲、王离，这祖孙三代的封地武城，或全在现今的临沂境内，所以后琅琊阶段的开始，可以从王离战死时算起（前209年）。后琅琊王氏阶段因为其代表人物的世系没有任何失记或可疑，就直接连着前琅琊了。

姬姓之王氏继"琅琊王氏"阶段发展到"太原王氏"阶段，就是大家常说的"天下王氏出太原"的阶段。起源于山西省的太原王氏，从魏晋到唐朝都非常显赫，与陇西李氏、赵郡李氏、清河崔氏、博陵崔氏、范阳卢氏、荥阳郑氏等七族并列为五姓七族高门。古书记载王氏显著者有三支：一曰琅邪，二曰太原，皆出灵王太子晋，三曰京兆，出魏信陵君。

源自姬姓的王氏名人辈出，东晋王导，字茂弘，汉族，琅琊临沂（今山东临沂）人，东晋初年的大臣，历仕晋元帝、晋明帝和晋成帝三代，是东晋政权的奠基者之一；大书法家王羲之；政治家王安石；著名学者王阳明、王世贞、王夫之、王念孙；著名诗人王瀚、王昌龄、王之涣等人都是姬姓王氏的后裔。姬姓王氏至少已经历了2600年的历史。在中国，绝大多数有家谱的王姓都源于姬姓王氏。

❤ 贵姓何来——源自妫姓的王氏

妫姓王氏祖根是上古帝王舜。舜的后裔居于北海、陈留一带，因是古君王之后，故为王姓。

舜是中国上古时期父系氏族社会后期部落联盟领袖，舜是五帝中最后一帝，上接尧，下连禹。舜，姚姓，后改为妫姓，有虞氏，名重华，史称虞舜。郑樵《通志·氏族略》言："虞有二姓，曰姚曰妫。因姚墟之生而姓姚，因妫水之居而姓妫。"因眼目重（重，双之义）瞳，故名重华。舜，为四部落联盟首领，以受尧的"禅让"而称帝于天下，其国号叫"有虞"，按先秦时代以国为氏的习惯，故称为"有虞氏"。帝舜、大舜、虞舜、舜帝皆是后人对舜所加的尊称。舜是道德文化的鼻祖。《史记》所载："天下明德，皆自虞舜始。"舜帝文化精神之魂可称为"德为先，重教化"。《史记》等许多文献记载了舜德行与事迹，大意如下：

舜的家世特别寒微，虽然是黄帝的九世孙，但其祖上五代人为庶人，处于社会下层。舜的遭遇更为不幸，父亲瞽叟，是个盲人，母亲很早去世。瞽叟续娶，继母生弟名叫象。舜生活在"父顽、母嚣、象傲"的家庭环境里，父亲心术不正，继母两面三刀，弟弟桀骜不驯，几个人串通一气，必欲置舜于死地而后快；然而舜对父母不失子道，十分孝顺，与弟弟十分友善，多年如一日，没有丝毫懈怠。舜在家里人要加害于他的时候，及时逃避；稍有好转，马上回到他们身边，尽可能给予帮助，所以是"欲杀，不可得；即求，尝（常）在侧"身世如此不幸，环境如此恶劣，舜却能表现出非凡的品德，处理好家庭关系，这是舜的德行最感人的一面。

《史记·五帝本纪》："四岳咸荐虞舜。"尧帝的"四岳"（诸侯大臣）共同推举舜，于是尧命他摄政。他巡行四方，除去鲧、共工、饯兜和三苗等四族头领。《尧典》所记舜的主要事迹有：命后稷按时播植百谷；挖沟开渠以利灌溉；疏通河道，治理洪水；公布五刑，除去四凶族。舜知人善任选用能人，如舜任命了许多官职：命禹作司空，主平水土；命弃作后稷，主管农业；命契作司徒，主管五教；命皋陶管理五刑等等。舜为首领时，把各项工作都做的很好，开创了上古时期政通人和的局面。

舜帝一系分脉出许多支姓，历经千年演变为：姚→妫→陈→田→王→胡。详细的演变过程如下：

西周初期，舜帝之子商均的37世孙虞满（原是妫姓有虞氏，后转为陈氏，名满，字少汤），生于殷纣王九年十月十五日即公元前1067年，死于公元前986年正月）的父亲虞阏父（又称遏父）投附了周文王，担任陶正一职，他制陶的技艺极为精湛，为周文王立下大功。担任陶正官职的虞阏父及其儿子虞满因品德高尚，父子二人都没有偏向商纣王，而是积极参与周武王对殷纣的征伐，且有高超的祖传制陶技艺，又是圣君舜的后裔，因此，周文王之子周武王将长女太姬嫁给虞阏父的儿子虞满。公元前1046年，周武王灭商建周，第二年即公元前1045年武王追封先贤后代与功臣时，把虞满封于陈，爵位为陈侯，建立陈国，建都宛丘（今河南淮阳附近），辖地大致为现在的河南东部和安徽一部分，按照宗法制度和胙土命氏的惯例，赐命之为陈氏，于是改叫陈满，对此《左传》在《襄公》篇记载为："昔虞阏父为周陶正，以服事我先王。我先王赖其利器用也，与其神明之后也，庸以元女大姬配胡公，而封诸陈，以备三恪。则我周之自出，至于今是赖。"周朝初期新立封前代三王朝的子孙给以王侯名号称"三恪"，以示敬重。陈满在位 60 年，死后被赐谥号胡公，史称陈胡公，《国语》对其写作虞胡公，王莽称帝时追封其为陈胡王，为陈姓的得姓始祖。到东周桓王十四年（公元前 706 年）时，陈满的后代陈跃于这年秋八月即位，当了陈国国君，成为东周诸侯中的陈侯，这就是陈厉公（妫姓，陈氏，名跃，陈桓公之子）。厉公二年（公元前 705 年）生公子（古称诸侯的儿子）陈完（陈氏，名完，字敬仲，一说谥号敬仲，后改为田氏）。陈完出生后，其父厉公为他算了一卦，对此《史记·田敬仲完世家》载："完生，周太史过陈，陈厉公使卜完，卦得观之否：'是为观国之光，利用宾于王。此其代陈有国乎？不在此而在异国乎？非此其身也，在其子孙。'……完卒，谥为敬仲。"意思是：认这个孩子具有光大一个国家的运气，就是"观国之光"；不过不在陈国本国，而有利于在异国他乡发展，就是"利用宾于王"。公元前 700 年陈厉公因病而卒，他去世之后，二弟陈林在公元前 699 年即位，是为陈庄公，庄公在位 7 年，于公元前 693 年卒。第二年庄公之弟陈杵臼即位，是为陈宣公，在位 45 年，宣公二十一年（公元前 672），想立宠妾所生的儿子陈款为太子，怀疑大公子陈御寇叛乱，就杀掉了大儿子御寇。陈完这时在陈国任大夫，时年三十三岁，他和御寇的关系很好，御寇被杀后，恐祸及自身，马上跑到春秋五霸之首的齐国避难，齐国君主齐桓公（姜姓、吕氏、名小白）不但接待了他，而且还重用了他。陈完奔齐后，齐桓公要拜他为卿，陈完推辞说："我作为寄居在外之臣，有幸能不做劳苦之役，就是您给我的恩惠了，我不敢担任高官。"齐桓公就封他为"工正"（管理百工的官），对此《史记·田敬仲完世家》载："齐桓公欲使为卿，辞曰：'羁旅之臣幸得免负檐，君之惠也，不敢当高位。'桓公使为工正。"齐桓公还将他封于田，于是陈完改以邑名"田"为氏，从此叫田完。对于"田"氏的来历，《史记索隐》云："敬仲奔齐，以陈田二字声相近，遂以为田氏。应劭（东汉学者）云"始食采于田"，则田是地名，未详其处。"《史记正义》案："敬仲既奔齐，不欲称本国故号，故改陈字为田氏。"南朝宋裴骃《史记集解》言："应劭（东汉学者）云食采地于田，由是改姓田氏。"不管怎么说，得"田"氏的原因就一条：陈宣公杀公子御寇，公子御寇与陈完友善，陈完害怕被牵连，在此背景下奔齐避难，躲开是非之地，由此得以改姓氏。

因陈国大夫完改"陈"氏为"田"氏，所以完就是田姓始祖，这也是"陈田一家"的由来。

田完的九世孙田和承袭大夫爵位后，继任齐相，利用田姓家族八代累积而成的雄厚势力，在公元前368年，田和将齐康公贬为庶人，"迁康公于海上，食一城，以奉其先祀"，自立为齐国国君，同年周安王（姬骄）册命田和为齐侯，自此姜姓齐国成了田氏齐国。田姓齐国历经8君共计184年，田姓齐国在秦王嬴政（即秦始皇）的兼并战争中是最后一个被消灭的诸侯国。公元前221年，秦灭韩、魏、楚、燕、赵后，使将军王贲从燕地南攻齐国，俘虏齐王建，齐国灭亡。末代君主田建的子孙被迁徙于共邑（今河南辉县）重新开始新生活。尽管如此，留在齐地边陲的田氏仍然保持着强大的地方势力，他们视秦为敌，亡秦之心不死，伺机东山再起。公元前209年，陈胜、吴广起义揭开了秦末农民起义的序幕，六国旧贵族乘势而起，齐地的田氏则一马当先，率先称齐王的是田儋。齐被秦灭亡后，田氏后裔中先后有田儋、田市、田荣、田广、田横、田假、田都、田安等8人称过齐王，在齐地为王十余年，足以见田氏后裔在齐地的势力。等到秦亡后，项羽分封，自立为西楚霸王，分立十八个诸侯王，在齐地立三王，田市更为胶东王，田都为齐王，齐王田建之孙田安为济北王。刘邦与项羽争夺天下，田横收复了齐地，立田荣之子田广为齐王，自立为相。后来田广被刘邦汉军俘获，田横便自立为齐王，与刘邦对抗。不久，刘邦统一天下，田横畏惧，率徒属500余人逃到海中的小岛（今田横岛）。刘邦深知田横兄弟在齐地的潜在势力，田横一日不死，刘邦一日不安，于是派使者持赦令召田横，并发话："（田）横来，大者王，小者乃侯耳；不来，且发兵加诛。"（《汉书·田儋附田横传》）此时的田横已深知自己的处境，便只率随从二人前往，接近洛阳附近，田横自杀，不久，二随从也自杀殉横，刘邦闻之曰："'嗟乎，有以！起布衣，兄弟三人更王，岂非贤哉！'为之流涕……以王者之礼葬横。"刘邦对留在海岛上的 500 余人也放心不下，再派人前去招安，当岛上的 500 余人听到田横的死讯后，以集体自杀来殉祭田横，这一冲天壮举历来为后人所感慨和敬佩，刘邦"于是乃知田横兄弟能得士也"。秦末田氏后裔的复国势力至此结束。据《后汉书》、《古今姓氏书辨证》所记，田安被项羽封为济北王，刘邦灭项羽后，田安失去王位资格，变为庶民，时人称其家族为"王家"，因此其子孙以"王"为氏，以志纪念。青州王氏、陈留（今河南开封一带）王氏等均出自田安，而在这些田氏后裔的王氏中最有名的当属东平陵（今山东济南附近）王氏，即王莽家族。有人以为王莽出自田氏，实是自托，想借田氏以抬高身价。其实当时改姓王氏的不止王莽一族，上述青州王氏和陈留在王氏与王莽同出田安之后。在王莽当了新朝皇帝时，王莽封同族田丰为代眭侯，后来丰之子田恢为避王莽之乱，过江徙居吴郡，复为妫姓，其五代孙妫敷，又改为姚氏。王姓郡望中的陈留（郡府在今河南开封东南一带）和北海（郡府在今山东昌乐一带）王氏，都源出妫姓王氏。《姓氏考略》载："北海、陈留之王，皆舜后，其先齐诸田为秦所灭，齐人号为王家，齐王田建之子田升、田桓改田姓为王姓。"但是也有典籍称田姓齐国被灭亡后便改姓王氏的，这就把本支王姓的形成时间提前到了秦朝开国之际。据史料记载，公元前 221 年秦灭齐，齐王田建在齐都临淄被秦将王翦俘虏，关进囚笼，迁离齐国，在从临淄押解共邑（今河南辉县）的松林中饿死，为避免田氏家族伺机复辟，从根本上瓦解和消除田氏强族对秦政权的威胁，秦国对田建的子孙与田氏强族也采取分散迁移的措施，于是将田氏中豪杰迁到秦都咸阳所在的关中一带，把田氏中普通族人迁到距离齐国百里之外地方，田建的子孙在异地重新登记户籍时，除一部分人保留田氏外，其余的人有的以王为姓，有的以陈为姓。据《唐书·宰相世系》言，齐王田建三子：升、桓、轸，升与桓两兄弟改为王氏，其后代即汉代王莽一族。轸恢复原来的姓陈，他奔楚为相，后迁入颍川（今河南长葛）。这是妫姓田氏之王氏的由来。

需要说明的是，江苏阜宁《陈氏宗谱》记载："（五十三世祖）陈完，是陈厉公之子，与陈宣公公子御寇亲善，陈宣公杀公子御寇，陈完惧祸及已，乃奔齐。"那么谁是陈厉公？阜宁陈氏宗谱及有关史料有不同的说法。《史记·田敬仲完世家》载："陈完者，陈厉公佗之子也。……厉公者，陈文公少子也，其母蔡女。文公卒，厉公兄鲍立，是为桓公。桓公与他异母。"《左传》载："（鲁桓公）五年春正月，甲戌已丑，陈侯鲍卒，再赴也。于是陈乱，文公子佗杀大子免而代之。"《左传》载："（鲁庄公）二十二年春，陈人杀其大子御寇，陈公子完与颛孙奔齐，颛孙自齐来奔。……陈厉公，蔡出也，故蔡人杀五父而立之，生敬仲。"《左传·襄公二十五年》载："桓公之乱，蔡人欲立其出。我先君庄公奉五父而立之，蔡人杀之。我又与蔡人奉戴厉公，至于庄、宣，皆我之自立。"上海古籍出版社出版的《春秋三传》名号归一图（第31页）五父条目：五父（陈公子佗，陈佗，文公子佗，陈五父，五父佗）。陈侯跃条目：陈侯跃（厉公），公子完条目公子完：厉公之子（敬仲）。考证文献，得出结论：陈文公（妫姓、陈氏，名圉）生二子：陈桓公（名鲍）与陈废公（名佗）。陈桓公生二子：陈免与陈跃。陈佗（又名文公子佗，字五父，不是陈厉公，而是陈废公，乃公子跃的叔叔，杀陈跃哥哥免的凶手）于公元前707年杀了公子免而代为君主，在位仅8个月，因其性喜淫猎，有一回在蔡国打猎淫乐，被蔡人设计擒杀了。公元前706年陈桓公之庶子陈跃即位，是为陈厉公，陈完是陈厉公的儿子。西汉司马迁在《史记》中《陈杞世家第六》与《田敬仲完世家第十六》中记述有错，错把陈厉公说是陈佗，又把陈跃说成是陈利公，而《春秋三传》、《左传》成书年代是战国时期，与陈厉公年代相距较近，较司马迁《史记》可信也。另查《春秋》、《左传》根本没有"陈利公"之说。因此司马迁在《史记》中把周朝的诸侯陈国国君世系记录错了。陈国国君从陈平公至陈穆公世系如下：

次序	谥号	姓名	在位时间	年数	备注
1	陈平公	陈燮	前 778—前 756 年	23	武公之子，夷公之弟
2	陈文公	陈圉	前 754—前 745 年	10	平公之子
3	陈桓公	陈鲍	前 744—前 707 年	38	文公之子
4	陈废公	陈佗	前 707 年	1	文公之子，桓公之弟
5	陈厉公	陈跃	前 706—前 700 年	7	桓公之子，厉公是陈完即田完的父亲
6	陈庄公	陈林	前 699—前 693 年	7	桓公之子，厉公之弟
7	陈宣公	陈杵臼	前 692—前 648 年	45	庄公之弟，周惠王娶其女为后
8	陈穆公	陈款	前 647—前 632 年	16	宣公之子，陈款与陈御寇是同父异母兄弟，御寇被其父宣公杀掉，陈款才得以即位。

《汉书·王莽传》载王莽谈及自己的族系时说："黄帝二十五子，分赐厥姓，十有二氏。虞氏之先受姓曰姚，其在陶唐曰妫，在周曰陈，在齐曰田，在济南曰王。姚、妫、陈、田、王氏，凡五者皆黄帝苗裔。"概述了舜帝家族圣裔姓氏变迁的历程。

♥ 贵姓何来——源自赐姓的王氏

新朝皇帝王莽赐人姓王。《汉书·王莽传》载王莽在谈及自己的世系时说："黄帝二十五子，分赐厥姓，十有二氏。虞氏之先受姓曰姚，其在陶唐曰妫，在周曰陈，在齐曰田，在济南曰王。姚、妫、陈、田、王氏，凡五者皆黄帝苗裔。"王莽自述舜帝是他的祖先。王莽是西汉汉元帝刘奭皇后王政君的侄子，王氏家族是当时权倾朝野的外戚家族，王家先后有九人封侯，五人担任大司马，是西汉一代中最显贵的家族。族中之人多为将军列侯，生活侈靡，声色犬马，互相攀比。唯独王莽独守清净，生活简朴，为人谦恭。而且勤劳好学，师事沛郡陈参学习《礼经》。他服侍母亲及寡嫂，抚育兄长的遗子，行为严谨检点。对外结交贤士，对内侍奉诸位叔伯，十分周到。这个世家大族中的另类，几乎都成为了当时的道德楷模，很快便声名远播。王莽对其身居大司马之位的伯父王凤极为恭顺，王凤临死嘱咐王政君照顾王莽。西汉末年，社会矛盾空前激化，王莽则被朝野视为能挽危局的不二人选，被看作是"周公在世"。公元 9 年，王莽代汉建新，建元"始建国"，宣布推行新政，史称"王莽改制"。王莽建立新朝称帝后，不但免除王氏家族的赋税，而且大兴天子赐姓，赐予他人姓王，比如燕太子丹的玄孙名嘉，上献符命，为王莽所宠，赐姓王氏，与帝王同姓。燕太子丹姓姬，名丹，又称燕丹，战国末年燕王喜的太子。秦灭韩前夕，被送至秦国当人质，受辱后回到燕国。因秦军逼境，兵临易水，太子丹找人行刺秦王政，最先找到田光，田光说自己年高，不能成大事，于是推荐了荆轲。燕太子丹使荆轲刺杀秦王，结果刺杀不中，秦王大怒，派将军王翦进攻燕国。公元前 226 年，秦军攻破蓟（今北京），燕王喜及太子丹逃奔辽东，匿于衍水（今辽阳太子河），燕王喜听信赵代王嘉之计，将太子斩首以献秦国。

再如，王莽赐刘氏姓王氏。王莽新朝始建国二年（即公元 10 年）下诏说："明德侯刘龚、率礼侯刘嘉等凡三十二人皆知天命，或献天符，或贡昌言，或捕告反虏，厥功茂焉。诸刘与三十二人同宗共祖者勿罢，赐姓曰王。"

明朝时，当政的皇帝赐许多元朝蒙古人姓王，如默色特利尔曰王鳞，阿辽纳曰王美音，济布答曰王德忠等等。

这些西汉后才形成的少数民族王姓，就为原本源出多而广的王姓队伍增添了新的属员。

♥ 贵姓何来——源自改姓的王氏

改姓的王氏出自春秋时魏献子之后。韩、赵、魏三家分晋，各自为王。后秦灭魏，魏国王族的子孙改姓王。如魏无忌，即魏国的信陵君，与齐国的孟尝君、赵国的平原君、楚国的春申君，并称战国四公子。魏公子无忌其后自谓出自王公显贵之家，易姓为王氏。

谢氏改姓王氏。清人王树荣所作《王谢世表序》中说："吾族本系，出晋从事中郎谢万石后。梁天监中，景涤公讳觉官吴兴太守，因家焉，世为吴兴谢氏。建明初，忠烈公讳贵为北平指挥使，与张丙、张信同受建文密诏，监察燕王。张信密与燕棣通款，燕棣伪称疾瘵，信约张丙与忠烈公往侦之，二人同遇害。及靖难兵起，夷族令严，忠烈公幼子公权袭外家姓获免。"

♥ 贵姓何来——王姓其他来源

古代许多少数民族的部族首领、政权君王的后代也有以王为姓的，其意与上述出自姬姓、妫姓、子姓的王氏大致相同。据《通志·氏族略》称：王姓"出河南者，为可频氏；出冯诩者，为钳耳族；出营州者，本高丽；出安东者，本柯史布。此皆虏姓之王，大抵子以王者之后，号曰王氏。"如隋朝末年地方割据者王世充，祖籍西域，改姓王，为隋炀帝民部侍郎，曾击败瓦岗军，后自立为帝，国号郑，成为河南地区重要割据势力，投降李唐王朝后入长安被仇家所杀。南朝梁将领王僧辩，本乌丸氏，属鲜卑族。又如蒙古高原克烈部酋长脱翰里勒汗，被完颜氏金朝封为王，故改名叫王罕。

中国是一个多民族的国家，长期以来的民族融合也反映在姓氏的演变上，王姓是为典型一例，在王姓发展史上，有些少数民族人取汉姓，随从王姓。具体分析如下：

（1）出自西域的王氏：隋代有个王世充，本为西域胡支姓，入中原后，也自为王姓。

（2）宋朝以后，蒙古人、满族人先后建立元朝和清朝。在长期与汉人接触过程中，不少蒙族人、满族人以王为氏。

（3）鲜卑族王姓：北魏孝文帝时把国都从代北平城迁到洛阳，很多代北鲜卑人也跟随到了这里，太和十九年（495 年），孝文帝下令迁到洛阳的鲜卑人一律把籍贯改为河南洛阳，死后也要埋在洛阳北面的邙山，把姓氏改为汉姓，其中就有人以王为姓。例如可频氏改为王氏。南朝梁将王僧辩，本为鲜卑族，姓乌丸氏，后自为姓王。

（4）羌族钳耳氏王姓：《魏书》卷九十四《宦官·王遇传》说："王遇，自庆时，本名他恶，冯翊李润镇羌也。与雷、党、不蒙俱为羌中强族。自云其先姓王，后改氏钳耳，世宗时复改为王焉。自晋世以来，恒为渠长"。羌族钳耳氏隋唐之际的钳耳宗、钳耳干兄弟。他们两个在隋炀帝大业年间"以王后兄弟并改姓王氏。"钳耳兄弟成为王后的兄弟是从隋炀帝的皇后萧氏论起的。萧氏的从妹曾嫁给羌人钳耳氏，按辈分，可能钳耳兄弟与萧皇后同辈。

（5）高丽人王姓：营州地区的高丽人自为王氏在北朝至隋唐时屡见不鲜。《周书》卷二十《王盟传》记载："王盟，字子仵，明德皇后之兄也。其先乐浪人。"《旧唐书》卷一百一十《王思礼传》记载："王思礼，营州城傍高丽人也。"同书卷一百六《王毛仲传》也说，霍国公王毛仲"本高丽人也"。王毛仲是不是营州地区的高丽人不得而知，但他为高丽人从王氏则确定无疑。

（6）回纥人王姓：安东都护府是唐高宗总章元年（公元668年）设置的，在归属安东都护府的回纥人中，有一支姓阿布思的，是回纥大姓之一。唐肃宗上元二年（公元761年），安东都护府被取消，阿布思姓中一个叫五哥之的人投到了成德节度使李宝臣的帐下，被李宝臣的裨将王武俊收为养子，从此改姓王氏。

（7）匈奴族王氏：匈奴人进入中原，在与汉族的交往中也有不少以王为姓。

（8）契丹族王姓：据《新唐书》、《旧唐书》记载，前面所说的回纥人王廷凑的养父王武俊是契丹怒皆部人，他的祖父、父亲、儿子、孙子、曾孙等六代人在唐和五代时期都地位显贵。契丹人建立辽国，其皇室耶律氏也有很多人改姓王氏。

（9）女真族王姓：女真族曾在两宋时期建立金朝。金朝皇族完颜氏在金亡国后也有人姓王。《王思孝墓志》载：王思孝的祖先出于金宗室完颜氏，世居磁州（今河北磁县）。王思孝的父亲完颜远任金统军使。思孝年幼时便逢丧乱，流居大名、濮阳等地，改姓王氏。这些外族王姓随着时间的推延和经过通婚等，多数同化为中国北方的汉族王姓。

（10）根据历史学者、研究生导师姚薇元（1905—1985年）先生的《北朝胡姓考》，北朝东胡族乌丸氏（本族复姓）转为单姓王氏；东夷族拓王氏（本族复姓）转为单姓王氏。

♥ 王姓的总"根"

王姓之所以源出多，分布广，人丁繁盛，与汉字"王"的概念有密切关系。《说文解字》言："王，天下所归往也。董仲舒曰：'古之造文者，三画而通其中，谓之王。三者，天、地、人也；而参通之者，王也。'孔子曰：'一贯三为王'。""王"字的字意为："君也，谓有封土之诸侯也，谓帝室之男子也，人臣最高之爵位也，同类中之首领也，大也，事天子也，匡正也，等等。"如此一来，"王"字多被古代帝王首领的后裔作为姓氏的原因就清楚了。所以有的史籍将王姓列为以爵位名为姓；爵，尊贵之称号也。帝王、君王、诸侯王，凡一朝一代一国一地之主皆可以称为"王"，其后代皆可以以王为姓，相比之下，同样是以爵位名为姓的皇、霸、侯等姓氏的适应性就显得单一而狭窄了。

虽然王姓的源头很多，不同于出自某一国、某一地域或某一人的其他众多姓氏。但是梳理中国的姒姓之王氏、子姓之王氏、姬姓之王氏、妫姓之王氏，我们发现这四个王氏的总根是中华文明史上父系氏族社会里最早的"王"——黄帝。追溯王姓的远祖，无论是沿着标识血缘的姓，还是衍生而来的姓与氏，乃至与其相关的世系谱牒、堂号家联，莫不依循着追溯同源的走向，且最终朝着炎黄始祖归结。

黄帝是父系氏族原始社会时代在中华大地中处于古中原一带的华夏族部落联盟首领。黄帝出生的具体年代有多种说法，但是大多数人认为黄帝出生于公元前2396年更可靠，换言之，黄帝生于4405年前左右，相比俗传5000年前，少600年。中国历史最早记载炎帝、黄帝诞生地及其姓的史料在《国语》中，《国语·晋语》载："昔少典娶于有蟜氏，生黄帝、炎帝。黄帝以姬水成，炎帝以姜水成。成而异德，故黄帝为姬，炎帝为姜。二帝用师以相济也，异德之故也。"据典籍《说文解字》的记载，黄帝之所以以姬为姓，是由于当初居住在姬水的缘故。根据《帝王世纪》的记载，黄帝生于寿丘，长于姬水，所以以姬为氏。根据《史记·三代世表》的记载："尧知其（后稷）才，以为大农，姓之曰姬氏。"

许多人看了炎黄得姓的口传史料，以为炎帝与黄帝是亲兄弟，其实不然。在我们看来，今人的解读可能与古人的思维方式不合拍，没有发现和找到古代文化中各种事象产生的原因，没有分清字面意思、象征意义及其内涵的关系，没有清理相互之间的源流关系、脉络关系、衍生关系等，故大多停留于孤立的字面意思。根据有关史料，我们阐释该段文意如下：

很久很久以前，女娲和伏羲的直属后裔中的少典氏部族的一位"王子"与有蟜氏部族的一位名叫附宝的姑娘通婚，生下了黄帝，黄帝因生长于姬水之滨，故为姬姓，又因以"土"德治理天下，故后世称其为黄帝；少典氏部族的另一个"公子"与有蟜氏部族的另一位名叫女登"公主"通婚生下了炎帝。炎帝因在姜水边长大，所以取族名为姜姓，他又以火德成为天下的王，故号炎帝。虽然炎黄二帝从很远的母系血缘祖根上讲都属于少典氏族，即他们的母性血缘始祖是少典氏族中的同一个母性祖先，就从这点上论，炎黄二帝为兄弟关系，但是炎黄二帝离其母性始祖非常久远了，黄帝出生后已经不归于母系氏族了而是属于父系氏族成员，在其父的地盘姬水生长，炎帝也是属于父系氏族成员，在其父的领地姜水生成，黄帝具有土德，炎帝具有火德，二人德不同、姓也不同，姓不同则父亲的血缘不同，即他们分别出生成长于不同的父系族群，所以炎黄二帝的部族成员都可以与血缘不同的有蟜氏族中的不同女性通婚。

相传黄帝的母亲叫附宝，炎帝母亲叫女登，又名安登，亦称妊姒，附宝与女登都出生于只知其母不知其父的母系氏族中的有蟜氏部族。所以古籍上只记载了炎黄二帝母亲的名字与姓族号，而其父亲的名字与姓族称号则不详，只知道黄帝之父与炎帝之父是母系氏族中的少典氏部族的两个不同的男子。这实际上是反映母系氏族社会女人族外婚姻形态。

《史记·五帝本纪》等古籍记录了黄帝的大量事迹。例如铸鼎，制弓，创作音乐和历法，治五气，度四方，究天文，发明医药，作房屋，在部落集团管理上建立"云官云师"编制，创造出了古中原文化。从河南省新郑的仰韶文化遗址出土的文物我们可以得知，黄帝时代人们过着定居生活，处于锄耕农业阶段，出土大量的房基、石铲、石斧等即是例证；手工业专门化，出现了彩陶技术，使用半机械化轮制技术。北京大学考古文博学院考古学专业博士生导师严文明在《仰韶文化研究》指出新石器时代仰韶文化的晚期约在公元前3000年—公元前2500年，亦即距今4500年至5000年，这恰是黄帝时期。在今河北省涿鹿县矾山镇三堡村北的台地上，有一座古城遗址，这就是史书上记载的涿鹿故城，也就是黄帝城。遗址残存的城墙从城外看仍然有十几米高，城墙上整齐地排列着夯筑城墙时固定夹板的插孔，城墙底部宽约10多米，顶部宽约3米。古城呈正方形，城墙间长宽约500多米。

传说女登诞生于陕西凤翔县槐原。凤翔槐原现存有九天圣母庙和石碑，每年正月二十六日举办女登节和九天圣母庙会。炎帝生于烈山石洞（今在湖北省随州市曾都区厉山镇九龙山南麓），在姜水（在今陕西岐山、武功一带的姜水流域）边长大，因此命名为姜姓，他又以火德成为天下的王，故号炎帝，又号烈山氏、厉山氏、赤帝、神农氏。《左传》、《国语》和《礼记》曾提到烈山氏能够播植百谷百蔬。东汉郑玄注《礼记》和三国韦昭注《国语》，都说烈山氏为炎帝。西汉末年刘歆的《世经》把炎帝与神农氏并称为一个人。《汉书·古今人表》及《易·系辞》"注疏"将炎帝与神农氏合称呼为"炎帝神农氏"。《水经注》卷三十二又把烈山氏和神农氏相并，说谬水西南经过厉乡南，水南有重山，就是烈山，山下有一个洞穴，相传是神农氏的诞生处，所以《礼记》称神农氏为烈山氏。而有关烈（厉、列）山氏称号的缘起，又有二说。《路史》认为，烈山原字当作列山或厉山，因神农氏"肇迹"于列山，故以列山、厉山为氏。刘城淮《中国上古神话》则认为炎帝为火神，放火烧山很猛烈，故为烈山氏。炎帝陵墓在全国至少有三处，这三处分别是湖南省株洲炎陵县炎帝陵、陕西省宝鸡炎帝陵、山西省高平市炎帝陵。《高平地方志》记载炎帝曾巡游至此，炎帝陵在这里似乎就是古人为纪念炎帝而建。炎帝神农氏死后被葬于上述三处之一，这说明我国很多地方都有炎帝的传说及其陵名、地名，浓缩了炎帝神农氏业绩的陵名、地名往往随着中国先人的迁徙被移植到四面八方，

成为迁入地的名字，化作永世不朽的纪念碑。

司马迁《史记·五帝本纪》说："黄帝者，少典之子，姓公孙，名轩辕……自黄帝至舜、禹，皆同姓而异其国号，以章明德。故黄帝为有熊，帝颛顼为高阳，帝喾为高辛，帝尧为陶唐，帝舜为有虞。"南朝·宋·裴骃为《史记》作《集解》引谯周（三国时期蜀汉著名的儒学大师和史学家）的话说："黄帝，有熊国君，少典之子也。"东汉·班固《白虎通义·号章篇》说："黄帝有天下，号曰有熊。"这是怎么回事？我们认为，从母系血统讲，黄帝是少典氏部族的第某代的儿子，按照母系血缘族号讲，黄帝的母性血统识别称号叫"公孙"，故姓"公孙"，黄帝之父是只知母不识父的母系氏族时期的公孙少典氏中的一位男子，所以父名不详。唐代司马贞的《史记索隐》对"黄帝者，少典之子"注解如下："少典者，诸侯国号，非人名也。又案：国语云'少典娶有蟜氏女，生黄帝、炎帝'。然则炎帝亦少典之子。炎黄二帝虽则相承，如帝王代纪中间凡隔八帝，五百余年。若以少典是其父名，岂黄帝经五百余年而始代炎帝后为天子乎？何其年之长也！又案：《秦本纪》云，'颛顼氏之裔孙曰女脩，吞鸟之卵而生大业，大业娶少典氏而生柏翳'。明少典是国号，非人名也。黄帝即少典氏后代之子孙，贾逵亦谓然，故《左传》云'高阳氏有才子八人'，亦谓其后代子孙而称为子是也。"少典氏是伏羲与女娲后裔氏族中的一个母系部族。据古史，燧人氏、伏羲氏等谱系，无资可考。据《中华姓氏源流通谱简本》介绍："至少典氏君，生长子炎帝神农氏，次子勖其，勖其第十代是黄帝轩辕氏。衍传炎、黄世胄，古往今来根深叶茂。"《国语·晋语》记述黄帝姓姬，姬姓是父系氏族时期的男子血缘族称。黄帝的名字叫轩辕。黄帝的国号叫有熊。

黄帝将王位传给孙子颛顼，颛顼即高阳氏，是昌意之子，颛顼将王位传于其父亲的兄弟玄嚣之孙帝喾，帝喾是黄帝的曾孙。帝喾将位传于长子帝挚，帝挚将王位禅让弟弟放勋即帝尧，尧禅让于东夷的舜，舜复又禅让于颛顼的孙子禹。《史记·夏本纪》："禹者，黄帝之玄孙而颛顼之孙也。"晋代学者皇甫谧《帝王世纪》曰："颛顼，黄帝之孙，昌意之子，姬姓也。……帝喾，姬姓也。其母不觉，生而神异，自言其名曰 ……尧伊祁姓也……舜，姚姓也。其先出自颛顼。……禹，姒姓也。……周，姬姓也。"这就是上古时代记载的五帝的世系表。

禹是姒姓之王氏的源头。禹的父亲是鲧，鲧是颛顼的孙子，所以鲧的儿子禹其实是昌意的后代，不是少昊的东夷部落人。网上有人非要反过来说，鲧和禹是少昊的子孙，帝喾是昌意的子孙，这里他没搞清楚家谱关系。不过这段复杂的关系是很乱的，很容易混淆，我花了不少时间查了很多文献记载，经过考证才搞懂，详见我们写的《黄帝与少昊其人其事》。《史记·夏本纪》："帝舜荐禹于天，为嗣。十七年而帝舜崩。三年丧毕，禹辞辟舜之子商均于阳城。天下诸侯皆去商均而朝禹。禹于是遂即天子位，南面朝天下，国号曰夏后，姓姒氏。"许多人搞不明白"夏后"的含义，夏后也称为夏氏或夏，"夏后"之"后"不是前后之意，而是当王、当天子的意思，这里有尊称之义。禹因为治水有功，德行人品口碑极佳，被舜推荐为帝位接班人，封邑于夏，成为夏王。根据夏商周断代工程研究成果，暂以公元前2070年作为夏的起始年，即禹在这一年建立了中国历史上第一奴隶制国家——夏，所以禹又被称为夏禹，是夏族人即后来匈奴人的祖先。因为鲧的妻子修己吃了薏苡神米生禹，所以禹被尧赐姓姒。禹之后裔王亥是史籍中最早记载世系较详细的夏朝商族重要人物。

子姓之王氏的远祖是商族首领契，始祖是比干。契是黄帝的曾孙帝喾的儿子，契与后稷（名叫弃）是同父异母。从契以后传十三代到汤（从契到汤的商族人世系图），正值夏王桀（又名癸、履癸，是夏朝著名的暴君）在位，王亥是契的第六世孙、冥的长子，继任为商族首领，商族先公之一。上甲微，姓子，名微（一名"昏微"），字上甲，他是王亥的侄子，王恒的儿子。商民族的第九任首领。近代国学大师、考古学家王国维说："商之继统法以弟及为主，而以子继辅之，无弟然后传子。自成汤至于帝辛三十帝中，以弟继兄者凡十四帝。其以子继父者，亦非兄之子，而多为弟之子。"（见王国维《殷周制度论》），王国维先生按殷墟甲骨卜辞考证了商先公先王的世系，他在《殷卜辞中所见先公先王考》、《殷卜辞中所见先

公先王续考》、《殷周制度论》中均指出，接上甲微之位的是"报乙"，而非司马迁所说的"报丁"；接报乙之位的是"报丙"，接报丙之位的才是"报丁"，报乙应为上甲微的弟弟，报丙为报乙的儿子，报丁视为报丙的儿子。王国维对出土甲骨卜辞中商先公先王的考证，证明了《史记·殷本纪》中"微卒，子报丁立"之说是有误的。吉家林《屈原〈天问〉解疑》从另一个角度认证了王国维的研究成果。主壬是主癸的父亲。商的开国君主汤是主癸的儿子，汤灭掉了夏，建立了商王朝。从契到汤的商族人世系图如下：

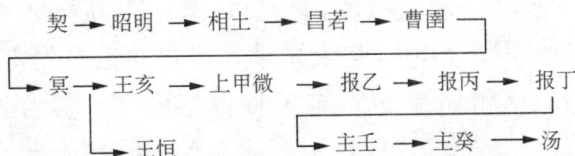

```
契 ──► 昭明 ──► 相土 ──► 昌围 ──► 曹围 ──┐
┌──────────────────────────────────────────┘
└─ 冥 ──► 王亥 ──► 上甲微 ──► 报乙 ──► 报丙 ──► 报丁 ──┐
   └─ 王恒          ┌──────────────────────────────────┘
                    └─► 主壬 ──► 主癸 ──► 汤
```

商之始祖契与禹是同一时代的人。《史记·殷本纪》记载："殷契，母曰简狄，有娀氏之女，为帝喾次妃。三人行浴，见玄鸟坠其卵，简狄取吞之，因孕生契。契长而佐禹治水有功。……封于商，赐姓子氏。契兴于唐、虞、大禹之际，功业著于百姓，百姓以平。"商族人的祖先契因其母简狄吞燕卵生之，所以姓子，因功而被封在地名叫商的地方。

中国最早的诗歌总集《诗经》中有美妙的"玄鸟生商"的动人故事。西汉大学者毛亨精研凭自己记忆流传下来的《诗经》（秦始皇焚书把经书典籍都烧掉了），作《毛诗训诂传》，简称《毛传》或《毛诗》，《毛诗》对口传《诗经·商颂·玄鸟》中"天命玄鸟，降而生商"作了注解："春分，玄鸟降，汤之先祖有娀氏女简狄，配高辛氏帝，帝率与之祈于郊禖而生契，故本为天所命，以玄鸟至而生焉。"东汉著名文学家王逸作《楚辞章句》注曰："玄鸟，燕也。"春分时节，黑色羽毛的燕子唱着歌儿从空中飞来，筑巢生子（即下蛋），商人以为燕子来临便是繁殖的好日子，于是，在燕子来临的仲春之际，简狄跟高辛氏赴郊外旷野之地，举行求子祭祀活动，这个时期所孕之子，谓之"玄鸟所生"。《史记·殷本纪》记录的简狄吃了燕子怀孕生契的美好传说，也是参照《诗经》而来的。"玄鸟生商"的看似偶然的、浪漫的、美好的传说，事实上，这与那时的祭祀高禖（我国古代诸神中，高禖被尊为生育求子之神）信仰有关，而祭祀高禖信仰正是关系着殷商族人繁衍生存的大事。高禖，又称郊禖，因被供于郊外而得名。禖同媒，禖又来自腜。高禖节是中国古老的传统的一种重要的节日，在每年春季俗称三月三于郊外进行祭祀，行祭前在高禖祠庙里备以牛、羊、豕（shi，猪）三牲"太牢"重礼。据《礼记》和《吕氏春秋》记载，在西周和春秋时期祭祀高禖的活动仍在实行。《礼记·月令》仲春之月说："是月也，玄鸟至。至之日，以太牢祠于高禖，天子亲往，后妃帅九嫔御。乃礼天子所御，带以弓韣，授以弓矢，于高禖之前。是月也，日夜分，雷乃发声，始电，蛰虫咸动，启户始出。先雷三日，奋木铎以令兆民曰：'雷将发声，有不戒其容止者，生子不备，必有凶灾。'"

东汉末年的经学大师郑玄注说："高辛氏之出，玄鸟遗卵，娀简吞之而生契，后王以为媒官嘉祥而立其祠焉。"

《吕氏春秋·仲春纪》说："是月也，玄鸟至。至之日，以太牢祀于高禖。天子亲往，后妃率九嫔御。乃礼天子所御，带以弓韣，授以弓矢，于高禖之前。"这些记载与《礼记·月令》全同。东汉经学家高诱注说："王者后妃于玄鸟至日，祈继嗣于高禖。"

玄鸟来到之日，一般在春分前后。而玄鸟降又是一个非常明显的物候特征，所以玄鸟初临之日举行祭祀高禖的活动。

闻一多吸收郑玄的说法，认为夏、商、周三代都有高禖的祭祀，高禖就是生育求子之神，各国各代所祭祀的就是自己的女祖先。夏人高禖为先妣女祸，殷人高禖为先妣娀简狄，周人为姜嫄，楚人为高唐神女（闻一多：《高唐神女传说之分析》）。生育子孙在上古居民是最为重要的一桩大事，因此，以祈求生育为目的的高禖也就成为一年中最为重要的一次大祭祀。

简狄是一位伟大的女性，因其生下商族男姓祖先契而名垂青史，契是商族自母系氏族过渡到父系氏族被祭祀的最早的男性直系祖先。从契开始，商族人才有了以父子相承为主的惯例，从此才真正进入父系氏族社会。"契长佐禹治水有功，帝舜乃命契为司徒"。契因帮夏王禹治水有功，被封在商，其氏族为商族。夏朝建立之

后，商族是夏的直属成员。契的后裔比干的子孙有的以王为姓。

史籍《潜夫论·志氏姓》中记载："昔尧赐契姓子，赐弃姓姬；赐禹姓姒，氏曰有夏；伯夷为姜，氏曰有吕。"

妫姓之王氏的祖先追溯到上古五帝中的部落联盟贤明帝王舜，舜生于姚墟而得姚姓，居于妫汭而得妫姓。妫即妫水，今名叫妫汭河，在今山西省永济市南部，向西流入黄河，汭（ruì）为河流弯曲的地方，妫汭即为河流拐弯之处环抱的风水宝地。据《史记·五帝本纪》记载："虞舜者，名曰重华。重华父曰瞽叟，瞽叟父曰桥牛，桥牛父曰句望，句望父曰敬康，敬康父曰穷蝉，穷蝉父曰帝颛顼，颛顼父曰昌意：以至舜七世矣。自从穷蝉以至帝舜，皆微为庶人。"这是舜的家族世系，舜是黄帝的九代孙。在"舜裔姓氏系统"中，舜的后裔主支在周代为陈氏，陈氏家族在春秋中期分脉出田氏，《史记·田敬仲完世家》载："敬仲之如齐，以陈字为田氏。"公元前221年，齐国被秦所灭。齐君田建亡国后，其子孙中有些改王姓避难，这使舜裔姓氏又经历了一次分支。从远古帝王舜开始，历经数千年，其后裔中繁衍派生出60多个姓，除妫、陈、田、姚、胡姓外，还有王（一支）、孙、袁、夏、陆、吴（一支）等姓，这就是"舜裔姓氏系统"。

姬姓之王氏的四个分支之根可以追溯到古代黄帝的第五代孙、周族的始祖后稷。《诗经·生民》篇说："厥初生民，时维姜嫄。生民如何？克禋克祀，以弗无子。履帝武敏歆，攸介攸止，载震载夙。载生载育，时维后稷。"根据《国语》、《帝王世纪》等古文献记载，黄帝生于寿丘，长于姬水，所以以姬为氏。后稷是黄帝之子玄嚣的曾孙，玄嚣的后裔到第29（一说27）代是周文王。《史记·周本纪》说："（周始祖后稷，名弃，其母姜嫄）姜嫄出野，见巨人迹，必忻然说，欲践之，践之而身动如孕者，居期而生子……因名曰弃。"又据《史记·三代世表》的记载："尧知其（后稷）才，以为大农，姓之曰姬氏。"黄帝的嫡系子孙，世代以姬姓相沿袭，一直到周文王，仍然姓姬。周文王的子孙中有的姓毕，有的姓王。

姬姓王氏后稷家族的三十代子孙及周太王亶父的三十五代王子王孙，就一直在陕西的周原（今陕西省岐山、扶风两县一带）和镐京（在今西安市长安区西北，是西周时代的首都，又称西都、宗周，周武王即位后，由丰迁都镐京）生活，直到公元前770年周平王王宜臼下达迁都河南洛阳的命令，姬姓王氏的子孙在陕西总共繁衍了六十五代，共计1985年（后稷公元前2213年出生，周赧王公元前228年失位）。

我国最早探寻姓氏源流的著作《世本》说，仅古炎帝姜姓就占据16个地方，有列（烈）山氏、缙云氏、三乌氏、夸父氏、共工氏、蚩尤氏、祝融氏及其分支申、许、齐、高、姜、吕、赖、龚、谢、于、丁、贺、卢、乐、纪、向、黄、焦等247个姓。另据一些学者考证，古代所谓"四夷"——戎、狄、夷、蛮多是炎帝的后代，所以，我国许多少数民族多属炎帝族系。为此可以说，少数民族中王氏之根源自炎帝神农氏。

追溯王姓的远祖，则是炎黄二帝。中华民族的祖根，也就是中华王氏的发源地，因为有国就有"王"，国在哪里，王室和王氏就在哪里。中华民族的发源地，是从黄河上游甘肃的敦煌和天水、陕西的周原和西安、山东的曲阜、平阳，河南的洛阳、商丘和山西的翼城、太原等中原地区开始的。公元前2200年前，姒姓王氏的祖先夏太王大禹，子姓王氏的祖先商太王子契，妫姓王氏的祖先舜和姬姓王氏的祖先后稷等人，共同组成了中华王氏的源头。中华民族的子孙通常把炎黄二帝，作为自己的人文共祖和姓氏之源。

司马迁在《史记》中，坚执天下皆同姓、同姓皆一家的思想，认为中华民族，无论是汉族还是少数民族，都是炎黄子孙。

♥ 谱牒寻根

提到谱牒，不少人就发蒙了，究竟什么是谱牒？"谱"是一个派生字，原字为会意字的"普"，由于用"普"字表示一种文献、簿籍，所以后来加"言"旁成了形声字的"谱"。"普"和"谱"意义完全相同，都表示全、遍之意。刘熙《释名》说："谱，布也，布列见其事也。"（《释名·释典艺》）凡同类事物，全部、普遍的布列出来，这种体裁、格式叫"谱"，如年谱、历谱、乐谱、家谱等等。

《说文》牒、札互训，《说文·片部》："牒，札也"，《说文·木部》："札，牒也"。《释名·释器》训牒为板："牒，板也"。可见牒、札、板是一个东西，即小木片、小竹片，我们今天称之为木简、竹简。这种小木片、小竹片的制法，据王充的解释，是"截竹为筒，破以为牒"，"断木为椠，析之为板"（《论衡·量知篇》）。王充的意思大概是认为牒为竹简，板（札）为木简。所以牒指书写的材料。因为谱牒产生时尚未发明纸张，亦无书帛的习惯，便将一个家族血缘世系内容全部排列刻记在"牒"（竹简）上，所以这种记录家族成员间的血缘关系的档案就叫作谱牒。

我们今天通常说的谱牒、谱牒学，有特定的含义，是指专门记录家庭、家族内部血缘关系的文献、簿籍。战国以前称谱牒为世系、世本、系本、牒记等，魏晋至隋唐称为族谱、家谱、姓谱、族姓谱、氏族谱、血脉谱等，宋以后则通称为族谱、宗谱、家谱、家乘（乘 shèng，家史书）、族系录、族姓昭穆（昭穆即父子祖孙的血缘关系）记、族志等。家谱是什么呢？家谱也被称作族谱、宗谱，是以一姓一族为记录对象，反映一家之史的一种专门档案。内容包括世系、世表、源流、宗派、诰敕、像赞、传记、墓记、墓图、墓志铭、祠堂记、祠规、家规、家训、家范、宗约、义田、义庄、艺文、著作等。家谱是研究社会结构、宗法制度、社会学、人口学、方志学、民族史、家族史、侨民史以及历史人物、文艺创作等方面的重要资料。

根据目前能见到的材料和研究成果，中国谱牒的起源很早，从《史记·夏本纪》详录夏朝自禹至桀 14 代世系 17 位帝王事迹可证明，在奴隶社会的夏朝就有了记载奴隶主贵族世系的谱牒。所以，《史记·太史公自序》说："维三代尚矣，年纪不可考，盖取之谱牒旧闻，本于兹，于是略推，作《三代世表》第一。"唐代史学家刘知几《史通·书志》说："谱牒之作，盛于中古。"

在商代就有比较详细的家族世系记录了，商代甲骨档案中记载"干支表、祀谱和家谱"的"表谱刻辞"，便是殷商王室的谱牒。司马迁在《史记·三代世表序》说："自殷以前诸侯不可得而谱。"这个"谱"指完整详细的家谱，不是指没有谱牒。

西周推行宗法制和分封制，谱牒更被重视，设官掌管，藏于金匮，存于宗庙。战国时出现了较为完整地记载帝王、诸侯世系的《世本》等谱牒。秦灭六国后，各国谱牒虽有散失，但两汉中央和地方私家均重视家谱的搜集、编修和保存。"故修谱者，当知其所自出，姓氏之所由赐，及迁移之所起，卜居之凡来，与夫世代相承，并无所缺，斯宝录也。"

谱牒的盛行跟西周至秦朝建立前的宗法式的社会制度紧密相连。宗法制度是在父权家长制的基础上不断扩大和发展起来的，由它构成了社会等级阶梯，形成为中国奴隶社会基本的社会政治制度。到了西周时期，这一制度得到充分的发展，达到完备的程度。依据宗法制度的组织形式，周王既是普天之下最高的统治者，又是全体姬姓宗族的"大宗"，即最大的族长。宗法式家族组织是多类型、多层次、多等级的，有贵族家族，有平民家族（宗族村社），还有种族奴隶的家族。贵族家族还分成王室、诸侯、大夫和介乎贵族与平民之间的士等等级。宗法式家族是一种血缘组织，内部的血缘关系必须十分清楚，这种组织才能够维持和发展。即使旧的家族分裂成许多新家族后，以及新家族再分裂之后，各家族之间的血缘关系也必须十分清楚。一个家族的始祖及始祖母是谁？始祖如有几个妻的话，谁是嫡，谁是庶？他们各有几个儿子，名叫什么？他们的妻又是谁，又各有几个儿子？家族的各支各房是怎样一代一代地传下来的？现在众多族人的父、祖、曾祖、高祖等等是谁？谁和谁是堂兄弟、再从兄弟？新家族始祖是从旧家族的哪一代分裂出来的？它又怎样一代一代地传到现在？总之，家族所有成员的各种复杂的血统关系必须清楚。在没有文字的时候，血缘关系靠一代一代的口耳传授，储存在人们的记忆中。时间长了，记忆难免有差错。当文字产生以后，人们就用文字把这种血缘关系记录下来。这就是谱牒。氏姓是家族组织的名字，谱牒则是记录家族成员间的血缘关系的档案。

从谱学本身而言，魏晋南北朝时期是我国谱牒学发展的鼎盛时期。根据我们研究，南宋学者郑樵说，"姓氏之学最盛于唐"的结论也是不对的。当然，这里我们也要指出，魏晋南北朝时期谱牒著作，多为一家一族所修的宗谱、族谱、家谱为主，虽然也有总谱、州郡谱的编修，但不是谱学发展的主流，而是为政府掌管户籍为主要目的而编修，因为九品中正的用人制度，选拔人才的标准必须严格以谱籍为准，同样国家赋税徭役和兵役的生疏招募，也都以谱籍为依据，因而对于篡改谱籍者处分极严。

有的学者认为，"六朝以前，谱学在官，唐宋而下，谱在私家"。我们认为，这一结论并不确切，因为六朝时期的谱学历史发展说明，此时基本上是"谱在私家"，只有唐代才是真正意义上的"谱学在官"。唐代为突出李唐皇族及外戚、功臣的社会地位，唐太宗令修《氏族志》，武则天令改修《姓氏录》，唐玄宗修成《姓族系录》。《大唐姓氏录》、《衣冠谱》、《开元谱》、《永泰谱》、《韵谱》、《元和姓纂》等著名谱牒也相应问世，路敬淳、柳冲等谱牒学家脱颖而出。至于宋代则开启了真正意义的私家之谱的编修历史，宋以后除王室族谱外，司马光撰有《臣寮家谱》，苏洵、欧阳修等人则率先编撰本族新族谱。于是地方大姓名族修谱之风再兴，并多仿欧、苏谱例撰辑。北宋时期的《新唐书》把"宗室世系"、"宰相世系"等作为重要内容记载；南宋郑樵写的《通志》把谱系分为6种著录。清代虽"谱学之传，已久失矣"，但清王朝中央及地方大族对谱牒的编修和保存仍十分重视。顺治十年（公元1656年）第一次编修皇室家谱——玉牒，以后规定每10年续修一次，至清末共修27次，由宗人府主持，专开玉牒馆掌修。蒙古王公札萨克、四部伯克、西南土司、政教首领等少数民族上层源流谱系，由理藩院掌编报，亦定10年考订编修一次，要求考证其得赐姓氏、受封的原始资料、传袭至今的世系顺序等，著录于册。八旗世袭、内务府庄户和专业户的谱系，由八旗及内务府分别登记编报。地方名门大族修谱也有严格规矩，其中孔子后裔于乾隆九年（公元1744年）在曲阜孔庙制定了修谱条规、榜示和凡例，定60年大修一次，30年小修一次，并统一了谱册格式、填写要求、投报办法等。民国时期仍有些旧名门望族保留着续修家谱的习惯。

唐代谱牒学家柳芳曾说，"善言谱者，系之地望而不惑，质之姓氏而无疑，缀之婚姻而有别"。这里所讲的"谱"，显然就是指魏晋南北朝时期的谱牒，"地望"指的是当时的各个郡望；再如南宋学者郑樵，在其《氏族序》中说："自隋唐而上，官有簿状，家有谱系，官之选举，必由于簿状，家之婚姻，必由于谱系。"这两条材料都在说明，魏晋南北朝时期的谱学主流并不在官，而是世家大族所修之宗谱、族谱。这种宗谱、族谱应当说是普遍存在的，《世说新语》注中还为我们流传有三十九种家谱。当然，所修之族谱、家谱，都必须上报官府，"藏于秘阁"，而政府也掌握有总谱和州郡谱，所以郑樵在《氏族序》中又说："历代并有图谱局，置郎、令史以掌之，仍用博通古今之儒知掇谱事，凡百官族姓之有家状者，则上之官，为考定详实，藏于秘阁，副在左户。若私书有滥，则纠之以官书；官籍不及，则稽之以私书。此近古之制，以绝天下，使贵有常尊，贱有等威者也。所以人尚谱系之学，家藏谱系之书。"这里所讲，也是指魏晋南北朝之事，这与柳芳所说是一致的，所谓"系之地望而不惑，质之姓氏而无疑。"实际上就象当时谱学家王弘那样，"日对千客，不犯一人之讳"，必须对当时的重要谱牒都非常熟悉，对世家大族的郡望都非常了解，否则是做不到的。特别要注意的是，"历代并有图谱局"，专门管理收藏谱牒之事。唐代则改称"图谱院"。五代乃是谱学发展的一个大转变，欧阳修就曾讲过："自唐末之乱，士族亡其家谱，今虽显族名家，多失其世次，谱学由是而废绝。"而苏洵亦说："盖自唐衰，谱牒废绝，士大夫不讲，而世人不载。"两人都讲，唐末以后，谱学废绝，显然这个讲法并不确切，因为宋代开始，私家之谱开始兴起，修谱之事，真正走入普通百姓之家。因此，"六朝以前，谱学在官，唐宋而下，谱在私家"的说法并不全面，尤其是唐宋两代，更不应当连称，因为谱学在这两个朝代所处地位和发展则全然不同。

唐代的谱学虽然也非常发达，但是，若与魏晋南北朝相比，自然还是相差很远的，因为魏晋南北朝时期，由于社会多方面因素要求，几乎家家要藏谱学，人人要讲谱学，因此，谱学在当时社会已经成为一门招牌，自然也就成为我国谱学发展史上的黄金时代，而唐代则无论如何是无法与之相比的。也许由于唐代统治者一开始就垄断了编修谱牒的大权，接连发动了几次大规模的谱牒著作编修，限制和打击了私人编修谱牒著作的积极性，影响了唐代谱牒学的很好发展，尽管这样，在唐代仍然涌现出了不少谱学家和谱学著作，如：隋末唐初著名谱学家李守素，唐太宗时期的《氏族志》编修者高士廉，唐代著名谱学家路敬淳（？—697年），《姓氏录》的编撰者许敬宗、李义府、孔志约、阳仁卿、史玄道、吕才等六人，大型的谱牒著作《姓族系录》（亦称《大唐姓族系录》）历时十年而成书，其编修者柳冲、魏元忠、张锡、萧至忠、岑羲、崔湜、徐坚、刘宪和吴兢等九人。

家谱记载着一个家族几千年的世系演变，展示了祖辈们开基兴家的历史足迹，对中华民族发展的贡献，包涵了一个家族的血浓于水的亲情。从家谱里我们可以了解家族的源流、迁徙路线、始祖、始迁祖及繁衍分支情况，知道我是谁？我的根在哪里？

当代的王姓人口已经达到了9288.1万，为中国大陆第一大姓，约占全国人口的7.25%（其他三大姓氏依次为李张刘）。目前，王姓人口在中国大陆的分布主要集中于河南、山东、四川、河北等四省，其次分布于辽宁、安徽、江苏、黑龙江、浙江、陕西和湖北等七省。河南为王姓第一大省，王姓人口占省总人口的10%。

王姓这么多的人，在中国分布又这么广泛，每个区域的王姓人该怎样寻宗认祖呢？谱牒寻根是重要的有效途径之一，正如古人云："前人不讲古，后人没有谱。后人不寻谱，不知本族祖。"寻根认祖是中国人的夙愿。所谓谱牒寻根，就是根据记述氏族、宗族、家庭世系的资料即宗谱、族谱、家谱寻找本姓氏的祖先与发源地。如闻一多（1899年11月—1946年7月，原名闻家骅，又名亦多、一多，字友三、友山。著名诗人、学者、爱国民主战士。生于湖北黄冈浠水。家传渊源，自幼爱好古典诗词和美术）家族的《闻氏宗谱》里，曾记录这样一个传说：南宋抗元名将文天祥（1236年6月6日—1283年1月9日，汉族，吉州庐陵人，即今江西吉安县人，初名云孙，字天祥。选中贡士后，换以天祥为名，改字履善。宝祐四年即1256年中状元后再改字宋瑞，后因住过文山，而号文山，又有号浮休道人）被元朝皇帝忽必烈杀害，族人文良辅为了逃避元朝对文氏家族的迫害，举家迁居湖北浠水，并改姓氏为"闻"。这个悲凉的传说被写入《闻氏宗谱》已有 700 多年了，它不仅为这个后来培养出诗人闻一多的大家族增添了几分英雄气概和神秘色彩，而且也引起了史学家和闻一多研究者们浓厚的兴趣。"闻"氏由"文"改来的说法最早出于清乾隆四十六年（1781 年）第一次修撰的《闻氏宗谱》："吾姓本姓文氏，世居江西吉安之庐陵。宋景炎二年（1277 年），信国公军溃于空坑，始祖良辅公被执，在道潜逃于蕲之兰清邑，改'文'为'闻'，因家焉。"这里所说的信国公就是文天祥，而蕲则是今天的湖北省浠水县。700 多年来，闻家宗谱都采纳此说，闻家人也都自认为是文天祥后人，闻一多研究界也大多承认了这个说法。然而，1992 年，《闻一多传》的作者闻黎明以史学研究者的严谨态度对这一问题提出了质疑。他说："这种说法很难考证，且记载时间去事 500 年（1277 年—1781 年）"，"宗谱所言确否，尚待证实。因为"闻"本来也是一个姓氏。闻一多本人对这个家族传说也产生过兴趣。他在清华读书期间曾想对此考证，但终因资料不足而放弃，只在日记中写下了"不得其详"这样一个没有结论的结论。在近年来的闻一多研究中，有不少学者涉及过这个问题，但也终是语焉不详。这个"不得其详"之谜，在湖北省武穴市龙坪镇五里村文天祥的堂兄文天祯的第 22 代孙文明杰、第 24 代孙文尚雄所保存的一套共 14 本的《文氏宗谱》中得到了解答：在该宗谱的《江右统宗世系》上清清楚楚地记载着"文良辅"这个名字。"文良辅"实有其人，这无疑是一个令人振奋的重大发现。先前，浠水县闻一多纪念馆馆长龚成俊等人发现，在庐陵（今江西吉安）文天祥的嫡系家族中，前后五代至今尚未发现有"良辅"这个名字。由此看来闻良辅是文天祥的旁系后裔。通过比较《文氏宗谱》和《闻氏宗谱》中的世系图，即可发现：不仅"良辅"二字完全相同，而且两人籍贯也是吻合的，即同为江西吉安人。另外，从宗谱上看，这两组世系恰相衔接。《文氏宗谱》中自文良辅以后"世系未详"，即下落不明；而《闻氏宗谱》中自良辅以上又恰好"谱牒无存"，二者正好衔接。此外，最为关键的一点是，经过推算时间，文良辅和闻良辅两人有同时存世的可能，这又为两个姓名是同一个人提供了有力佐证。至此，在多方考证之后，龚成俊、朱兴中、王润三位研究者终于作出了"闻一多是文天祥的家族的旁系后裔"的结论，证明了"改文为闻"说法之真实可信。

根据《王羲之族谱》，我们知道王羲之是源于古姬姓的王氏以及王羲之家族的播迁地区。《王羲之族谱》一套共十四册，总谱一册，分谱十三册分谱有五种，分别为：《黄土家谱》、《德安锹溪家谱》、《武昌族谱》、《茅田族谱》、《港畔族谱》。总谱前有宋代文学家朱熹序文。1991年在甘肃两当县太阳乡火神庙村村民王文信处发现《王羲之族谱》之分谱《德安锹溪家谱》。该族谱是清仁宗嘉庆二十三年（1818年）由湖北通山人王福利送至两当，接谱人为王福明，王文信是王福明的六世孙。据推测，王福明可能在湖北通山，因事居留两当。

《德安锹溪家谱》所载始于周朝，止于明朝，共42世，所载最详细，极具史料价值。

该谱记载了王氏宗族的起源。王姓始于周朝共和年间，（约前841—前828年），周平王即位后，封太子晋为太原郡晋阳王，父爵子袭。到第三代时以王为姓，名王道行，此为王氏始祖。王氏宗族，兴盛于晋代，衰败于明代。自周至明在朝为官者170余人，其中晋代就有66人。著名者有官至西晋太保，名列二十四孝的王祥；东晋重臣、南迁士族首领、时称"王与马共天下"的王敦、王导兄弟；王羲之、王献之父子则为书法家。

《王羲之族谱》除了记载王氏源流系世外，对明末王氏各宗族分布地区也做了详细记载，是研究王羲之家族历史的珍贵资料。

从浙江省东阳市《鹤岩王氏宗谱》，我们知道：浙江省东阳市鹤岩的王姓人家与王羲之是一脉相承的。王羲之出身于名门望族，其曾祖王览（206—278年，字玄通）与《二十四孝图》中的王祥为同父异母兄弟，王览官至太中大夫，禄赐与卿同，咸宁初，诏曰："览少笃至行，服仁履义，贞素之操，长而弥固。其以览为宗正卿。"后官职转为光禄大夫。王羲之的伯父王导官至太尉，王羲之的父亲王旷任淮南太守。民国丁亥（1947）版《鹤岩王氏家乘》详细记载了浙江东阳鹤岩王氏自唐宋以来的历史轨迹，先人业绩，家族繁衍，历历在目。这本旧谱很引人注目的是其中收录了唐代进士冯宿为《王氏宗谱》撰写的序言，冯宿序说：根据王氏家乘记载，东阳市鹤岩王氏是世居琅琊临沂的祥、览之后。王祥（184—268年）历汉、魏、晋三代，先后任县令、大司农、司空、太尉、太保等官职，是王览的同父异母兄，为古代二十四孝子之一，最著名的事迹是卧冰求鱼，为治母病。

王览是王祥的同父异母弟，王览的孙子王旷是王羲之的父亲，王旷最先建议晋元帝迁都江南，王旷与堂兄王导（276—339年，字茂弘，汉族，琅琊临沂人）随晋元帝南下，定居金陵。

从民国壬戌年（即1922年）浙江省东阳市《西厚里王氏宗谱》可以知道，西厚里王氏是玉山南里王氏的第八世王亮、第九世王迎迁居石塘，其后裔王祈、王思诚再从石塘迁居于此而发家成族的。这一点可以从《鹤岩王氏家乘》得到印证。鹤岩王氏是南里王氏的第十四世王垍、王墀兄弟开创的，主要聚居地在今东阳市六石镇石马、王村。再往前溯，南里王氏的始迁祖是王熊之的第七世孙王明，所以不管西厚里王氏、南里王氏，还是鹤岩王氏，他们都是正宗的王明后裔。

王熊之（南朝后梁人）是"书圣"王羲之的10世孙、王羲之的三子王徽之九世孙、大司马长史王桢之八世孙，王冀之七世孙。公元587年，隋文帝并吞后梁，授王熊之为江南东阳郡刺史，其宅建东阳之南街棋盘头。由于县不设刺史，可以判定此东阳为东阳郡（今金华市），非东阳县（今东阳市）。查《东阳市志》知，东阳县置于唐垂拱二年（686年），后梁尚无东阳县建制，因此，后梁的东阳南街只能是郡城南街，而不是东阳县城南街。王熊之的三世孙王诚居玉峰南里，即今盘安县尚湖镇王村，历史上属东阳县版图，民国时期析东阳置盘安，解放后又经合乡，现属金华市盘安县。王熊之的第七世孙王明，初次定居玉山南里，被尊为东阳王氏的始迁祖。南里王氏谱、鹤岩王氏谱均以王明为内纪始祖。

王明生活在唐德宗（李适，"适"读作kuò）贞元年间，那时他已成为东阳王氏的领军人物，凭其社会地位、经济实力，完全有条件邀请同城进士冯宿为其家谱作序。王明比冯宿年长2岁，同为文人，平时应有交往，甚至有可能冯宿是王明父祖的门生，要不落款

不应为"眷侍生"。冯宿作序的这版《王氏宗谱》是以王熊之为始祖的，并不是以王明为始祖的，鹤岩王氏第五代人王浩（887—953年）初修的《鹤岩王氏宗谱》将王明尊为东阳王氏始祖。因为鹤岩王氏谱所存先人坟图上将王明墓标为始祖墓，墓在南里王村。

鹤岩王氏谱至今已经过22次编修，此后续修王氏宗谱，每次多转载冯宿的这篇序言，其作用有二：一可标明始祖王明的来历，二借尚书冯宿的名声为家谱增色。应该指出一点，冯宿落款中"资德大夫吏部尚书"的头衔是身后追赠的，写序的时候只有"眷侍生"称谓。之所以罗列追赠的官衔，就是为了抬高作者身价，增加序言的份量。

2010年1月山西河曲《王氏谱牒》面世，该谱由书法家马福善先生撰写，详述了王氏族人在近代河曲的发展历程。河曲县城南关大栅街大井巷王氏宗族，源发琅琊，派流淄博，复迁河曲，是流淌着琅琊王氏的血液，抑或是王羲之的后裔。一世祖王埔，初始由山东淄博迁徙于此，起家于陇田之中，是王氏宗族由淄博植根河曲的开山鼻祖。肇字辈王肇武、王肇歧、王肇熙行武出身。王肇武、王肇歧毕业于黄埔军校。王肇歧参加绥远起义。王肇兴从事水利水保工作四十年，是为河曲水利事业的发展和科技进步作出重大贡献的名副其实的第一位河曲籍水利专家。晚清至民国年间的晋西北河曲县之水旱码头再次中兴。形成河套流域继宁夏横城、包头磴口、托克托以下的又一粮油食盐等杂货集散贸易中心。其时，商贾云集，五方杂处，人称"小北京"。方圆不及十平方里（1里＝0.5千米）的黄河滩头，曾经却容纳了13万人口。由于河曲县城座落在河套流域下游出套口的左岸，重岗巨埠，北通归化、包头、南达忻定并州，西望鄂尔多斯，并与宁夏横城进套口遥相呼应。东连神五雁代，以其极便利的陆地交通，为码头粮汕食盐杂货集散贸易，提供了十分便捷的运输条件。捷足先登的河曲商邦，一时间，涌现出一百几十家字号。其中最著名者，是"十大富豪"（即李杞、王孟、于务本、张端、乔裕、王锡珍、常佳骐、常佳骏、拔贡张焕生、九贡张耀生）。王氏三世考皿字辈所经营的字号，是大栅街座南向北的三片店铺，在近世河曲商界处引领地位，并深得晋商之三昧，以诚信为本，守信、讲义，最后才取利。所以，近悦远来，信誉昭著，立于不败之地，称雄于晋西北河套出口的水旱码头，为近代河曲商邦谱写了辉煌的篇章。《王氏谱牒》的面世，填补了河曲王姓谱系的空白，是近年来家谱中不可多得的精品，对其它姓氏谱系的编写亦有一定的参考借鉴意义，而且对河曲近代史的编写亦有一定的参考价值。

在中国王氏家谱中，有90％的家谱记载王姓出自古姬姓，是周王的后代，如太原王氏系姓始祖太子晋，乃东周周灵王太子，名晋，字子乔。

清代红印龙纹圣旨敕命王阳明的家谱中《山西太原王氏族谱》载王守仁家族是周灵王太子王子乔的后裔，王阳明就是王守仁（1472—1529年），汉族，浙江余姚人，字伯安，号阳明子，世称阳明先生，故又称王阳明，是明代最著名的思想家、哲学家、文学家和军事家。《明史》载：王守仁出生时取名为王云，但五岁不能说话，告诉他人，改名为王守仁，他才说话。

江西《豫章太原王氏族谱》有清代王纯嘏撰写的《太原王氏族谱序》，其序言说："豫章始社祖景肃，二世'三友'，三世仕元，四世崇善，五世处存、处直行迹及其近世子孙分流情况。前辈勋功光耀，后世绍承如续，前后辉映，炳烺千古。考历代之载籍，稽诸家之谱牒，灵源遥浚，派远流长，蟠根厚殖，干休枝茂，实以吾太原王氏为冠领。溯其源，本受姓于周灵王之子晋。至十八世武城侯离公，长子元居太原晋阳，是为太原王氏，次子威居琅琊临沂，是为琅琊王氏。海内王氏皆二宗之苗裔也。由周秦汉迄隋代，咸有令望散著各土。其传于豫章者，则四十九世景肃公，居豫章之东湖，以仕葬河南。其长子孟友遂家河南，而仲友季友二公仍还豫章，择丰城之东山云岭里家焉。仲友公登乡荐仕江陵太守。季友公博学多才，为当时士大人所重，杜甫称为'通经论道'，李勉目为'道德真儒'，登开元二十四年状元第，授洪州司议，为御史中丞，殁赠豫章伯。……清康熙十九年孟秋月，潼川宗人新命纯嘏氏拜撰。"据江西省谱牒研究会副会长王炯尧介绍，豫章王的始祖——王仪，字景肃，唐高宗仪凤丁丑年（677年）生。于唐初由陕西京兆府万

年县业里（一说为河南）徙居豫章（今江西南昌市）东湖菊花巷，为豫章王氏基祖。他生有三子：政、致、徵，即孟友、仲友、季友。三脉同宗，齐驱并发，以始祖开基地名而合称豫章王氏。太原王在江西有两支重要的后裔，一为王景肃缔造的豫章王氏，另一是以王明为始祖的临川王氏。

民国二十六年王嗣槐堂刻本《余姚上塘王氏宗谱》载余姚上塘王氏是王子乔的后裔。

福建《上杭王氏简谱》：上杭王氏，是为黄帝开族，系出姬源，子晋受姓，派衍太原。

《龙潭三槐王氏家谱》载：龙潭三槐王氏支系（今重庆市酉阳县龙潭镇），帝胄姬姓之后，得姓于黄帝的第四十二代后人、周武王的第二十三代子孙。周灵王姬泄心生太子姬晋（又名子晋、子乔、王乔）。《新唐书·宰相世系表》载："周灵王太子晋以直谏废为庶人，其子宗敬为司徒，时人号曰王家，因以为氏。"唐刘禹锡书《王质神道碑》载："质字华卿，始得姓自周灵王太子晋，宾而天仙，时人号曰王子，因去姬为王氏。"隋唐及以后分为中山、河东、河内、邶郡、开闽、三槐等宗支。

广东省河源市龙川县《王氏族谱序》说："始祖晋公，讳乔，传四十九代至畴公，生六子：劼、勃、勋、助、劝。勃公四传至维国，讳鼎兰；日昌，讳鼎桂。助公四传至均德，讳鼎腾；均辉，讳鼎芳。后裔蕃衍，徙居星散。明末清初，自粤、赣迁浏阳。清光绪20年续修族谱。合族排行：鼎新诚念本，礼义振纲常，积善昭余庆，安邦定佐良，崇贤名显耀，忠厚福荣昌，丹桂欣培植，谋猷继述长。"

河南濮阳《王氏族谱修谱序》言："经咸敬翻阅历次修谱弁言，方知我王氏家族乃姬姓之裔也。宗派出分周景王，世系上溯琅琊郡，历住王村，即现濮城，可说是名门旧族。历经秦、汉、晋、隋、唐、宋、元、明、清诸朝，因世变迁多故，自始祖舜兴爷前无考。是明朱元璋帝册封定远将军有考者朝代，科试及第不断，民族英雄辈出。阅谱一览，缅怀各祖爷的丰功伟绩，确实使后人尊祖敬宗之心顿生。"

　　山西省灵石县静升镇《三槐堂静升王氏宗谱》载：始祖王实是太原王氏后裔，太原王山西灵石静升始祖王实从元代皇庆二年迁静升村定居传承二十八代近七百年历史，提供者王儒杰为静升王氏二十二代。王实给静升镇后人留下宝贵建筑文化遗产和民居珍品——王家大院，号称"华夏民居第一宅"的王家大院是静升王氏始祖王实的故居，于清康熙、雍正、乾隆、嘉庆年间先后建成。建筑规模宏大，拥有"五巷"、"五堡"、"五祠堂"。其中，五座古堡的院落布局分别被喻为"龙"、"凤"、"龟"、"麟"、"虎"五瑞兽造型，总面积达25万平方米以上。现在对外开放了红门堡（龙）、高家崖（凤）、崇宁堡（虎）三大建筑群和王氏宗祠等，共有大小院落231座，房屋2078间，面积8万平方米。红门堡建筑群的总体布局，隐一个"王"字在内，又附会着龙的造型，除前堂后寝的院落外，为顺应地形，一部分又应变为前园后院，各院间有的富丽堂皇，有的曲幽小巧，其砖、木、石三雕，有些因出自乾隆早期，古朴粗犷，还保留着明代风格；大多数同高家崖一样，皆清代"纤细繁密"之典范。设立于红门堡东三甲的中华王氏博物馆，是目前海内外惟一的王氏家族文化博物馆。高家崖建筑群两主院均为三进式四合院，每院除都有高高在上的祭祖堂和两厢的绣楼外，还有各自的厨院、塾院，并有共同的书院、花院、长工院、围院（家丁院）。周边墙院紧围，四门因地制宜，大小院落既珠联璧合，又独立成章，其或隐或现，多种多样的门户，给人以院内有院，门里套门的迷宫式感觉。现在，高家崖各院厅堂及居室内，依照"尊卑分等，贵贱分级，上下有序，长幼有伦，内外有别"的封建礼制格局，将静升王氏家族历代流传下来的大量家什物品已分门别类地陈列于其中，基本上恢复了王家当年的历史风貌。崇宁堡建筑群的总体建筑与红门堡相似，建筑意象为"虎卧西岗"的院落布局，整体建筑斜倚高坡，负阴抱阳，堡墙高耸，院落参差，古朴粗犷，近于明代风格。高家崖、红门堡东西对峙，一桥相连，皆黄土高坡上的全封闭城堡式建筑，外观顺物应势，形神俱立；其内，窑洞瓦房，巧妙连缀。总的特点是：依山就势，随形生变，层楼叠院，错落有致，气势宏伟，功能齐备，基本上继承了中国西周时即已形成的前堂后寝的庭院风格，再加匠心独运的砖雕、木雕、石雕，装饰典雅，内涵丰富，实用而又美观，兼融南北情调，具有很高的文化品位。王氏宗祠分上下两院，功能齐全，设计考究，祠前有精雕细刻的"孝义坊"。宗祠作为王氏先祖灵魂栖息的家园，自 1998 年以来，已有数万名海外王氏后裔相继到此观光并拜祖敬香。山西王家大院（灵石静升）始祖王实世系图：

1、太子晋（王子乔）-2、宗敬-3、凤-4、覃-5、渠-6、丰-7、芝-8、亿-9、错-10、坟-11、谕-12、息-13、恢-14、亢-15、颐-16、翦-17、戊-18、离-19、威-20、志-21、珣-22、言-23、崟-24、彝-25、彝-26、励-27、霸-28、咸-29、甲-30、甫-31、思-32、憬-33、泽-34、昶-35、湛-36、承-37、述-38、坦之-39、愉-40、缉-41、慧龙-42、宝兴-43、琼-44、遵业-45、松年-46、劭-47、孝柔-48、子颖-49、庆道-50、谋-51、吉-52、该-53、馀-54、项-55、当-56、邵-57、怀-58、勤-59、著-60、样-61、充-62、大明-63、伯玉-64、知清-65、绍-66、直卿-67、实（静升王氏祖）-68、秀-69、温浦-70、思问。

据开闽王氏研究会浙江省分会提供的信息，开闽王氏是唐末由光州（今河南省）固始南下进入福建的客家人，由广武王王潮、武肃王王审邽、忠懿王王审知、义军都统王彦复、新罗国（今韩国）宰辅王彦英及银青光禄大夫王想兄弟六人后裔组成的开闽王氏庞大家族集团。其先是周灵王太子晋、临沂王吉后世，江左王导、咸阳王褒之裔，自金陵徙咸阳迁光州固始辟居的琅琊王氏流脉。开闽王氏蜚声于福建、台湾、江苏、浙江、广东等东南沿海省区，自明清以后，更纷纷向海外扩展，因而今天在港台以及泰国、缅甸、新加坡、马来西亚、印尼、菲律宾等东南亚华人王姓家族中，绝大多数是开闽王氏的后裔。目前，仅台湾地区有近五十万王姓民众，在全世界世系清楚的有近三百万开闽王氏子孙。赵宋太祖，钦佩闽国德政，悬匾于廷："八闽人祖，开闽第一"。其包涵着非常丰富的家族历史，琅琊是其郡，开闽是其望。因此，其家族的称谓即是：琅琊郡开闽王氏，堂号为开闽第一。

根据闽台王氏宗亲会提供的资料，唐末五代"开闽三王"——

王潮、王审邦、王审知，考其根源，也都追溯山西太原，可谓"泉州王姓出太原"。"太原衍派"也是泉州地区王氏民居、祖厝、宗祠最为常见的匾额，泉州承天寺西畔的"开闽三王祠"楹联"太原望族源三晋；固始义师靖八闽"，就概括了泉州大多数王姓族人的根源与来历。"开闽三王"衍播于泉州的裔孙，历代名人辈出。有祖籍晋江的王勇，宋真宗咸平五年（公元 1002 年）乡试、礼部试、殿试皆名列第一，高中状元，誉为"名世之才"、"王佐之器"。祖籍泉州，后移居潮州的王大宝，被列为"潮州七贤"之一。而生于明正德年间王慎中，晋江安海人，自幼聪颖过人，四岁吟诗作对，日诵千言，就学于著名理学家易时中，颇受器重。

王素国作《三槐堂记王氏族谱》序中有言："百家姓中，王姓虽排于第二位，然其历代家族之大、人丁之盛，均远在赵钱孙等大姓名氏之上。据余之文友、市民政局退休干部王德连先生所纂《郡望堂号故事溯源》一书所称，历史上王姓有九郡二十八望十八王之说。王氏之祖起源自山西太原郡，乃周灵王太子晋之后也。"

现居湖北省郧阳地区十堰市郧县白桑关镇东良河（保）大树桠（大柏石）的王氏宗族后裔，原籍是由山西省太原市洪洞县大槐树《白土坡》始先祖移迁址予此，延续至今……王氏先祖由山西省太原市洪洞县大槐树分迁时，为了使根源在久日后，不难辨认，把一口锅分敲成三半，各自带留一份作为凭证，便于签认，三合则为一家嫡系。三半锅即为三支：一支即山西省太原市洪洞县大槐树；一支迁址留落在当今河南省南阳市邓县大王庄〈具体不详，早在 1945 年解放前王升蕴（为"然"字辈）时期还有所往来，之后由于划时代影响，则琴折弦断，自此失散……；一支迁移即至湖北省郧阳地区十堰市郧县白桑关镇东良河（保）大树桠（大柏石）。

崇阳王氏得姓始祖名晋，字子乔，系周灵王太子，本姓姬。自东周至唐宋历经 1800 余年的发展，太子晋后裔遍布大江南北。元代中期，晋裔王仲武由江西修水（古称分宁、宁州）迁居崇阳高枧乡之属地钟山（亦称中山）。元末，晋裔王新一由江西迁居崇阳碧田畈。明初，晋裔王福一由江西迁居崇阳碧田畈。明中期，晋裔王青一之苗裔由蒲圻迁居崇阳洪下。明末清初，晋裔王文禹、王经受先后由徽州黟县迁居崇阳县城。清乾隆年间，晋裔王恭元由蒲圻迁居崇阳回头岭。崇阳王氏自元代迁崇已历经700余年的发展，承传30代，人口5万以上（含迁出人口），主要分布于高枧乡、路口镇、白霓镇、天城镇、石城镇、青山镇、肖岭乡，以及港口乡洞泉、下坑，铜钟乡晒谷台、宋家岭等地。现行派行：清静处其厚，章华焕轸宫，信义敦乡，科第显荣，崇信模典，贵尚真诚，光承宠锡，振耀明宗。

既然中华王氏源于夏商周的王室后裔，为什么在王氏的后代中，有90%的家谱把自己最早的祖先记载为太原王氏，这是因为唐高祖李渊下"圣旨"说"天下王氏出太原"造成的结果，还可能与王羲之的父亲王旷在山西省上党地区（今长治、晋城两市）失踪有关，《晋书·惠帝纪》说："（309年）刘元海遣子（刘）聪及王弥寇上党，围壶关。并州刺史刘琨使兵救之，为聪所败。淮南内使王旷、将军施融、曹超及聪战，又败，超、融死之。"依理推断，《晋书》只记施融、曹超二将战死，显然是王旷未战死，也未逃回。倘若如今人之所谓失踪，当时不封赠，以后知其死，也当有赠官，而文献资料都只记其最后的官职淮南内史。《晋书》不为他立传，似乎由于司马睿有意隐讳其事，甚至王羲之作的《誓墓文》中也未说父亲因何而死，死于何时，因此有学者认为其中必有隐情。在海内外所有王氏后人中，传说自己是王导、王羲之后代的占了一多半以上，虽然这些传说有点语无伦次，甚至东拉西扯，但不能说没有一点道理，因为当年王旷下落不明，后人无法对证。据《江宁王氏宗谱发现记》说，王羲之的第五子王徽之免职后隐居南京江宁铜山，并建豪宅，死后葬于此。又据江宁《王氏宗谱》说，南宋末年，王羲之23代孙王五四举家迁来江宁山阴村，而后繁衍发达，现已发展到江宁、溧水的十多个村落，还有迁往周边省份的，至今已到王羲之的第50多代孙。

♥ 辨姓联宗

辨姓联宗，就是分辨姓氏，联络宗亲，同姓未必同宗，异姓可能同宗。现在以中国历史上很有争议的人物王明为例讲解同姓未必同宗。

王明（1904—1974 年），本姓陈，名绍禹，字露清，是安徽省金寨县古碑区双石乡码头村人。"绍禹"的"禹"字原来带"火"字旁，正如他弟弟的名字绍炜的"炜"一样，因这个字太冷僻，他后来改用"陈绍禹"，又用"绍禹"的谐音，取了笔名"韶玉"。至于改名换姓为王明，那是他 1931 年到苏联担任中国共产党驻共产国际组织代表时用的化名，后来，竟以此名传世。为了照顾读者的阅读习惯，本文提及 1931 年前的陈绍禹有时也称王明。

王明的父亲陈嘉渭，字炳森，号聘之，1877 年生。陈聘之为人纯朴，主持公道热心助人，1929 年就参加了中国共产党领导的革命事业。陈聘之死于新中国成立以后，葬北京八宝山公墓。1966 年"文化大革命"开始，在"造反有理"的口号下，红卫兵蜂拥而出，"横扫一切牛鬼蛇神"，他们同样没有放过王明死去了的父亲，这位曾为党做过有益工作的"亡魂"，也没能躲避过这场浩劫。红卫兵冲进八宝山革命公墓，他们找到陈聘之的墓碑，在一片"砸烂王明狗父亲"的怒吼声中，这些"革命小将"毫无顾忌地将墓碑砸成三截，"掘墓鞭尸"。王明的母亲喻幼华，号淑连，1880 年生，个子很矮小，眼睛也有些近视，但却是一位善良、能干、贤慧的乡村妇女和教育者。1924 年，她促使陈聘之办个女子学校专门招收那些无门读书的女子，喻幼华自任女子学校校长，陈聘之为副校长兼教员。喻幼华对中国革命做了许多有益的工作。喻幼华 1930 年病逝。

陈聘之和喻幼华生有二男三女，王明为长子，在兄妹中排行第二。王明姐姐陈先民，比他大 4 岁，20 岁时即因病早逝。大妹妹陈觉民、二妹妹陈映民（参加红军转到延安，改姓名王营）、弟弟陈绍炜（又名甘宁），陈氏一家，先后在父亲陈聘之及大哥王明的影响下，在解放前，纷纷投身革命事业，并作出了一定的贡献。

王明生于 1904 年，陈聘之夫妇都十分喜爱这个聪明机灵、勤奋上进、品学出众的大儿子，亲昵地呼唤他"禹子"，弟妹们也都叫他"禹子哥"。

陈姓历来视读书为正业，陈聘之望子成龙心切，数年间节衣缩食，东挪西凑，不惜一切地供养子女上学读书，尤其是供养陈绍禹（1931年改姓名为王明）上学读书。陈绍禹少年时期就已熟读儒学经典，15岁即离开家门，先后就读于河南省固始县志诚小学，六安县省立第三甲种农校，20岁考入国立武昌商科大学。1925年10月由上海大学赴前苏联莫斯科中山大学留学，成为这所大学开张后的第一批学生中的一个，改名"波波维奇"，又叫"马马维奇"。很巧，给王明那个班教列宁主义课程的，便是后来成为共产国际东方部的领导米夫。王明聪颖，也很用功，迅速掌握了俄语，钻研列宁主义理论，得到了米夫的赞赏。这样，王明就于当年加入了中国共产党，并担任莫斯科中山大学"学生公社"主席。"学生公社"相当于学生会。从此开始了崭露头角的革命生涯。

王明毕业后在莫斯科中山大学任教。1929年10月回国，任《红旗》编辑，1930年因其犯了教条主义错误而受处分，同年12月16日，在共产国际东方部部长米夫的干预下，中共中央政治局通过《关于取消陈韶玉、秦邦宪、王稼祥、何子述四同志处分问题的决议》，这里的"陈韶玉"就是1931年之后的王明。1931年中共六届四中全会上，王明入选中央政治局，不久又补为中央政治局常委。王明的夫人孟庆树根据王明回忆谈话整理的回忆录说："四中全会后，由向忠发、周恩来和陈绍禹组成中央政治局常委会。向忠发在被捕叛变前，也只是挂名的总书记，因为他政治文化程度都很差，实际上的主要领导人是绍禹。"1931年10月18日，王明秘密离开中国，11月7日到达莫斯科，开始就任中共驻共产国际代表，并在共产国际领导机关负责处理中国党的事务。后来，他担任了共产国际执委会主席团委员、政治书记处书记、书记处候补书记，是中国共产党在共产国际职务最高的人。抗日战争开始后再度回国，任中共中央书记处书记、长江局书记。1942年党内整风运动时，拒绝参加整风。"七大"仍选为中央委员。1949年中华人民共和国成立后，任政务院政法委员会副主任。1950年10月25日，王明和他的夫人孟庆树、两个孩子王丹芝和王丹丁以及中央派遣的保健医生陈锋禹、保姆陈启珍一行六人，在警卫秘书田书元的护送下，由北京乘火车出发，经东北去往苏联治病。1956 年去苏联定居。1966 年 5 月，一场给党、国家和各族人民造成严重灾难的"文化大革命"，异常迅猛地发动起来。王明寄居苏联，又是早已定性的"死老虎"，自然成为攻击的目标。北京和其他地方出现了铺天盖地的大字标语："打倒苏修代理人、反革命黑帮、大叛徒王明！"王明经常被媒体作为批评和攻击的对象，几十万字的《王明反革命言论集》，编印成册，广为流传。王明远在国外，只受到舆论批判，受冲击的程度远不如在国内的"走资派"。不过，他在国内的亲属，无一例外地受到牵连，有的惨遭迫害，甚至折磨至死。王明的弟弟陈绍炜，在天津惨遭酷刑，险些丧命。王明的妹妹陈映民，这位红军女战士，当年浴血沙场，何等坚强。可她后来谈起"文化大革命"中的遭遇，未曾开口，泪流满面。她丈夫在四川遭受惨无人道的批斗，当场气绝身亡。1974 年 3 月王明病逝于莫斯科。

王明及其子女王丹芝和王丹丁虽然都姓王，其实是陈姓的后人，跟王姓各支始祖的后人都没有任何血缘关系。陈姓最早出自妫姓，其血缘始祖是舜帝之子商均的 32 世孙陈满。周武王在灭商建周的第二年即公元前 1045 年追封先贤后代与功臣时，把舜帝的裔孙满封于陈，建立陈国，都城在宛丘（今河南淮阳县），当时的陈国大致为现在的河南东部和安徽亳县以北一带。按照宗法制度和胙土命氏的惯例，赐命之为陈氏，于是改叫陈满，陈满在位 60 年，死后被赐谥号胡公，史称陈胡公。这里就是陈姓人的最早发源地。陈胡公的后代在齐国传了 25 世，到田健时被秦始皇所灭。不过，陈姓的来源也不是陈胡公一支单传。史籍有记载的中国的陈姓至少还有四个来源：一是浙江海宁陈氏，原系曹姓，因娶陈氏之女为妻，有子便随母姓，后成为海宁望族；二为刘矫之后裔改陈姓，矫是东汉曹魏名臣，本姓刘氏，因过继与外祖父家为嗣而改姓陈；三为隋初白永贵之后裔改陈姓；四为鲜卑族、蒙古族、女真族、满族、瑶族之后裔改姓或赐姓陈氏。陈姓南迁始于西晋大尉伯轸，约公元 313 年—316 年间，移居到曲阿（今江苏丹阳县）新丰湖。其后，其孙陈世达任长城（今浙江长兴）县令而迁居浙江。其后人陈霸先在南北朝时期建立陈朝，而在江南显赫一时。陈姓从此遍布长江以南的广大地区。四个支系不断的繁衍生息，使陈姓遍及中华大地。

异姓可能共宗同源。子姓王氏、子姓孙氏与子姓林氏都是商朝贵族比干的后人，比干是商朝第十五代王太丁（又名文丁）的儿子、末代商纣王的叔叔，担任"少师"官职。具体讲，山东省高密市孙氏、河北安平县与河南卫辉市林姓与分布在山东东平县（王古店、王台）、肥城市的王庄、邹城市的王村、河北定州市（王庄子、王咬村、王沿土、东王习、王家庄乡）、安国县王庄等地的王姓同根同祖。

出自子姓的王氏见本书前面姓氏篇第二节《贵姓何来——源自子姓的王氏》，在此不再重复。

出自子姓的林氏，血缘始祖源自商朝贵族比干，比干以忠正敢言而闻名，后被暴君纣王挖心，他的夫人妫氏逃难到今天河南卫辉、淇县一带的长林，生下一个儿子。公元前 1046 年，周武王姬发灭商建周后，旌表比干忠烈，征觅其后嗣，赐比干之子姓林名坚，并封在博陵（今河北安平县一带），今天的林姓后人，大多尊比干之子林坚为受姓始祖。

出自子姓的孙氏始祖也是商朝贵族比干。1983 年 12 月山东省高密发现了东汉末期《孙仲隐墓志》，孙仲隐是汉灵帝时的官员，在熹平三年（公元 174 年）七月十二日病卒，葬于高密。据《山东通志》所载和实地调查，孙仲隐的家族墓地在高密狼埠岭。比孙仲隐晚七年卒的东汉官员孙根（卒于光和四年即公元 181 年），其墓据《隶释·汉安平相孙君碑》卷第二十七记"在高密县西南五十里。"孙根碑今虽遗佚，但据宋代著名金石学家、古文字研究家赵明诚所录碑文，不仅碑额逐书："汉安平相孙府君之碑"，碑阳有六百余字之多，而碑阴所镌人名可辨者即有二百四十四人，有的还前冠爵位。赵明诚《金石录》卷 17《汉安平相孙根碑》："府君讳根，字元石，司空公之伯子，乐安太守之兄子，汉阳太守、侍御史之兄，乘氏令之考。厥先出自有殷，玄商之系，子汤之苗，至于东凹，大虐戕仁，圣武定周，封干之墓，胤裔分析，避地匿轨，姓曰孙焉。"孙希旦《礼记集解》："伯子，谓其居长者也。"伯子就是长子的意思。据宋代著名金石学家洪适《隶释》卷第十一所谓司空公者，孙朗是也。司空是古代中央政府中掌管工程的长官。又据《后汉书·孝桓帝纪》载："（汉桓帝永寿三年即公元157年）司空韩演为司徒，太常北海孙朗为司空。……大将军梁冀谋为乱。（延熹二年）八月丁丑，帝御前殿，诏司隶校尉张彪将兵围冀第，收大将军印绶，冀与妻皆自杀。卫尉梁淑、河南尹梁胤、屯骑校尉梁让、越骑校尉梁忠、长水校尉梁戟等，及中外宗亲数十人，皆伏诛。太尉胡广坐免。司徒韩演、司空孙朗下狱。"《汉三公名》又云："朗，北海高密人。"《路史》注："孙氏，晋出，而一出于商，一出于卫，今此碑云：出比干。"由此可知，山东省高密孙氏，系商纣王的叔父比干之后，在东汉晚期，孙仲隐家族、孙根家族是当时高密一带大族，而且显赫于世。孙根的父亲孙朗担任东汉中央政府的"司空"，只因汉桓帝延熹二年（即159年）大将军梁冀谋乱，孙朗被免职入监狱，从此孙氏家族没落了。在孙氏诸多源流中，子姓孙氏出现最早，至今已有三千余年历史，其著名后裔还有魏晋著名隐士孙登（约220—280年），字公和，号苏门先生，又号妙真道大宗师。

起 名 篇

♥ 命名之礼

太初无名，天地未具形迹，万物不可名状，宇宙间只有一片混沌在回荡。世界是从命名开始的，中国伟大哲学家、思想家、道家学派创始人老子在《道德经》第一章劈头就说："道可道，非常道；名可名，非常名。无名天地之始；有名万物之母。"意思是说，正是命名，才开辟天地，初显景象，才使万物从原初的不可名状中分离出来，于是才有大地上高山流水、花鸟虫兽、人物诸事，各具其形，各有其名。命名，使世界成为可呼可叫的有名世界。

人本无名，人本来与天上的飞鸟、绿林中的走兽和碧波中的游鱼一样，无名无姓，可是人类进入氏族社会，就开始有了姓有了名。东汉许慎《说文解字》对"名"这样解释："名，自命也。从口、夕。夕者，冥也，冥不相见，故以口自名。"意思是，黄昏后，天黑暗不能相认识，人各以代号称，这便是名的由来。人一旦有了名字，这个名字就会成为他命运的一部分，一辈子都与他血肉相连，即使死了，肉体化为尘土，他的名字却可能仍然在人间出现，比如刻在墓碑上，有的还可能成为正面或反面材料出现在人们的言谈或行为中。比如学习书法的人对"书圣"王羲之皆顶礼膜拜，历代读书的人都参拜祭祀"文圣"孔子，尊其为"先师"，做生意的人大多供奉关公。读者稍微留意一下众多饭店会发现，店里都会祭拜关公，生意人不但把关公看作是管理钱财的神，也把他作为生意上监察诚信的守护神。关羽是众多财神中以刚毅耿介忠义著称于世。他的故事可说是家喻户晓，《三国演义》里有一句赞诗："人杰惟追古解良，士民争拜汉云长。"今天常见的对联有"韩信点兵，多多益善；关公仗义，旺旺大吉。"关羽，姓关，名羽，字叫"长生"，后改字为"云长"，河东解（今山西运城）人，东汉末年著名将领，自刘备于乡里聚众起兵开始追随刘备，是刘备最为信任的将领之一。在关羽去世后，其形象逐渐被后人神化，一直是历来民间祭祀的对象，被尊称为"关公"；又经历代朝廷褒封，清代时被奉为"忠义神武灵佑仁勇威显关圣大帝"，崇为"武圣"，与"文圣"孔子齐名。在台湾，祭祀关羽的庙宇也相当普遍，除了一般武庙、小型宫庙、神坛将其作为主祀外，也有称为恩主公庙的大型关帝庙，其中以行天宫最富盛名。所谓的"恩主"是鸾堂信仰的名词，也就是"救世主"的意思。

有了名字，你就被社会打上了标志性的烙印。人类的姓名礼仪制度自始至终就是社会的产物，人的身份、地位、种族、性别、职业、命运等都可以从其姓名中体现出来，千头万绪、错综复杂的关系在姓名这里汇合，也由姓名得以折射、解析，因此，命名礼仪就是透视中国传统民俗文化的有力视角。

载于典籍的命名礼仪制度在《礼记·内则》有介绍，《礼记·内则》："妻将生子，及月辰，居侧室，夫使人日再问之，作而自问之，妻不敢见，使姆衣服而对，至于子生，夫复使人日再问之，夫齐则不入侧室之门。……异为孺子室于宫中，择于诸母与可者，必求其宽裕慈惠、温良恭敬、慎而寡言者，使为子师，其次为慈母，其次为保母，皆居子室，他人无事不往。三月之末，择日剪发为鬌，男角女羁，否则男左女右。是日也，妻以子见于父，贵人则为衣服，由命士以下，皆漱浣，男女凤兴，沐浴衣服，具视朔食，夫入门，升自阼阶。立于阼西乡，妻抱子出自房，当楣立东面。姆先，相曰：'母某敢用时日只见孺子。'夫对曰：'钦有帅。'父执子之右手，咳而名之。妻对曰：'记有成。'遂左还，授师，子师辩告诸妇诸母名，妻遂适寝。夫告宰名，宰辩告诸男名，书曰：'某年某月某日某生。'而藏之，宰告闾史，闾史书为二，其一藏诸闾府，其一献诸州史；州史献诸州伯，州伯命藏诸州府。夫入食如养礼。世子生，则君沐浴朝服，夫人亦如之，皆立于阼阶西乡，世妇抱子升自西阶，君名之，乃降。……公庶子生，就侧室。三月之末，其母沐浴朝服见于君，摈者以其子见，君所有赐，君名之。众子，则

使有司名之。"这种命名礼仪是一个复杂但颇有条理的过程：孩子出生后三个月内，父亲不入产房惟经常使人慰问，显示对妻儿的关心。三个月后，命名礼择吉日举行，家族中有头面的妇女如祖母、伯母、叔母等，以及父亲已为孩子请好的老师（或保姆）都来参加。当日，母亲先行洗澡换衣服，孩子已剪去胎发，头上留着两个发角。礼仪开始时，母亲抱着婴儿出房，向东站在门楣下，祖母或者辈分最高的妇女先看孩子，并喊着孩子的母亲姓氏说："某某氏，今天要让孩子拜见父亲了。"当父亲的应答道："我一定要好好教养孩子，使他守礼循善。"然后，父亲走向前去，握过小孩的右手，给其以慈爱的笑容并逗戏，百日左右的小孩，往往会以嬉笑咿呀和手舞足蹈相回报，从而给庄重的礼仪增添了喜庆欢欣的气氛。

接着，最关键的程序开始了。做父亲的在根据孩子的出生时日、体形相貌等各种条件进行综合参酌后，咳嗽一声，当场宣布孩子的名字（也有事先拟定好的名字）。说出孩子的名字后，母亲立刻应答，略说一定谨记夫言，教儿成德。然后，她把孩子交给老师或保姆。对方抱过婴儿后，即依尊卑长幼的顺序，把小孩刚获得的"名"逐一向参加礼仪者宣告。祝贺声中，人之初，"名"得立矣。

命名礼的最后两道步骤，是告祖先告宰闾（宰：古代官名；闾：古代二十五家为一闾，宰闾相当于今天的居委会主任），这两道程序都由父亲唱主角。告祖先使新生儿之名获得家族内部的承认，告宰闾则为存档，其式为"某年某月某日某生"，由"闾史书为二，其一藏诸闾府，其一献诸州史"。从这个时候起，如不发生改名情况，命名礼上所赐与的这一特称，将陪同孩子终生乃至永远；在其有生之日，它的表现方式（如名片、印章、身份证等）有时候竟比其本身更具有证明效验（这种征象，到现在仍在银行、邮政局、学校等机构内行之有效），而在其身后，除了"尔曹身与名俱灭"外，流芳百世或遗臭万年的故事，不也比比皆是吗？这就难怪古人对于命名之礼，要如此慎重了。

战国末期楚国贵族屈伯庸给儿子屈平（字原，名平，通常称为屈原）起名的经过，就是一个严格遵循古代命名礼仪的典范。距今2340多年前（约公元前343年），照甲子推算，那年应该是戊寅年，时值寅月寅日。和风煦煦，天气晴朗，坐落在楚国丹阳（今湖北秭归）临江水边的一处宅院内，传出了一声清亮的婴儿啼哭。立刻，一个小女孩跑进书房，禀报："爸爸，妈妈生了个小弟弟！"屈伯庸闻声惊喜。

遵照上流社会的礼法，三个月以后，屈伯庸才第一次见到了新生儿。孩子的头上，已经挽起两个发角小辫，更显得天真可爱。当父亲拉过儿子的小手，仔细端详，又掐指推算，笑眯眯说："好。生日合于吉度，貌端气正可则，就取名叫'平'吧。"瞧，既要测算时日，又要看相貌，古人对于命名之道是多么重视啊。周朝早期的著名政治家、思想家、文学家、军事家周公旦在《周礼》中规定：山师掌山林之名；川师掌川泽之名，辨其物与其利害，而颁之于邦国，使致其珍异之物；原师掌四方之地名，辨其丘陵、坟衍、原隰之名物之可以封邑者；媒氏掌万民之判，凡是男女，都要记录某年某月某日命名。

中国文学史上伟大的诗人屈原，就这样获得了他的本名。几十年后，他在《离骚》中追述了这个场景："摄提贞于孟陬兮，惟庚寅吾以降。皇览揆余初度兮，肇锡余以嘉名，名余曰正则兮，字余曰灵均。"摄提就是寅年，孟陬指正月，亦即寅月，初度指出生日，皇指父亲，锡指赐给。意思是说太岁星逢寅的那年寅月，又是庚寅的日子，我从母体降生了。父亲看到我生辰不凡，给我起了个好名字，名叫做"平"，字叫做"原"。东汉王逸在《章句》中解释屈原的名字时说："正，平也；则，法也。灵，神也；均，调也。言正平可法者莫过于天，养物均调者，莫神于地。"所以名"平以法天"，字"原以法地"。与他的出生戊寅年寅月寅日（屈原生于寅年寅月寅日，据邹汉勋、刘师培用殷历和夏历推算，定为前343年正月二十一日，而清代陈玚用周历推算定为前343年正月二十二日）配合起来，照字面上讲，"平"是公正的意思，平正就是天的象征；"原"是又宽又平的地形，就是地的象征，屈原的生辰和名字正符合"天开于子，地辟于丑，人生于寅"的天地人三统。这在今天看来，不只是巧合，更是一个好兆头。

复杂的命名礼仪，集中到一点，就是对"名"的特别重视。

《礼记》记载："黄帝正名百物，以明民共财。"孔子曰："名不正，则言不顺；言不顺，则事不成。……君子名之必可言也，言之必可行也。"荀子说："制名以指实，上以明贵贱，下以辨同异。"可见，在古代，对于中国人来说，命名的意义远远不止是一个标识的作用，似乎更关系个人的命运。有人要问：重名的人多了，人生命运、个性都一样吗？当然不同。只凭名字来做预测有很大的局限性，所以严谨的命名法要与生辰八字相结合，我们的"上文五维全息起名法"，就是将姓名本身的吉凶与八字用神五行结合在一起，按照生辰八字五行→姓名格数→姓名意象→姓名音象→姓名形象这个步骤给人起名，如此则相同的姓名才会带来不同的影响，如此起名才起到良好的效果。

❤ 话说乳名

乳名，也叫奶名、小名或小字，是指婴儿在幼年时期家长所取的非正式的名字。在取大名前起个小名，古今都有这一习俗，古代人起小名无等级贵贱之分，上至帝王将相下至平民百姓，都可以有个小名。

明确见于史料记载的乳名，从汉代开始。如汉武帝的外祖母乳名叫"臧儿"。据《史记》记载，汉代文学家司马相如有一个有趣的小名叫"犬子"，这些都证明使用小名的历史，在我国至少可以追溯到两千多年前的西汉。宋代爱国词人辛弃疾在《永遇乐·京口北固亭怀古》诗词中就曾提起南朝宋武帝刘裕的小名"寄奴"，云："斜阳草树，寻常巷陌，人道寄奴曾住。"翻阅史书，历史人物有小名的也不少，三国时魏武王曹操的小名叫"阿瞒"，刘备儿子刘禅的小名叫"阿斗"，明代著名航海家郑和的小名叫"三保"，教育家蔡元培的乳名叫"阿培"，他上私塾后取学名叫元培，周恩来的小名叫"大鸾"，郭沫若的小名叫"文豹"，郭沫若专门讲过他的小名的来源，如他在《少年时代》一书中写道："我母亲（杜邀贞）说我受胎的时候，梦见一个小豹子突然咬着她的左手的虎口，便一觉醒了，所以我的乳名叫文豹。"因其母亲的梦而得小名文豹，又因他在家庭中排行第八，他母亲总是亲切地称呼他"八儿"。

顾名思义，乳名是吃奶时用的称呼，所以本人长大后乳名一般都不能随其进入社会，而只在父母尊长或兄姐口中保留，表示亲昵如旧。曹操从小与许攸等人玩耍，"阿瞒"的乳名在他们之间叫惯了，后来许攸帮助曹操破袁绍得冀州，自恃有功，座席间常说："阿瞒，卿不得我，不得冀州！"曹操亦笑答："汝言是也！"但是如果没有这种从小到大的亲密关系而称乳名，便是故意轻蔑，甚至带有侮辱性了。如三国时孟达背蜀国投魏国后，写信劝降刘备养子刘封，信里称"自立阿斗为太子以来，有识之人相为寒心"，这里以乳名代称刘禅，便是有意轻蔑。刘禅的大名究竟该怎样读法，迄今史学者莫衷一是，但"扶不起的阿斗"一语，则家喻户晓，足见乳名在脱离适用范围后的副效应。

尽管小名对人的作用影响不及正式的名字，现代人有的还是给婴儿起个小名。小名为什么普遍受到人们的喜爱呢？一是因为小名体现出长辈对宝宝的喜爱，听起来亲切，二是叫起来的简单顺口，显得风趣，活泼，三是取小名比较随便，叫什么都行。起大名有很多讲究，而小名可以不拘一格。

现代的小名中带小、大、子等字的较多，如小莲、小文、小菊、小三、小妮、大刚、大明、大鹏、兰子、祥子、柱子、英子等，为了表达父母对宝宝的关爱亲切之情，往往把小名叫成又轻又短的儿化音，如小三儿、小明儿、平儿。

起小名虽没有太多的讲究，但小名也不容易起，以下几种起小名的技巧，可以激发家长的灵感。

1. 根据大名采用双声叠韵技巧取小名

过去一般是先给孩子起个小名，等孩子上幼儿园时取学名，这个学名就是终生的大名了，现在这种习俗已经改变了，一般是大名起好后再考虑小名，这样随大名来起小名就容易些，例如张天雨的小名叫天天，刘宇轩的小名叫轩轩，刘彦彬的小名叫彬彬，高彤霞的小名叫彤彤。

2. 以叠字起小名

这种起名方法包含爱的成分多一些，也有寄托父母对下一代的

期望和祝愿，例如，体现爱字信息的小名：毛毛、媛媛、楠楠、妞妞、豆豆、晶晶、程程、芊芊等，希望孩子健康美丽的小名有：丽丽、轩轩、虎虎、婷婷、飞飞、强强等。期望孩子有成就的小名有：成成、圆圆、佳佳、明明、庆庆、胜胜等。

3. 以出生时间、地点、节气起小名

据出生的地点可起小名如京京、杭杭、宁宁、津津等。

据出生时间可以起小名：晨晨、亮亮、皎皎等。

据出生节气可起小名：冬冬、小雪、小雨、苗苗等。

4. 以重大事件起小名

著名相声演员姜昆给女儿起小名叫南南，原因是南南出生的时候，姜昆正在云南边境为解放军做慰问演出，所以起了这个小名。2003 年杨利伟驾驶航天飞机实现了中国人的飞天梦想，于是家长为宝宝取乳名叫大鹏或者飞飞。

5. 以出生时吉兆起小名

例如奶奶在小孙子出生前梦见鳄鱼飞上天了，为此给孙子起小名"飞龙"。

6. 根据数字起小名

例如当代国际水稻研究专家袁隆平先生给自己的三个儿子取小名叫五一、五二、五三。袁隆平先生还幽默地说："我家孩子是单一品种，都是雄性，要有个女孩多好。"

7. 以英文起小名

不少白领夫妇紧跟时代潮流，起小名也日益国际化，比如张柏芝和谢霆锋的大儿子谢振轩取小名 Lucas，再如 Leila（莉拉）Lisa（丽莎）Sunny（阳光）Jerry（杰理）。

起名基础 1——阴阳五行

起名要根据阴阳五行原理。一个人的出生时间即"八字"是先天的，是不受本人意志支配的，而一个人的名字却是后天的信息，是可以由自己去选择的。吉祥名字除了在音、形、义等方面要好外，还须与先天生辰八字五行相符合。

　　阴阳观念在中国经历了极其漫长的历史，自从阴阳意识的萌芽，到伏羲氏创立阴阳八卦，经夏、商时代，阴阳观念在人们的心目逐渐加深，至西周，周文王研究先人传下来的古《易》——夏朝的《连山》、商朝的《归藏》，他把自己的研究心得写成《周易》。《周易》号称"天书"，居"五经"之首，是中国传统文化最有代表性的优秀典籍之一。到春秋战国时期，老子、孔子、鬼谷子等圣贤名家都论述了阴阳的辩证关系。

　　阴阳为何物，中国古代伟大的哲学家和思想家老子是如何讲述的呢？老子《道德经》曰：

　　"道生一，一生二，二生三，三生万物。万物负阴而抱阳，中气以为和。"这里的"一"，指宇宙的根本是一团混沌之气，天地未分时的原初状态；"二"指阴与阳；"三"泛指多，也含天地之数多之意。《说文》："三，天地之道也，从三数。"《淮南子·天文训》："《易·系辞》：'是故《易》有太极，是生两仪。''道'与'易'异名同体。此云'一'，即'太极'，'二'，即'两仪'，谓天地也。天地气合而生和，二生三也。和气合而生物，三生万物也。"原文大意是：世界中的一切都产生于宇宙中一团混沌之气，然后一分为二成为阴阳，阴阳感应而产生多种事物，这些事物又反复地进行或繁衍或组合，于是天下就形成了万物万事万人。因此，所有的物种，都是阴阳结合而化生的，既有阴又有阳的中气即阴阳平衡之气，才是和谐。

　　孔子在《易传·系辞传》里说："一阴一阳谓之道。"即阴阳观是天地人间的根本规律。《史记·孔子世家》记载："孔子晚而喜《易》，序、彖、系、象、说卦、文言，读易，韦编三绝。"孔子晚年把研《易》心得写成"十翼"，并从新的角度理解和讲述《周易》之后，人们对《周易》的认识便又提高了一个层次。

　　鬼谷子（姓王名诩，春秋时齐国人，是纵横家之鼻祖）在《鬼谷子·捭阖》开篇说："奥（奥：发语词，无实意）若稽（稽：考）古，圣人之在天地间也，为众生之先。观阴阳之开阖（阖：关）以名命物，知存亡之门户（门户：关键之处），筹策万类之终始，达（达：通达）人心之理，见变化之朕（朕：征兆、行迹）焉，而守司其门户。故圣人之在天下也，自古及今，其道一也。变化无穷，各有所归，或阴或阳，或柔或刚，或开或闭，或弛或张。是故圣人一守司其门户，审察其所先后，度权量能，校其伎巧短长。"意思是：纵观古今历史，可知生活在天地间的圣人，都是做大众的先导者。圣人通过观察阴阳变化可对事物作出判断，并进一步把握事物存亡之理。圣人测算万物的发展变化过程，通晓人类思维的规律，揭示事物变化的征兆，从而控制事物发展变化的关键。所以，自古及今，所有的圣人在世上始终是奉守大自然阴阳的变化规律，并以此驾驭万物的。因为事物的变化虽然无穷无尽，然而都各有自己的归宿：或者属阴，或者归阳，或者柔弱，或者刚强；或者开放，或者封闭；或者松弛，或者紧张。所以，圣人始终善于把握万物发展变化的关键之处，审察它的变化顺序，揣度它的权谋，测量它的能力，再比较它的优劣。

主要从事中国先秦史研究的历史学博士谢维扬先生指出："《易经》运用其全部形式系统演示出以阴阳运动为主要内容的道的各种展现过程。"

春秋战国时期，阴阳之学应用领域更广泛了，政治上用它、经济上用它、文化上用它、中医上用它。比如，春秋时期，吴越两国相邻，经常打仗，公元前494年，吴王夫差带兵攻打越国，越国被吴国打败，越王勾践忍辱和妻子一起守护夫差的父墓和为夫差养马。后来吴王夫差放勾践回国，勾践从此卧薪尝胆，励志图强，经常向范蠡、文种等人咨询一些治理国家的问题，范蠡总以阴阳之学为勾践分析天下大事，他告诫越王勾践要遵循阴阳运动的自然规律，尤其深刻的是，他指出了阳到极限便会向阴转化，反之阴到了极限也会转向阳的一面，这就是中国人人皆知的"物极必反"的道理。越王勾践在范蠡、文种的辅佐下，经二十年的漫长准备，积聚了强大的国力，越国由弱变强，最后一举歼灭了吴国。

成书于战国时期的《黄帝内经》是运用阴阳五行辩证思想的最早的中医理论经典。《黄帝内经》在《素问》章《阴阳应象大论》篇指出："阴阳者，天地之道也，万物之纲纪，变化之父母，生杀之本始，神明之府地。治病必求于本，故积阳为天，积阴为地。阴静阳燥。阳生阴长，阳杀阴藏。"《黄帝内经》在《素问》章《四气调神论》篇指出："夫四时阴阳者，万物之根本也。所以圣人春夏养阳，秋冬养阴，以从其根，故与万物沉浮于生长之门。逆其根，则伐其本，坏其真矣。故阴阳四时者，万物之终始也，死生之本也。逆之则灾害生，从之则苛疾不起，是谓得道。道者，圣人行之，愚者佩之。从阴阳则生，逆之则死，从之则治，逆之则乱。"阴阳之道是《黄帝内经》辩证思想的精华部分之一，把这个两千多年前的阴阳观，与当今世界上任何一家哲学相比，都毫不逊色，这绝不是以它的年代久远摆老资格，而是因为它至今看来仍然那么深邃、那么实用。

什么是阴阳呢？在许多人的心目中，感觉阴阳很抽象，为此我们将万象万物的阴阳列举如下：

万物	阴阳	万物	阴阳
明	阳	雄	阳
暗	阴	雌	阴
日	阳	强	阳
月	阴	弱	阴
天	阳	上	阳
地	阴	下	阴
君	阳	动	阳
臣	阴	静	阴
男	阳	暖	阳
女	阴	寒	阴
夫	阳	前	阳
妻	阴	后	阴
父	阳	乾	阳
子	阴	坤	阴
刚	阳		
柔	阴		

一般来说，凡是具有男、高、刚、动、奇、公等性质的事物和现象属于阳的范畴，凡是具有女、低、柔、静、偶、母等性质的事物和现象就属于阴的范畴。但是我们对事物划分阴阳属性的时候，一定要注意，它是对同一事物、同一类的东西而言的，比如：公狗与母猪就不是一对阴阳，因为二者不同类，对狗而言，公狗与母狗就属于一对阴阳，公狗属阳，母狗属阴。因此，对处在同一个级别的两个事物，或者说处在同一个级别相关联的两个事物，你才能够区分阴阳。再比如一个家庭，一男一女，男为阳，女为阴，这是可以的，但是对两个男人而言，你不能说他们俩谁是阳谁是阴，因为他们同性。对一个女人及其宠物公狗，我们不能划分谁是阳谁是阴，因为他们不是同一个等级的事物。根据天人相应的理论，大自然中有什么，人体内就应该有什么，那么人体中的阴阳是怎么划分的呢？比如说胸部为阴、背部为阳，上部为阳、下部为阴，六腑为阳、五脏为阴。凡是明亮的，温暖的，积极的，向上的，进取的，具有这些特性的事物都属阳。反过来，凡是属于黑暗的，寒凉的，消极的，向下的，退行性的事物都属于阴。

阴阳观的核心是"无阳则阴无以生，无阴则阳无以化"，"孤阴不生，独阳不长"，"阳长阴消，阴长阳消"，"重阴必阳，重阳必阴"。

五行是什么？《尚书·洪范》载："一曰水，二曰火，三曰木，四曰金，五曰土。"西汉史学家司马迁在《史记·历书》说："盖黄帝考定星历，建立五行。"《尚书·洪范》记载上古传下来的治国九种大法竟然包括五行。在夏朝，禹的儿子启当王的时候，因为有扈氏"威侮五行"，启率军讨伐有扈氏，出征之前，夏王启发表讲话与誓言，其中列举了有扈氏的第一条罪状便是有扈氏轻慢了金、木、水、火、土五行，对此《尚书·夏书·甘誓》有记载，王（启）曰："嗟！六事之人，予誓告汝：有扈氏威侮五行，怠弃三正，天用剿绝其命，今予惟恭行天之罚。"大意是：即将在甘进行一场大战，夏启召集了六军的将领，说："嗨！六军的将士们，我要向你们宣告：有扈氏轻视侮辱金木水火土五行，怠慢甚至抛弃了我们颁布的历法。上天因此要我断绝他们的命运，现在我只有奉行上天对他们的惩罚。"可见五行是多么重要。

西周末年，史伯提出"先王以土与金木水火杂，以成百物"（出自《国语·郑语》），从五行的功用来讲，说明当时人们已认识到五种基本物质之间的差别以及组合以后产生的作用。

在春秋战国时期，五行学说已经很成熟了，此后，五行学说就作为中华民族传统的世界观和方法论，并将它应用到政治学、经济学、军事学、医学、伦理学之中，成为认识自然界、人类社会的哲学工具。为什么说五行学说成熟于春秋战国时代？因为那时已经有了阴阳与五行相配合、四时与五行相配合的法则，而且有了五行相胜的学说，即五行相克的理论，接下来又有了五行相生之理，在文献上有《管子》、《黄帝内经》记载了五行学说，在代表人物上有战国时期的齐国著名的阴阳家邹衍，他把阴阳与五行结合在一起。

《黄帝内经》是运用阴阳五行的典范。《黄帝内经》指出：

"五行者，金木水火土也，更贵更贱，以知死生，以决成败，而定五脏之气，间甚之时，死生之期也。木得金而伐，火得水而灭，土得木而达，金得火而缺，水得土而绝，万物尽然，不可胜竭。"

阴阳家邹衍提出了"五德终始"学说，他认为人类社会都是按照五德（木、火、土、金、水等五行之德）转移的次序进行循环的。五德终始说是依照自然界的五行相克即土克水、木克土、金克木、火克金、水克火的规律来解释社会朝代更换的。人类社会的历史变化同自然界一样，也是受火、木、土、金、水五种元素支配的，历史上每一个王朝的出现都体现了一种必然性。邹衍说："五德之次，从所不胜，故虞土、夏木、殷金、周火（《淮南子·齐俗训》篇高诱注引《邹子》)"。《文选·魏都赋》李善注引《七略》曰："邹子有终始五德，从所不胜，木德继之，金德次之，火德次之，水德次之。"这种学说后来被秦始皇用了，为他的称帝及其统治服务。《史记·封禅书》说："邹子之徒论著终始五德之运，及秦帝而齐人奏之，故始皇采用之。"

到了隋代，著名术数家萧吉撰写了一部专论五行的著作《五行大义》。该书是中国历史上关于五行学说最为权威的读本，该书内容极广，包括了五行的生数、成数，五行在四时的旺相休囚的规律，五行的生克，五行与河洛，五行与纳甲、纳音，五行与干支等各方面的知识。英国近代生物化学家和科学技术史专家李约瑟亦曾提及该书，谓之为迷信成份最少，科学成分最多。可见该书对于文史及思想研究学者之重要。萧吉在《五行大义序》说："夫五行者，盖造化之根源，人伦之资始，万品禀其变易，百灵因其感通，本乎阴阳，散乎精像，周竟天地，布极幽明。"

到唐代，吕才专门撰写了讲阴阳五行八卦的占卜典籍《大唐阴阳书》。旧《阴阳书》在唐初很流行，唐太宗曾"以《阴阳书》近代以来渐致讹伪，穿凿既甚，拘忌亦多，遂命（吕）才与学者十余人共加刊正，削其浅俗，存其可用者。勒成五十三卷，并旧书四十七卷，十五年书成，诏颁行之"（《旧唐书·吕才传》），于是吕才撰了《大唐阴阳书》。

中国近代历史学家、民俗学家顾颉刚先生说："五行是中国人的思维律，是中国人对于宇宙系统的信仰，两千余年来，它有极强固的势力。"可见，阴阳五行源远流长，经历了漫长岁月的积累和发展，并且它始终与人类的生命意识密不可分。阴阳五行理论在中国历史上占有举足轻重的地位，其影响直至我们生活的当代和未来。

大家都知道了五行是木、火、土、金、水，那么五行之间存在什么关系？五行之间存在生克关系。

五行学说认为，任何事物并不是相生就好，相克就坏，五行相生相克是宇宙间一切事物运动变化的规律，事物只有在生中有克，克中有生，相辅相成，才能正常运行。

五行生克，就是指五行及其所代表的人、事、物之间相生相克的关系。相生，即一事物对它事物的滋生、促进、助长作用。五行相生规律是：水生木，木生火，火生土，土生金，金生水。相生关系就是五行之间的相互生养，没有这种生养，就不会有宇宙万物的存在。五行相生的结果，是事物形态的转化，五行之间顺次相生，循环不已，但事物不能总这样循环相生下去，一直生下去的结果，那就是事物发展没节制了，"造化之机，不可无生；亦并不可无制（克）。无生，则发育无由；无制（克），则亢而有害"，生克互根，有生还必须有克（制约），整个宇宙万物才能保持动态平衡。相克，是指一事物对它事物的制约、抑制、约束等作用。五行相克，也称"五行相胜"，其规律为：水克火，火克金，金克木，木克土，土克水。《黄帝内经·素问》在"宝命全形论"篇对"五行相克"是这样记述的："木得金而伐，火得水而灭，土得木而达，金得火而缺，水得土而绝。万物尽然，不可胜竭。"在下面的五行生克图中，五行之间是隔一相克、顺次相生。顺次相生形成一个促进性的循环系统；隔一相克造成一个抑制性的循环，如下图所示：

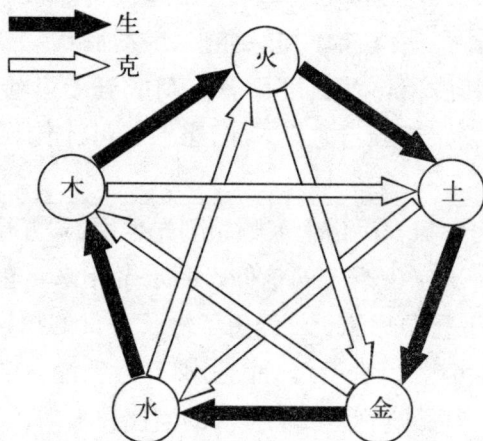

阴阳五行说起来容易用起来难，衡量一个起名师与预测师技术水平高低，关键看他对五行旺衰的把握程度，一旦将五行的旺衰程度判断失误，就找不准姓名与生辰八字的用神五行。判断五行的旺衰，除了熟能生巧的经验外，还要掌握什么？下面接着写：五行与节气

五行加上时间要素才能够看出万事万物旺衰之道。四季与二十四节气是人人都离不开的时令，在成书于春秋战国时期的《黄帝内经》中就有五行在四季旺衰的描述，比如《黄帝内经·灵枢》说："五行以东方为甲乙木旺春……"五行在一年四季中的强弱旺衰态势不同，依其旺衰程度，中国古人归纳出五种态势：旺、相、休、囚、死。

旺——最旺，当令的五行，犹人年富力强，故谓之"旺"。

相——次旺，被当令者所生的五行，犹人得母旺气生助（进气），故为次旺，谓之"相"。

休——小衰，生当令者的五行，犹人生子，生子元气耗泄甚大（退气），须稍事休养，故为小衰，谓之"休"。

囚——中衰，克当令者的五行，克物必费力，因克物时，其物亦有反克之力，受损非轻，故为中衰，谓之"囚"。

死——最衰，被当令五行的旺气所克者，犹人年老气衰，又遇到年富力强的对手，其离死亡不远矣，故为最衰，谓之"死"。

五行在四季中当令时间表：

五行	时间
木当令	春季即立春后至立夏前 19 天止
火当令	夏季即立夏后至立秋前 19 天止
土当令	四季末即四立前 18 天到四立止
金当令	秋季即立秋后至立冬前 19 天止
水当令	冬季即立冬后至立春前 19 天止

在四季中正值当令节气的那个五行气势最旺。相者为旺气所生之状态，其气势较次旺。五行在"休"的状态是自身功成身退后还有心促生的状态。囚者为克旺之位，克我无力，反被我俘房成囚。死者为旺气所克之位，其气势最弱，故为死。

一年四季，五行旺衰规律为：正值当令的五行为"我"，当令的五行旺，亦即我旺，我生者相，生我者休，克我者囚，我克者死。如春季木当令，木则旺，木即我；火是木所生，火处于"相"的状态；水是生木之母，木已经旺盛，水便退休，所以木处于"休"的状态；金克我的木，我的木势强劲，金反而处于"囚"的态势；土是木所克者，木势强旺，所以土处于"死"的状态。春季时，木旺、火相、水休、金囚、土死。夏季时，火旺、土相、木休、水囚、金死。秋季时，金旺、水相、土休、火囚、木死。冬季时，水旺、木相、金休、土囚、火死。

五行四时旺相休因表：

五行 \ 状态	木	火	土	金	水
旺	春旺	夏旺	四季末旺	秋旺	冬旺
相	冬相	春相	夏相	四季末相	秋相
休	夏休	四季末休	秋休	冬休	春休
囚	四季末囚	秋囚	冬囚	春囚	夏囚
死	秋死	冬死	春死	夏死	四季末死

万物与五行对应关系。中国先哲们根据五行的性质属性，将宇宙万事万物进行了分类，这样一来，原本十分复杂、难以计量的万事万物就被精简为木、火、土、金、水五大类，任何事物一下子变得明晰易解了，又将复杂繁多的关系归纳为"生和克"，用五行生克理论解释宇宙万事万物的兴衰成败和人的生命。把具有向下、寒冷属性和功能的事物或现象归类为"水"。把具有炎热、上升属性和功能的事物或现象归类为"火"，这样"火"就作为哲学概念使用了。把具有伸展、生发、曲直属性和功能的事物和现象归类为"木"，这样"木"就作为哲学概念应用了。把具有内收、刚硬、革新属性和功能的事物和现象归类为"金"，于是"金"就作为哲学概念应用了。把具有承载、稳定、化育属性和功能的事物和现象归类为"土"，于是"土"作为中华传统哲学概念应用了。

万物与五行对应关系如下：

五行 \ 事物	木	火	土	金	水
天干	甲乙	丙丁	戊己	庚辛	壬癸
地支	寅卯	巳午	辰戌丑未	申酉	子亥
五方	东	南	中	西	北
五季	春	夏	长夏	秋	冬
五时	平旦	日中	日西	合夜	夜半
五色	青	赤	黄	白	黑
五气	风	暑	湿	燥	寒

续表

五行 事物	木	火	土	金	水
五化	生	长	化	收	藏
五味	酸	苦	甘	辛	咸
五音	角	徵	宫	商	羽
五脏	肝	心	脾	肺	肾
五腑	胆	小肠	胃	大肠	膀胱
五窍	目	舌	口	鼻	耳
五体	筋	脉	肌肉	皮毛	骨髓
五津	泪	汗	涎	涕	唾
五腧	井	荥	腧	经	合
五元	元性	元神	元气	元情	元精
五德	仁	礼	信	义	智
五情	喜	乐	欲	怒	哀
五魔	财	贵	胜	杀	淫
五星	岁星	荧惑	振星	太白	辰星

❤ 起名基础2——汉字的五行

　　确定了生辰八字用神五行与姓名吉祥笔画后，下一步就是选择汉字起名字了。挑选起名用的汉字，不仅要考虑所选汉字跟姓氏搭配起来的音、形、义，还要考虑汉字的五行符合生辰用神五行，亦即根据汉字的字义、结构、偏旁、部首等所属的五行选择适合本人生辰用神五行的汉字起名，所以下面讲一讲汉字的五行。

　　判断汉字的五行从哪方面入手呢？从字义的五行、字形的五行、字音的五行的任一方面都可以判断汉字的五行。

　　字义的五行示例。凡是具有慈善性、生发性、草木性含义的汉字，其五行则属于木，如丛、从、东、亿、林、森、楚、梁、栋、张、长、寅、卯、材、村、春、季、衍等字。凡是表示发热发光和文明礼仪含义的汉字，其五行则属于火，如礼、晋、光、早、晓、旭、日、映、景、晶、思、想、明、月、烽、火等字。凡是具有敦实性、包容性、甜味性含义的汉字，其五行则属于土，如甘、甜、京、殿、宫、田、岱、岭、国、邦、邑、岩、研、堰、趼、砚、台、坤、岳等字。凡是表示智慧性、流动性含义的汉字，其五行则属于水，如迁、跃、海、智、泉、水等字。凡是表示质地坚硬、仗义、豪爽、革新、金属含义的汉字，其五行则属于金，如豪、金、银、铠、钟、革、尖、锐、锋、利等字。

字形的五行示例。汉字的字形包括偏旁、部首、笔画等。在宋朝时，有一位易学大师叫邵康节，他写了一本著名的《梅花易数》，该书对汉字笔画的五行指出："五行者，立木，卧土，勾金、点火、曲水之象。"该书还对字形的五行指出："木瘦金方水主肥，土形敦厚背如龟，上尖下阔名为火，字象人形一样推。"

古人把构成一个字的基本笔画部首按其特征分属金、木、水、火、土五行，大致是这样规定的：

五行属于木的基本笔画和部首为：丨、乙、彡、艹、中、三、弓、东、禾、户、木、门、竹、瓜、衤、舟、车、耒等，例如属于阳木的汉字有：木、树、林、枝、栅、桓、森、彬、杉、权、柱、栋、松、柏、梨、栗、李、桦等带木字旁的字；属于阴木的汉字有：草、萌、蓝、蕙、蔡、葱、芳、芸、芬、花、芹、芙、英、莲、茜、芊、莘、蔓等带草字头的字；属于与阳木直接有关的汉字有：耕、耘、轴、轩、铲、轲、织、轶、轸、轹、韶、轿、轻、辂、较、辀、辊、辐、辑、输等字；属于与阴木直接有关的汉字有：绅、纤、纣、纤、纥、约、级、纨、纩、纪、纫、纶、纠、纭、纴、纱、纬、纯、纰、纲、纳、纵、纷、纸、纺、纽、纾、纮、纭、细、织、终、绉、绊、绋、绌、绍、绎、给、绒、结、绕、绗、绘、给、绚、绛、络、绝、统、绖、绡、绢、绣、绥、绦、继、绨、绪、绹、绻、综、绽、绾、绿、缀、缁、缍、缫、绩、绫、续、绮、绯、绰、绲、缦、维、绵、绶、缜、祗、祚、祜、祝、神、祠、祢、祐、祐、祒、袚、褅、祥、桃、株、袷、祯、祜、褆、禛、褪等字。

五行属于火的基本笔画和部首为：丿、乂、忄、心、火、丙、赤、目、马、巳、灬、光、红等。五行属于阳火的汉字有：火、炎、炳、煤、炮、烽、炜、炉、烧、焱、炬、炫、熔、煜、昹、炝、炊、芡、料、烨、炸、炌、烪、妞、炅、炆、炎、炒、炔、炕、炖、炘、炙、炜、炬、怀、炊、烧、炻、炜、怡、炯、烂、沐、烩、烘、炸、烻、烻、炣、炤、烸、炍、炮、炮、灿、炫、炯、炳、烔、炶、炷、炼、炽、烁、烃、烔、熔、焙、焆、焇、焌、焕、焖、焰等带火字旁的字；五行属于阴火的汉字有：旰、昊、旿、旱、旳、时、旷、旵、旸、昄、昛、昈、旷、旳、昌、明、昏、盼、吻、易、昔、昕、昮、昙、昳、旺、旻、昕、昀、昂、昃、昊、昄、昆、昇、旷、昉、昊、昡、昢、昣、易、晒、星、映、昡、晇、昤、昪、昧、昨、昇、昀、昬、昭、易、是、昰、昱、昳、昴、昶、晶、晆、昼、显、晎、昹、昧、晔、睚、眺、昳、晁、時、晃、晄、晅、晅、晈、晊、晋、晌、晌、晏、晐、晑、晒、晓、晖、晟、晠、晢、晰、晤、晥、晦、晧、晨、普、景、晰、晱、晲、晢、晴、啓、晷、旸带日字旁的字；五行属于与阴火相关的带"忄"、"心"的汉字有：意、情、忲、忖、忙、帆、忚、忆、忣、忏、忓、忌、价、恼、怟、忾、忟、忨、忸、忕、忧、怄、怃、怆、伶、松、忬、快、忮、恒怍、忻、怀、怈、伴、怵、怉、怟、恦、怏、怶、怐、怩、怳、怍、怙、怛、怌、恂怿、怜、怡、怏、怖、怄、恇、恍、恒、恠、恽、恪、恫、恺、恔、佺、恂、恬。

五行属于土的基本笔画和部首为：王、言、阝、宀、幺、扌、户、土、辰、丑、田、艮、匚、肉、门、厂、广、阜、邑、甘等。五行属于阳土的汉字有：石、土、坦、垸、塬、塔、墨、坤、寺、坊、坛、城、域、培、佳等带土字旁的字，以及山、岚、岛、岩、崔、炭、幽、峨、岳、峰、崎、岱、屿、峦等带山字旁的字；五行属于阴土的汉字有：玉、玺、珍、玛、玛、玒、玗、玖、玘、玞、场、玥、珤、玌、玮、玦、玗、玠、玡、玢、玤、玦、玧、玨、玩、玲、玭、环、玫、玱、珀、玶、玿、玲、玳、玷、玹、玻、珣、珂、珪、坤、珇、珈、珉、珊、珌、珍、珌、珏、珑、玲、玥、珞、珠、珢、珣、珥、珦、珧、珩、珪、琉、珤、珹、班、珮、珹、斑、琤、珵、琋、珺、珻、瑱、珞、琁、瑄、球、琄、琅、理、琇、琉、琴、珋、琏、琎、琬、琚、琛、瑗、瑄、域、琪、琢、琣、琥、琦、琨、瑁、琪、瑆、琬、琮、瑄、瑾、瑅、瑷、璇、璊、璋、瓓、璎、璜、瓒、璞、璟、璠。五行属于阴土的带有"邑（右阝）"、"宀"、"广"的汉字有：宝、府、邦、邻等等。

五行属于金的基本笔画和部首为：丶、钅、口、几、刀、戈、匕、刂、玉、石、皿、金、西、贝、兑、辛、戈等。五行属于阳金的汉字有：金、鑫、银、针、钦、钠、铁、铮、钢、铉、锋、鉴、钟、锌等带金字旁的字；五行属于阴金的汉字有：剑、刚、利、列、刊、划、别、制、剧、刘、则、剩、到、刮等带刀字旁的字，以及成、戗、戕、战等带"戈"旁的字，还有切、斩、韬等字。

五行属于水的基本笔画和部首为：亠、冫、氵、辶、乀、月、子、水、耳、鱼、黑、雨、川、癸、亥等。五行属于阳水的汉字有：水、淼、沁、涯、淞、潍、江、河、湖、海、洋、波、涛、洪等带水字旁的字；五行属于阴水的汉字有：雨、雷、雹、霖、雯、云、霓、雪、霏、霆、雾、霭、霍、露等带雨字旁的字。

辨别汉字笔画五行歌诀如下：

（一）

横画连勾作上称，一挑一捺俱为金；

撇长撇短皆为火，横直交加土最深；

有直不斜方是木，学者方明正五行。

（二）

一点悬空土进尘，三直相连化水名；

孤直无依为冷木，腹中横短作囊金；

点边得撇为炎火，五行变化在其中。

（三）

三横两短若无钩，乃是湿木水中流；

两点如挑金在水，八字相须火可求；

空云独作寒金断，好己心钩比木舟。

（四）

无钩之画土稍寒，直非端正木休参；

围中横满无源水，口小金方莫错谈；

四匡无风全五事，用心辨别莫迟难。

（五）

穿心捺撇火陶金，走之平稳水溶溶；

直中一捺金伤木，提起无尖不是金；

数点笔连休作火，奇奇偶偶水源清。

（六）

无直无钩独有横，水用土化复何云；

点挑撇捺同相聚，共总将来化土音；

四点不连金化火，孤行一笔五行同。

字音的五行。根据汉字的声母、韵母拼音划分如下：

木音：舌根音，g k h

火音：舌尖音，d t n l

土音：喉音，a o e ai ei ao ou an en un iang ün üan ing ang eng ong

金音：前摩擦音，j q x zh ch sh r z c s j (y)

水音：唇音，b p m f u ü (w)

在普通话普及的今天，汉字的字音五行应以普通话音韵为标准。复音合成字的五行，除了 i、u、ü 作为单韵母使用外，它们与五行属于土的韵母结合成复韵母则以五行"土"论，例如 ie、üe、in、iang、iao、uen、ueng 等都属于土音，如果汉字合成音中还有其他五行时，再参考其他五行论。例如"普（pǔ）"字从音韵五行上讲属于五行水，"闰（rùn）"字属于五行"金（r）＋土（un）"，以"金"论，"凯（kǎi）"字五行为"木＋土"。

再如，从字音上讲属于五行水的字有：居（ju）、曲（qu），因为 j 属"金"、ü 属于"水"，"金"生"水"，所以"居"字属"水"，这里的韵母"ü"作为单韵母使用，"ü"跟声母结合在一起，则省略"ü"上的两点。

使用汉字的五行时，以汉字的字义、字形五行为主，以其字音五行为辅。

起名基础3——天干地支

天干、地支简称干支。天干是甲、乙、丙、丁、戊、己、庚、辛、壬、癸的总称，又叫"十天干"。地支是子、丑、寅、卯、辰、巳、午、未、申、酉、戌、亥的总称，又叫"十二地支"。

干支都可以作为中国人表示年、月、日、时的符号，又可以用作描述宇宙生命发生、发展变化的符号。干支的意义及其排列序位代表万物产生、发展、壮大、灭亡、更生的整个过程。

干支与阴阳、五行、时间、脏腑等相配，体现了事物之间的有机联系和"天人相应"的全息观。

天干与五行对应关系如下：

天干	五行
甲	阳木
乙	阴木
丙	阳火
丁	阴火
戊	阳土
己	阴土
庚	阳金
辛	阴金
壬	阳水
癸	阴水

地支与五行的对应关系如下：

地支	五行
子	水
丑	土
寅	木
卯	木

续表

地支	五行
辰	土
巳	火
午	火
未	土
申	金
酉	金
戌	土
亥	水

天干与地支组合表如下：

1. 甲子	11. 甲戌	21. 甲申	31. 甲午	41. 甲辰	51. 甲寅
2. 乙丑	12. 乙亥	22. 乙酉	32. 乙未	42. 乙巳	52. 乙卯
3. 丙寅	13. 丙子	23. 丙戌	33. 丙申	43. 丙午	53. 丙辰
4. 丁卯	14. 丁丑	24. 丁亥	34. 丁酉	44. 丁未	54. 丁巳
5. 戊辰	15. 戊寅	25. 戊子	35. 戊戌	45. 戊申	55. 戊午
6. 己巳	16. 己卯	26. 己丑	36. 己亥	46. 己酉	56. 己未
7. 庚午	17. 庚辰	27. 庚寅	37. 庚子	47. 庚戌	57. 庚申
8. 辛未	18. 辛巳	28. 辛卯	38. 辛丑	48. 辛亥	58. 辛酉
9. 壬申	19. 壬午	29. 壬辰	39. 壬寅	49. 壬子	59. 壬戌
10. 癸酉	20. 癸未	30. 癸巳	40. 癸卯	50. 癸丑	60. 癸亥

上述干支组合是中华民族传统的纪时工具。天干和地支组合用来表示时间，通常叫干支纪年、纪月、纪日、纪辰。一个人出生的"八字"就是用干支记录这个人出生的年、月、日、辰的方式。

用天干、地支表示一个人的出生年、月、日、时，共有八字，即人的生辰八字，又称为"四柱"，即年柱、月柱、日柱、时柱，《三命通会·论年月日时》云："凡论人命，年、月、日、时排成四柱。"例如：某人生于阳历 2002 年 1 月 2 日 13 时 02 分，用天干地支表示其"八字"为：

年	月	日	时
辛	庚	庚	癸
巳	子	午	未

因每年的阳历1月5日或6日为小寒节，2002年1月2日在大雪与小寒之间，所以纪年纪月的干支为辛巳年庚子月，由年地支可知道这个人的生肖属蛇。

在古代还有专用的名字称呼十个天干与十二地支，今列举如下：

天干	甲	乙	丙	丁	戊	己	庚	辛	壬	癸
《尔雅》中的天干专名	阏逢	旃蒙	柔兆	强圉	著雍	屠维	上章	重光	玄（元）黓	昭阳
《史记》中的天干专名	焉逢	端蒙	游兆	强梧	徒维	祝犁	商横	昭阳	横艾	尚章

地支	子	丑	寅	卯	辰	巳	午	未	申	酉	戌	亥
《尔雅》中的地支专名	困敦	赤奋若	摄提格	单阏	执徐	大荒落	敦牂	协洽	涒滩	作噩	阉茂	大渊献
《史记》中的地支专名	困敦	赤奋若	摄提格	单阏	执徐	大荒骆，大芒落	敦牂	叶洽	涒滩	作鄂	淹茂	大渊献

例如：《资治通鉴》卷153标题是"屠维作噩一年"，据上表可知"屠维"对应的天干就是"己"，"作噩"对应的地支就是酉，所以这一年为己酉年（公元529年）。屈原在《离骚》中说，"摄提贞于孟陬兮，惟庚寅吾以降"。句首"摄提"就是寅年。

♥ 起名基础4——干支纳音五行

天干与地支之间的关系十分密切，二者组合在一起构成一种力量即干支力，干支力就是干支纳音五行，例如甲子与乙丑纳音五行叫"海中金"，因此，具有五行金的信息。六十甲子与五音十二律结合起来构成了"六十甲子纳音五行"，按照金、木、水、火、土

五行属性，每两年归为一类，周而复始，所以六十甲子纳音五行常被民间用来推算命，例如：2010 年是庚寅年、2011 年是辛卯年，这两年出生的人都具有"松柏木"的信息，民间习惯上叫"木"命人。我们现在介绍中国传统的"六十甲子纳音五行"，揭开"命"谜，使人们不再"迷信"，这样更有利于提高国民的知识素养。

干支	纳音五行	解　释
甲子 乙丑	海中金	子属水，又为湖，又为水旺之地，兼金死于子，墓于丑，水旺而金死、墓，故曰海中金也。
丙寅 丁卯	炉中火	寅为三阳，卯为四阳，火既得地，又得寅卯之木以生之，此时天地开炉、万物始生，故曰炉中火也。
戊辰 己巳	大林木	辰为原野，巳为六阳，木至六阳则枝荣叶茂，以茂盛之木而在原野之间，故曰大林木也。
庚午 辛未	路傍土	未中之木而生午位之旺火，火旺则土焦，未能育物，犹路傍土若也。故曰路傍土也。
壬申 癸酉	剑锋金	申酉金之正位兼临官申、帝旺酉，金既生旺则成刚矣，刚刚无窬于剑锋，故曰剑锋金也。
甲戌 乙亥	山头火	戌亥为天门，火照天门，其光至高，故曰山头火也。
丙子 丁丑	涧下水	水旺于子，衰于丑，旺而反衰，则不能为江河，故曰涧下水也。
戊寅 己卯	城头土	天干戊己属土，寅为艮，山土积而为山，故曰城头土也。
庚辰 辛巳	白蜡金	金养于辰、生于巳，形质初成，未能坚利，故曰白蜡金也。
壬午 癸未	杨柳木	木死于午，墓于未，木既死且墓，虽得天干壬癸之水以生之，终是柔弱，故曰杨柳木也。
甲申 乙酉	泉中水	金临官申、帝旺酉，金既生旺，则水由以生，然方生之际力量未洪，故曰泉中水也。

干支	纳音五行	解　释
丙戌 丁亥	屋上土	丙丁属火，戌亥为天门，火既炎上，则土非在下而生，故曰屋上土也。
戊子 己丑	霹雳火	丑属土，子属水，水居正位而纳音乃火，水中之火非神龙则无，故曰霹雳火也。
庚寅 辛卯	松柏木	木临官寅、帝旺卯，木既生旺则非柔弱之比，故曰松柏木也。
壬辰 癸巳	长流水	辰为水库，巳为金长生之地，金生则水性已存，以库水而逢生金则泉源终不竭，故曰长流水也。
甲午 乙未	沙中金	午为火旺之地，火旺则金败，未为火衰之地，火衰则金冠带，败而方冠带，未能盛满，故曰沙中金也。
丙申 丁酉	山下火	申为地户，酉为日入之门，日至此时而藏光，故曰山下火也。
戊戌 己亥	平地木	戌为原野，亥为木生之地，夫木生于原野则非一根一株之比，故曰平地木也。
庚子 辛丑	壁上土	丑虽土家正位而子则水旺之地，土见水多则为泥也，故曰壁上土也。
壬寅 癸卯	金箔金	寅卯为木旺之地，木旺则金赢，又金绝于寅、胎于卯，金既无力，故曰金箔金也。
甲辰 乙巳	佛灯火	传明继晦，犹如夜间庙宇里的灯光，故曰佛灯火也。
丙午 丁未	天河水	丙丁属火，午为火旺之地而纳音乃水，水自火出，非银河不能有也，故曰天河水也。
戊申 己酉	大驿土	申为坤，坤为地，酉为兑，兑为泽，戊己之土加于坤泽之上，非其他浮薄之土也，故曰大驿土也。
庚戌 辛亥	钗钏金	金至戌而衰，至亥而病，金既衰病则诚柔矣，故曰钗钏金也。
壬子 癸丑	桑树木	子属水，丑属土，水土方生木，木气盘屈，形状未伸，犹如桑树木也。

续表

干支	纳音五行	解　释
甲寅 乙卯	大溪水	寅为东北维，卯为正东，水流正东则其性顺而川涧池沼俱合而归，故曰大溪水也。
丙辰 丁巳	沙中土	土库辰、绝巳，而天干丙丁之火至辰冠带、巳临官，土既库、绝、旺，火复兴生之，故曰沙中土也。
戊午 己未	天上火	辰为食时，巳为禺中，午为火旺之地，未中之木又复生之，火性炎上又逢生地，艳阳之势光于天下，故曰天上火也。
庚申 辛酉	石榴木	申为七月，酉为八月，此时木则绝矣，惟石榴之木反结实，故曰石榴木也
壬戌 癸亥	大海水	水冠带戌、临官亥，水临官、冠带则力厚矣，兼亥为江，非他水之比，故曰大海水也。

起名之道1——上文五维全息吉祥起名法

　　作者从事起名研究十多年，在起名实践中逐渐发现了五格数理起名法和十二生肖起名法的不足，而"上文五维全息吉祥起名法"正好能弥补各种起名法的缺陷和不足，"上文五维全息吉祥起名法"是一种综合性、全方位复杂的起名方法，使取名的效果由单纯的识别功能有所扩大。

　　上文五维全息吉祥起名法中的"五维"，指生辰八字五行、数理、意象、形象、音象。经作者多年来对五维全息吉祥起名法的研究、观察与验证，从这五个方面起名、改名对人的运气、身体、婚姻、事业、学业更有利，是宝宝美好人生的开端。

　　上文五维全息吉祥起名法不但重视名字的音、形、义所含的信息，而且重视命理（生辰八字）、数理，所以此种起名方法难度很大，一般水平的人难以应用。

　　"上文五维全息吉祥起名法"的步骤：出生时空（八字）→姓名数理→姓名读音→姓名意象→姓名形象。下面逐一介绍每一步骤。

首先，"上文五维全息吉祥起名法"考虑出生时间和地点，将宝宝的出生时间转换为"八字"，即用天干地支表示一个人的出生年、月、日、时，古人又称此步骤为"排四柱"。学好用"八字"记录生年、生月、生日、生时不容易。中国传统文化的代表《易经》和传统哲学都认为时空一变，万物就变了。著名国学大师南怀瑾先生在美国大学讲学时说："不管宗教、哲学、科学，有两个重点要注意：一个是时间，一个是空间。事实上，时间、空间左右了一切，我现在告诉大家了，我们中国的传统文化《易经》把时空并用，它是一体的两面。"这就是我十多年来一直强调起名要重点考虑出生时间和地点的依据。举个排"八字"的例子，现在是北京时间阳历 2010 年 1 月 6 日 15 时 56 分，此时此刻，在广州市有一个宝宝诞生，用天干地支表示如下：

己　　丁　　丙　　丙

丑　　丑　　辰　　申

这就是"四柱"，民间习惯上称之为"八字"，读作己丑年、丁丑月、丙辰日、丙申时。同一时间在新疆乌鲁木齐市出生的宝宝，因其出生空间地点不同，其八字就变为：

己　　丁　　丙　　乙

丑　　丑　　辰　　未

上述两个宝宝的"八字"中的年、月、日的干支相同，时干支不同，这是因为乌鲁木齐市 1 月 6 日的天亮时间是 9 时 11 分、日出 9 时 43 分，而 1 月 6 日的广州的天亮时间是 6 时 45 分、日出 7 时 9 分，这两个城市基本上相差一个时辰。

排出一个人的"生辰八字"后，紧接着就是分析"八字"五行的比例以及五行的旺衰，根据先天八字五行的旺衰喜忌起名，这就需要读者掌握干支与五行的对应律、天干五行十二月令发展变化律和五行四时旺相休囚法则，这些专业知识详见作者编著的《宝宝吉祥起名大全》。

举两个例子讲五行旺衰，例一：阳历 2006 年 10 月 1 日（阴历的八月初十）早上 7 时 39 分对应的生辰八字为：

　　丙　　丁　　癸　　丙

　　戌　　酉　　亥　　辰

　　五行比例2丙火、1丁火、1戌土、1辰土、1酉金、0木、1癸水、1亥水。出生的日干支为癸亥，日元为癸水，宝宝生于这个时间正是秋季酉金之月，秋季五行"金"旺，"水"处于次旺即"相"的状态，日元癸水得日支亥水之源泉，所以日元癸水偏旺盛，根据《周易》五行平衡原理，宝宝先天五行缺木不利，起名补五行木为上策，用"木"来泄日元癸水，这对本人的发展更有利。

　　例二：女宝宝出生时间是阳历2009年12月21日8时45分（农历十一月初六日），对应的生辰八字为：

　　己　　丙　　庚　　庚

　　丑　　子　　子　　辰

　　先天八字中的五行比例个数（不计藏干）：2水、0木、1火、3土、2金。五行力量：水旺、火死、土囚、金休。阴阳比例是：阴气占62.8%、阳气占37.2%，符合女孩以阴气为主阳气为辅的自然法则。代表本人的日元庚金生于丙子月显然不得时令，因为子月的五行旺衰规律是水旺、木相、金休、土囚、火死，加上年支丑为庚金之墓，此丑土不但不能够生庚金，反而把庚金关藏起来，使庚金难以舒展开，所以庚金很弱，幸好有时柱的天干庚帮助、地支辰土生庚金，还有年干己土生庚金，庚金得到生助，弱中得解救。命中的用神五行为土，喜神为金。宝宝生于寒冷冬季，八字可适当借五行火调候，调候用神五行为火，命中丙火虽然不缺，但是火力太弱，处于"死"的状态，起名应该加强火、土、金的力量，五行缺木不需要补。

　　读者一定要注意：根据五行起名，并不是先天五行缺什么就补什么，要视日元五行强弱而定，如果所缺五行对本人有利，不补反而好，补了则凶；如果一个人的先天八字五行出现不齐全，所缺五行需要补则补，补救的办法有三种：一是字形补法，二是字意补法，三是数理补法。

　　其次，"上文五维全息吉祥起名法"的第二步骤考虑姓名的数理吉凶。在中国传统哲学文化范畴，数理又叫"数理哲学"，用数解释问题、说明问题。姓名分为五格数理：天格数理、人格数理、地格数理、总格数理、外格数理，其中最关键的是人格数理、总格数理，给新生宝宝起名还要重视姓名地格数理。有人说姓名的"三才"——天格、人格、地格的五行相生则吉、相克则凶，这种说法很片面，香港大富豪李嘉诚的姓名天格五行属于金、人格五行属于木、地格五行也是金，虽然2金克1木，但是他照样成为大名鼎鼎的富豪和慈善家，这是因为他的名字信息与其生辰八字（戊辰年戊午月甲申日丁卯时）五行相符。关于姓名五格数理，详见下一节。读者要查阅1～81数理吉凶信息作用，请参考《宝宝吉祥起名大全》第56页至63页。

第三，"上文五维全息吉祥起名法"第三步骤讲究姓名的音韵美（即HI），预防姓名出现不吉不雅的谐音。一般规则是只要姓名的声母与韵母不一样，听起来就好听，再考虑姓名声调因素，姓名的声调不同，听起来就悦耳，姓名的声母与韵母不同而声调相同，这样的姓名也好听，仍然能够达到好的语音效果。姓名的声母、韵母相同或者接近，声调又都相同，这样姓名的语音效果很差。姓名谐音带来的贬义外号，轻则损其尊严，重则妨害前程，很容易给本人造成沉重的心理负担，影响当事人的发展。美妙动听的名字所蕴藏的音波信息对人体产生有益的感应作用，调理人的生理节律与行为。大家都有一个共同的体验：当听到优美的歌曲时，我们的身体会下意识地活动。假如你的姓名音律美好，对本人肯定产生好的结果。

第四，"上文五维全息吉祥起名法"第四步骤是推敲姓名的意象美（即MI），不要起出含义不雅或者有贬义的姓名，避免出现不好的外号。汉字是负载着神奇信息并能激发人的能动性的灵性文字。我们根据当代著名的汉字学家萧启宏先生写的《汉字通〈易经〉》原理和在全球中西文化界享有巨大声望的国学大师南怀瑾先生的教导，发现了汉字的"字音消灾，字形藏理，字意通神"的规律。姓名内在的蕴义不良，长期使用它，就影响人的心情，不利于事业、婚姻，因为姓名具有诱导或暗示潜意识的作用力，孩子在有意或无意之中把贬义的姓名或外号和他自己的行为联系起来，经过

一段时间，具有负面消极含义的名号会给孩子留下不良的持久暗示力，这就侵蚀和伤害了孩子心灵。宋慈是中国法学史上著名的法医、法官，其父也是一位负责刑狱的法官，深知百姓疾苦，父亲对他说："我为你取名'慈'，字'惠父'，是希望你将来做官后要仁慈爱民，为百姓送实惠。"宋慈没有辜负父亲取名时对他的殷切期望，一生都把慈爱施于民，他侦破了许多复杂案件，使许多冤假错案得以平反，受到百姓的爱戴，他结合自己破案经验，编写了规模宏大的《洗冤集录》，这部书成为世界上最早的法医学著作。著名导演张艺谋最初的姓名叫张诒谋，很多人并不知道张诒谋，"诒"字的解释是"诒者，勖也"，是期望他在未来建立功勋，光宗耀祖。"诒谋"具有建功立业的谋略智慧之意。不过，因为"诒"字不常用，张诒谋上学后，有人把他的名字写成"张治谋"，有人写成"张冶谋"，还有同学跟他开玩笑，叫他"张阴谋"，为此他就自己把名字改为现在的"张艺谋"，意思是具有艺术家的谋略与智慧。

第五，"上文五维全息吉祥起名法"的第五步骤是注意姓名的形象美（即 VI），使姓名的形体美观、平稳中和，不致于起出像丁一馨、戴鹏义这样的姓名。

为便于读者领会"上文五维全息吉祥起名法"，现在举一个起名范例如下：

起名应提供的资料：

父母姓名：霍先生、李女士

宝宝出生地：中国山东省

宝宝出生时间：阳历 2007 年 11 月 20 日 18 时 38 分

宝宝性别：女

家长要求：无

联系电话、传真：略

E－mail：略

宝宝出生的时空信息为：

2007 年	11 月	20 日	18：38
丁亥	辛亥	戊午	辛酉

　　五行比例是 3 金、0 木、2 火、1 土、2 水，代表本人的日元戊土在亥水之月不得时令，幸而得 2 火生，所以戊土不旺，根据《周易》五行平衡原理，宝宝先天五行缺木没有妨害，起名加强五行土与火对宝宝更有利，运用"上文五维全息吉祥起名法"命名如下：

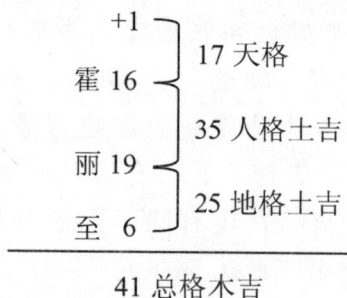

```
        +1  ⎫
            ⎬  17 天格
   霍 16  ⎭
            ⎫  35 人格土吉
   丽 19  ⎬
            ⎭  25 地格土吉
   至  6
────────────────
   41 总格木吉
```

霍丽至创意解析：

　　从五行上讲，姓名既补了五行木，又加强了五行土，名命相合。

　　从姓名意象（MI 识别）上讲，霍指姓氏；丽指美丽；至指达到某种境界；该姓名的意境是达到最美丽的境界。姓与名组合在一起没有任何不雅的含义，并且名字特别新颖。

　　从姓名形象（VI 识别）上讲，该姓名的字形搭配美观，给人第一形象很好！

　　从姓名音象（HI 识别）上讲，该名字读之朗朗上口，听之悦耳动听，没有其他的不良谐音，在交际中不会给本人造成不良的影响！

　　从姓名数理功能上分析：该姓名数理信息都吉，对本人有积极的诱导作用。该姓名人格数理 35 具有"温和平静，理智兼具，文昌技艺，成就非凡"的诱导作用。总格数理 41 具有"天赐吉运，和顺畅达，德高望重，博得名利"的诱导作用。

起名之道 2——五格起名法

五格姓名学发源于 1918 年，日本人熊崎健翁将中国数理加以整理及应用，自创了这种起名方法。此后这套计算姓名笔画吉凶的五格起名法在日本大行其道，上至日本天皇家族，下至普通日本人，给孩子起名的时候，都遵循这套繁琐的规则，天皇皇子的起名比平民的讲究更多，有专职的顾问解决此事。20 世纪 70 年代末，一直受日本文化影响极大的台湾开始流行五格姓名学。

学习五格起名法，一定要知道"五格"及其作用。"五格"包括天格、人格、地格、总格、外格，其中天格、人格、地格被称为"三才"，总格、人格、地格为整个姓名最重要的部分。

	天格	人格	地格	总格	外格
影响及作用	祖先流传下的姓氏，对人影响微不足道，天格数理仅供参考而已。	反映期待的性格与才能，昭示一生的吉凶，人格位于天格之下地格之上，因此，人格是整个姓名的中心与重点。	反映青少年之前的人生运势，地格要符合对健康、平安、学业、生育的追求。	代表中晚年的运势，关系后半生的终身成就。	代表所处的外界环境，以及家族关系，暗示交际能力。外格数理只是参考，对人没有太大影响。
重要程度	低	高	高	高	低

"天格" 是姓氏的参考

一个孩子出生后，要么随父姓，要么随母姓，这个姓因是祖传的，所以通常是不可改变的。姓是先天的，名是后天的，姓是骨，名是肉，骨肉不能分开，所以起名字要先后天都结合起来。名字不好可以改，采用"上文五维全息吉祥起名法"，就能改个吉祥名字，而姓氏一般不能改。因此，天格的数理吉凶通常只是一种参考，对人生影响不大。

天格的计算方法是：天格跟姓氏的笔画数有关，单姓的天格数就是"姓"的笔画数加上1画,如王为4画,王姓的天格数就是4加1的和,亦即5;复姓的天格数就是复姓的总笔画数,如西汉史学家司马迁的姓氏为复姓"司马",司为5画,马即馬为10画,"司马"的天格数就是15。单姓的天格数为什么要添加1呢?因为单姓就一个字,复姓是两个字,两个字的笔画数相加生成天格数,而一个字的笔画数因没有被加数就不能生成天格数,所以要添加"1",这个1就是假借数。这也是天格不计吉凶的原因之一,另一个原因是同一姓氏的人太多,没有哪个姓比另外的姓更吉或更凶。所以,只有不好的名字,没有不好的姓。但是也有人改姓,这不是因为"天格数"凶,而是由以下两种原因:

其一,孩子上学前,在征得父母同意的情况下,有法定权利选择随母姓或者随父姓,《中华人共和国民法通则》第九十九条规定:公民享有姓名权,有权决定、使用和依照规定改变自己的姓名,禁止他人干涉、盗用、假冒。

其二,父母离婚后,由于母亲憎恨父亲,或者母亲再婚后,便于孩子跟继父处理关系,母亲提出给孩子改姓,或继父的姓,或随母姓。

"人格"代表一生的运势

"人格"数是一个人的姓名中最重要的数,因为这个数理暗示一个人一生的运气,所以"人格"又称为"主运"。人格对人生的影响最大。

人格的计算方法是:单姓的姓名人格等于"姓"的笔画数加上名的第一个字的笔画数,如赵薇,赵即趙为14画,薇为19画,赵薇的人格数就是33吉数(14+19);复姓的姓名人格数就是姓尾名头笔画数相加,姓尾即姓中的最后一个字,名头即名字中第一个字。

对于按照家谱中排辈字起名的人来说,有的姓名的人格数可能不吉,这个时候可以用同音异字替换表示辈分的字,重庆市万州区王氏家谱字辈为"相吾青其,玉美兴居,一行仁厚,显耀永立,国政天顺",相字辈的人起名叫王相 X,吾字辈的人起名叫王吾 X,王相 X 的人格数是王的笔画数4加相得笔画数9,总计13,人格13属于吉数，王吾X的人格数是 11，也是吉数，但是对于青字辈的姓名王青X来说，人格数就不吉，王是 4 画，青石 8 画，合计 12，人格数 12 是凶数，属于掘井无泉之象，具有"无理伸张，薄弱无力，外甜内苦，谋事难成"的不良诱导作用。我们用"清"字替换"青"，这样人格数就变为 16 吉数。如果没有其他汉字替代，就只好不用排辈字起名了。

"地格"代表青少年之前的运势

对于未婚未生子的人来说，地格也很重要，主要对幼少年时期人生状况有影响。"地格"又称为"前运"。一个人结婚生子后，地格数的影响力逐渐减弱，若是姓名只有地格数不吉，就算不改名也无妨。

地格的计算方法是：多字名的笔画数相加就是地格数；单名笔画数加 1 则为地格数，单名即一个字的名。

"总格"代表中晚年后半生的运势

"总格"对中晚年的运势起诱导作用，所以"总格"又称为"后运"。总格在"五格"中非常重要。

总格的计算方法是：将姓与名字的实际笔画数相加，就是总格数。

"外格"是起名的一种参考

虽然姓名有"五格"，但是"外格"仅仅是一种衬托数而已，充当"五格"的门面，如果没有"外格"，姓名就变成了"四格"，"四格"作为名称，就不如"五格"好听，也不如"五格"吉祥，因为"四格"的总数为 14（四 4＋格 10），14 属于凶数，"五格"的总数为 15（五 5＋格 10）吉数。"外格"仅代表所处的外界环境，暗示交际能力。外格数是一个人的外界辅助力量，因此，外格数理只是参考，对人没有太大影响。

外格的计算方法是：总格减去人格数理再加上姓名的添加数。香港的李居明先生认为，外格数是总格数加 1，这也未尝不可，无可厚非，反正外格不重要。

"外格"数理根源没有经过奇妙的组合，因此，一般不列入讨论的范围。以我们十几年的起名实战经验来看，起名不能眉毛胡子一把抓，凡事要抓住问题的主要方面，起名只要抓住"人格"、"地格"与"总格"就迎刃而解了。姓名五格面面俱到也未必就是吉名，因为"五格"都吉的姓名，如果不符合本人生辰八字中的五行的要求，也不是真正的吉祥名字，姓名五格自身的吉凶与本人的五行结合在一起相辅相成，这才是真正的吉名。

姓名五格数理全方位例解

例一：单姓两字名：

```
  +1 ┐
      ├ 16 天格吉
刘 15 ┘
      ├ 32 人格吉
声 17 ┐
      ├ 32 地格吉
乐 15 ┘
─────────────
   47 总格吉
```

例二：复姓两字名：

```
欧 15 ┐
      ├ 32 天格吉
阳 17 ┤
      ├ 25 人格吉
明 8  ┤
      ├ 16 地格吉
仑 8  ┘
─────────────
   48 总格吉
```

姓名笔画数计算标准

中国汉字起源于上古时期，并非一人一时之作，但是中华民族的人文始祖黄帝的贤臣仓颉却是最早参与了汉字的创造发明。古籍《淮南子》记载："仓颉作书而天雨粟，鬼夜哭。"《春秋元命苞》说："（仓颉）于是穷天地之变，仰观奎星圆曲之势，俯察龟文鸟羽山川，指掌而创文字，天为雨粟，鬼为夜哭，龙乃潜藏。"可见，仓颉创作文字真正是惊天地泣鬼神了。在河南虞城有仓颉墓与仓颉祠，仓颉祠里有仓颉"鸟迹书"，因其伟大的创造，在陕西白水县人们还建立了仓颉庙。仓颉见鸟兽之迹，依据"六书"法则（注：六书是一曰"指事"，二曰"象形"，三曰"形声"，四曰"会意"，五曰"转注"，六曰"假借"），由纵横、左右、上下、长短、疏密等变化的点和线创作汉字，其微妙的点线体系，皆合于自然造化之法则。至于点与线的变化更启示着万物的命运，蕴含着微妙的数理灵动，不能任意加减一点或一画。人们就利用点线组成的汉字之"数"来测定推理吉凶祸福，故构成姓名的汉字，虽是一画一点，也不可忽视。为此，我向读者介绍姓名笔画数计算法则：

首先，通常按繁体字的笔画数计算，不用简体字的笔画数。繁体字是中华民族在 1949 年之前长期使用的未简化的字体，是中华文化的根，它更能传递出丰富的信息。比如："奋"的繁体字——"奮"，由"大"、"隹"、"田"三字组成同，"大"与"小"相对，"隹"（zhuī）是什么？是一种鸟，它底下是"田"，"田"代表鸟的栖息地，任何鸟只有振作起来，展翅飞翔，才能完成南北迁徙，所以"奋"字具有"振作，鼓劲"的意思。再如"圣"的繁体字——"聖"，字形从耳、从口、从王，只有善于用耳听、精通天、地、人之道、有口才的人，才是圣人。

许多人常把异体字与繁体字混淆。比如"倖"是"幸"的异体字而不是"幸"繁体字。

其次，必须掌一些汉字的笔画数特殊计算规则，比如：带"艹"字头的汉字有四种情况："艹"当 3 画时，如"敬"（12 画）；"艹"当 4 画时，如"黄"（12 画）；"艹"当 6 画时，如"芳"、"花"、"蕾"等字；"艹"当 8 画时，如"荣"（14 画）、"莹"（15 画）等字。

第三，凡本身具有数的内涵的汉字，则按照其数计算，如五，计数为 5，但是"百"按 6 画计算，"千"按 3 画计算，"万（萬）"按 15 画计算。

第四，掌握偏旁部首的笔画数，例如：

"氵"旁按 4 画计算，因为"水"字为 4 画，如"池"计为 7 画。

"月"旁，按 8 画计算，因为"月"是"肉"演化而来。

左"阝"旁，按 8 画计算，因为"阝"通"阜"。

右"阝"旁，按 7 画计算，因为右旁"阝"通"邑"。

"辶"按照7画计算，因为"辶"通"走"。

"忄"旁按4画计算，因为"忄"通"心"。

"王"旁按5画计算，因为"王"字旁本是"玉"。

"讠"＝言，按照7画计算。

"礻"＝示，按5画计算。

五格姓名学的沙石

五格姓名学的沙石就像我们吃的大米中的沙石一样，只会害人，没有一点价值。"三才"（天格、人格、地格）相克则凶的观点就是五格姓名学的沙石。讲天格、人格、地格之数分成五行，认为天格克人格、地格克人格或人格克天格等为不吉，这个观点也是五格起名法的一个重大缺陷或不足，因为《周易》最讲究"中和"之理，我们不能片面夸大五行相生作用，还要重视五行相克的益处。姓名的"三才"数理五行作为一种信息与本人的生辰五行是相辅相成的，数理五行对本人生辰五行起辅助调节作用，只要姓名的数理五行与本人生辰五行构成一个完整的金、木、水、火、土的五行系统，根据宇宙万物全息规律，系统内的五行生克共存，循环往复，姓名"三才"五行相克自然是好事，这是因为宇宙万物的"造化之机，不可无生，亦不可无制。无生，则发育无由；无制（克），则亢而有害"。自然法则是生克互存，有生还必须有克制，事物才能保持动态平衡，所以被生得过火了或者被克得过头了，对人生发展都不利。中国先哲、贤士们很早就明白："金旺得火，方成器皿。火旺得水，方成相济。水旺得土，方成池沼。土旺得水，方能疏通。木旺得金，方成栋梁。"五行的运用是相当有学问的，其中关键变化之奥妙，非初学者可领悟。

我们为弥补五格数理起名法的不足，在给人起名时，常常结合当事人的生辰五行先天信息，使姓名的五行与本人先天生辰五行相辅相成，这样取出的名字才更加吉祥。

我们以华人富商李嘉诚、亚洲船王的包玉刚为例子加以证明姓名"三才"相克也不凶。

```
  +1 ⎫                        +1 ⎫
李  7 ⎬  8 天格金吉       包  5 ⎬  6 天格土吉
     ⎬  21 人格木吉            ⎬  10 人格水凶
嘉 14 ⎬                   玉  5 ⎬
     ⎬  28 地格金吉            ⎬  15 地格土吉
诚 14 ⎭                   刚 10 ⎭
```

35 总格土吉　　　　　　　　20 总格水凶

　　李嘉诚先生的姓名就三才五行生克来讲，天格数理五行金克人格数理五行木，地格数理五行金克人格数理五行木，虽然其"三才"五行相克，但李嘉诚这个姓名还是属于吉名，其人仍然成为当今大名鼎鼎的华人富豪。

　　包玉刚的姓名天格数理五行土与地格数理五行土都克人格数理五行水，包玉刚先生照样成为世界船王。

　　此外，我们长期研究姓名数理，用大量事实与统计经验证明了数理 10、20、28、26、54 等并非绝对不可用，往往有很多伟人、富豪等成功者的姓名带凶数理，凶数理的五行为本人生辰五行所喜，用之反凶为吉。有人统计了名气较大的歌星姓名，总结出：姓名中数理信息尾数是 7、8 的人暗示具有音乐细胞。数理 7、8 五行属金，代表金属、乐器等。例如：

　　（1）郭富城（郭 15 画，富 12 画，人格 27 数）

　　（2）黎明（明 8 画，地格 8 数）

　　（3）满江（江 7 画，外格 8 数）

　　（4）陈明（明 8 画，地格 8 数）

　　（5）周蕙（蕙 18 画，地格 18 数）

　　（6）杨坤（坤 8 画，地格 8 数）

　　（7）王昆（昆 8 画，地格 8 数）

　　（8）雪村（雪 11 画，村 7 画，相加为人格 18 数）

　　（9）任静（静 16 画，地格 17 数）

　　（10）刘欢（刘 15 画，欢 22 画，相加为人格 37 数）

　　（11）蒋大为（蒋 15 画，大 3 画，相加为人格 18 数）

　　（12）蔡国庆（蔡 17 画，国 11 画，庆 16 画，相加为人格 28

数）

（13）周杰伦（杰8画，伦10画，相加为地格18数）

（14）费玉清（费12画，玉5画，清12画，人格地格都是17数）

（15）张含韵（张11画，含7画，相加为人格18数）

（16）陈冠希（希7画，外格8数）

（17）陈慧琳（慧15画，琳13画，慧琳相加为地格28数）

（18）王力宏（宏7画，外格8数）

（19）邓丽君（君7画，外格8数）

（20）童安格（童12画，安6画，相加为人格18数，总格28数）

1～81数理吉凶为统计经验而得，为方便读者查阅，今详列如下，仅供参考。

（1）1～81数理蕴涵宇宙的大自然力，其力有吉凶之分，如天地有阴阳，物有刚柔、表里一样。因此，各数信息能量对人产生诱导感应作用亦有好坏之别。

（2）数前标有"○"，表示此数诱导力为吉；标为"□"，表示此数信息感应力为半吉；标有"▲"，表示此数信息感应力为凶。

（3）凡81数以上者，除其盈数80，还归1、2、3……81数推导使用。例如：161数除以80余1，就按1数理判断使用。

○1. 宇宙太极之数

太极之数，万物开泰，生发无穷，利禄亨通。

□2. 两仪之数

阴阳之数，混沌未开，进退保守，忧心劳神。

○3. 天人地三才之数

三才这数，天地人和，事业有成，繁荣昌盛。

□4. 四象之数

四象之数，待时生发，万事谨慎，还可营谋。

○5. 五行之数

五行俱全，循环生克，圆通畅达，福寿集成。

○6. 六爻之数

六爻之数，精打细算，安稳幸运，余荫深厚。

○7. 七政之数

刚毅果断，勇往直前，天赋之力，好奇心强。

○8. 八卦之数

八卦之数，努力发达，志刚意坚，遂成大功。

□9. 大成之数

小舟进海，暗含凶险，有成有败，小心把握。

▲10. 满盈之数

满盈之数，万物终局，费尽心力，回顾茫然。

○11. 旱苗逢雨

万物更新，调顺发达，稳健泽世，繁荣富贵。

▲12. 掘井无泉

无理伸张，薄弱无力，外甜内苦，谋事难成。

○13. 春阳牡丹

多才多艺，智能超群，忍柔处事，必获大功。

▲14. 破败离散

家庭缘浅，沦落天涯，失意烦闷，谋事不顺。

○15. 福寿

福寿圆满，涵养雅量，立业兴家，必有成就。

○16. 厚重

厚重载物，安富尊荣，财官双美，功成名就。

□17. 坚强

刚毅坚强，宜养柔德，突破万难，必获成功。

○18. 铁镜重磨

谨慎勿骄，机遇重来，有志竟成，博得名利。

□19. 多难

成功较早，辛苦不断，虽有智谋，成败难定（但先天五行有金、水者，可成巨富、怪杰、伟人）。

▲20. 屋下藏金

智高志大，历尽艰辛，焦心忧劳，进退两难。

○21. 明月中天

为人尊仰，富贵荣华，立业兴家，大博名利。

▲22. 秋草逢霜

秋草逢霜，怀才不遇，忧愁怨苦，事不如意。

○23. 壮丽

旭日东升，壮丽可观，逐步进展，功名荣达。

○24. 掘藏得金

锦绣前程，贵人得宠，白手起家，财源广进。

○25. 英俊

资性灵敏，才能奇特，诚信和气，自成大业。

□26. 变异

常出豪杰，波澜起伏，义气侠情，必建大功。

□27. 增长

自我心强，易受诽谤，愿望强烈，可以成功。

▲28. 阔水浮萍

遭难之数，争论不和，四海飘泊，终世劳苦。

○29. 智谋

智谋奇略，财利俱备，名闻海内，成就大业。

□30. 歧运

沉浮不定，凶吉难分，好运配合，成功自至。

○31. 春日花开

智勇得志，博得名利，统领众人，成就大业。

○32. 宝马金鞍

荣幸多成，贵人相助，财帛丰裕，繁荣昌盛。

○33. 飞龙升天

旭日东升，鸾凤相会，才德双全，家业昌盛。

▲34. 破家之数

破家之数，难望成功，辛苦遭厄，灾难不断。

○35. 高楼望月

温和平静，理智兼具，文昌技艺，成就非凡。

▲36. 不平之数

风浪不平，常陷穷困，动不如静，枉费心力。

○37. 猛虎出林

权威显达，热诚忠信，涵养雅量，终身荣富。

□38. 磨铁成针

有志乏力，难为首领，从事技艺，可望成功。

○39. 富贵之数

德泽四乡，富贵荣华，财源茂盛，光明坦途。

□40. 退安

智谋胆力，冒险投机，沉浮不定，谨慎平安。

○41. 德高之数

天赐吉运，和顺畅达，德高望重，博得名利。

□42. 多才之数

博识多能，精通世情，专心进取，尚可成功。

▲43. 散财之数

散财破产，诸事不遂，虽有才识，财去困苦。

□44. 怪异之数

破家亡身，暗隐惨淡，事不如意，乱世怪杰。

○45. 顺风之数

顺风扬帆，万事如意，智谋不凡，富贵繁荣。

▲46. 浪里淘金

载金沉舟，困难辛苦，离祖破家，孤独悲哀。

○47. 点石成金

开花结果，祥瑞亨通，进退攻守，皆有成就。

○48. 古松立鹤

德智兼备，鹤立鸡群，量大荣达，名利双收。

□49. 转折

吉凶难分，得而复失，小心谨慎，逢凶化吉。

□50. 小舟进海

吉凶参半，一成一败，亲多无助，须防倾覆。

□51. 沉浮

失得庇荫，竭力经营，一盛一衰，沉浮不定。

○52. 慧眼

卓识慧眼，光见之明，顺理成章，名利双收。

▲53. 内忧

忧愁困苦，外祥内患，先富后贫，磨难破家。

▲54. 横祸

石上栽花，难得成活，忧闷频来，倾家荡产。

□55. 善恶

外观隆昌，内隐祸患，坚心固志，亦能成功。

▲56. 浪里行舟

浪里行舟，历尽艰辛，事与愿违，祸不单行。

○57. 日照春松

资刚性坚，时来运转，天赐吉运，繁荣如意。

□58. 晚行遇月

沉浮多端，祸福无常，历经患难，晚年运佳。

▲59. 寒蝉悲风

寒蝉悲风，时运不济，缺乏忍耐，苦难不休。

▲60. 无谋

心迷意乱，飘泊不定，晦明暗黑，动摇不安。

○61. 名利

修德甚行，花开富贵，名利双收，定享幸福。

▲62. 衰败

缺乏信用，内外不合，志望难达，衰败家废。

○63. 舟归平海

万物化育，繁荣之象，不费心神，万事如意。

▲64. 非命之数

骨肉分离，孤独悲愁，徒劳无功，不得安心。

○65. 寿荣之数

天长地久，家运隆昌，福寿绵长，事事有成。

▲66. 不和之数

进退维谷，艰难不堪，内外不和，身家遭损。

○67. 通达之数

利禄亨通，贵人援助，家道兴旺，紫气东来。

○68. 发明之数

志向坚定，创新发明，勤勉力行，发展壮大。

▲69. 非业

坐立不安，常陷逆境，穷迫滞寒，尝尽痛苦。

▲70. 废亡之数

残菊逢霜，空虚寂寞，惨淡忧愁，晚景凄凉。

□71. 劳苦之数

内心劳苦，缺乏精神，勇于进取，定可成功。

▲72. 悲运之数

劳苦相伴，阴云蔽月，外观虽吉，内里生凶。

□73. 无勇之数

盛衰交加，缺少勇气，天赐福祉，终生平安。

▲74. 逆运之数

残花经霜，智能无用，辛苦繁多，沉沦逆境。

□75. 退守

退守保安，妄动失败，自有吉相，有谋可成。

▲76. 离散

倾覆离散，骨肉分离，内外不合，多陷逆境。

□77. 半吉之数

家庭和悦，先甜后苦，善于守成，前逆后顺。

□78. 晚苦之数

福祸参半，智能齐备，中年发达，晚景凄凉。

▲79. 云头望月

云头望月，身疲力尽，前途无光，劳而无功。

□80. 遁吉之数

辛苦不绝，刑商患病，积善修德，化凶转吉。

○81. 万物回春

最极之数，还本归元，重得繁荣，发达成功。

♥ 王姓起名笔画数吉祥模型

适合女性的王姓起名：

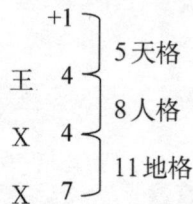

15总格

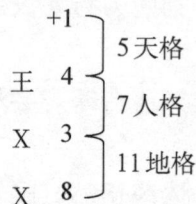

15总格

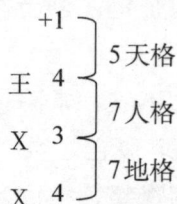

11总格

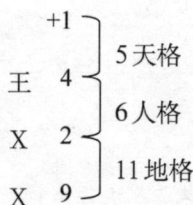

15总格

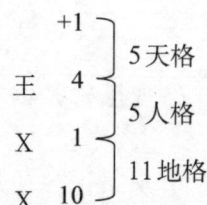

15总格

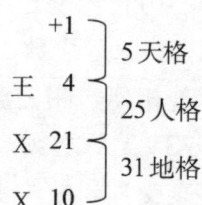

35总格

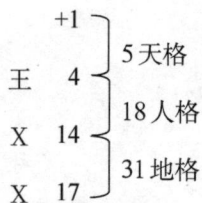

35总格

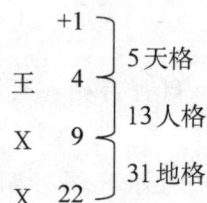

35总格

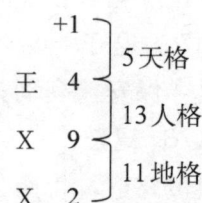

15总格

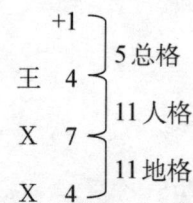

15总格

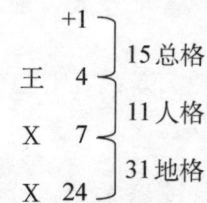

35总格

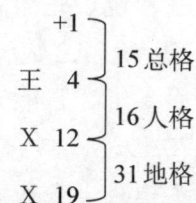

35总格

```
        +1 ┐                        +1 ┐
           ├ 5 天格                     ├ 5 天格
   王  4 ┐ ┘                  王  4 ┐ ┘
         ├ 15 人格                    ├ 25 人格
   X  11 ┘ ┐                  X  21 ┘ ┐
          ├ 31 地格                   ├ 37 地格
   X  20 ┘                    X  16 ┘
   ─────────                  ─────────
      35 总格                     35 总格
```

适合男性的王姓起名：

```
        +1 ┐                    +1 ┐                    +1 ┐
           ├ 5 天格                 ├ 5 天格                 ├ 5 天格
   王  4 ┐ ┘              王  4 ┐ ┘              王  4 ┐ ┘
         ├ 13 人格               ├ 8 人格                ├ 16 人格
   X  9 ┘ ┐                X  4 ┘ ┐                X  12 ┘ ┐
         ├ 17 地格               ├ 21 地格               ├ 25 地格
   X  8 ┘                  X  17 ┘                 X  13 ┘
   ─────────               ─────────               ─────────
     21 总格                 25 总格                 29 总格
```

```
        +1 ┐                    +1 ┐                    +1 ┐
           ├ 5 天格                 ├ 5 天格                 ├ 5 天格
   王  4 ┐ ┘              王  4 ┐ ┘              王  4 ┐ ┘
         ├ 21 人格               ├ 25 人格               ├ 15 人格
   X  17 ┘ ┐               X  21 ┘ ┐               X  11 ┘ ┐
          ├ 29 地格                ├ 33 地格                ├ 25 地格
   X  12 ┘                 X  12 ┘                 X  14 ┘
   ─────────               ─────────               ─────────
     33 总格                 37 总格                 29 总格
```

```
        +1 ┐                    +1 ┐                    +1 ┐
           ├ 5 天格                 ├ 5 天格                 ├ 5 天格
   王  4 ┐ ┘              王  4 ┐ ┘              王  4 ┐ ┘
         ├ 24 人格               ├ 18 人格               ├ 13 人格
   X  20 ┘ ┐               X  14 ┘ ┐               X  9 ┘ ┐
          ├ 33 地格                ├ 33 地格                ├ 25 地格
   X  13 ┘                 X  19 ┘                 X  16 ┘
   ─────────               ─────────               ─────────
     37 总格                 37 总格                 37 总格
```

```
        +1 ┐
 王  4  ├ 5 天格
 X  20  ├ 24 人格
 X   5  ┘ 25 地格
      29 总格
```

```
        +1 ┐
 王  4  ├ 5 天格
 X   4  ├ 8 人格
 X  21  ┘ 25 地格
      29 总格
```

```
        +1 ┐
 王  4  ├ 5 天格
 X  19  ├ 23 人格
 X  12  ┘ 31 地格
      35 总格
```

```
        +1 ┐
 王  4  ├ 5 天格
 X   9  ├ 13 人格
 X  12  ┘ 21 地格
      25 总格
```

```
        +1 ┐
 王  4  ├ 5 天格
 X  20  ├ 24 人格
 X  15  ┘ 35 地格
      39 总格
```

```
        +1 ┐
 王  4  ├ 5 天格
 X  14  ├ 18 人格
 X   7  ┘ 21 地格
      25 总格
```

```
        +1 ┐
 王  4  ├ 5 天格
 X  21  ├ 25 人格
 X  12  ┘ 33 地格
      37 总格
```

```
        +1 ┐
 王  4  ├ 5 天格
 X  20  ├ 24 人格
 X  11  ┘ 33 地格
      37 总格
```

注意：适合女孩用的结构，男孩也能用，适合男孩用的结构女孩不能用。

♥ 起名创意

诗歌佳言提取名，锦上添花受赞许。巧用成语见功夫，精妙绝伦意无穷。中国传统文化给我们留下了大量的、优美的诗词、成语、名言，这些不但是我们民族文化的瑰宝，而且是我们起名创意的宝库。巧用诗词、成语、名言起名，不但体现出本人文化素养，又使姓名新颖脱俗、意味深长，而且会给人留下深刻的印象。例如：

海心：出自晚清著名外交家和诗人黄遵宪："寸寸山河寸寸金，侉离分裂力谁任？杜鹃再拜忧天泪，精卫无穷填海心。"2003 年 6 月 29 日，温家宝总理在香港礼宾府出席 CEPA 协议签字仪式后发表演讲，并引用该诗祝愿香港。

知政：出自汉代政论家王充著作《论衡》："知屋漏者在宇下，知政失者在草野。"2004年3月4日，温家宝总理在看望政协经济界、农业界委员时，引用过这句话，阐述其治政思想。

其高：出自《管子·形势解》："海不辞水，故能成其大；山不辞土石，故能成其高。"2004年3月14日十届全国人大二次会议，温家宝总理引用这两句古语，为中国特色社会主义发展作了形象注解。

朝闻：出自《论语》："朝闻道，夕死可矣！"

三立：出自《左传·襄公二十四年》："大上有立德，再次有立功，其次有立言，虽久不衰，此之谓不朽。"

经国：出自《典论·论文》："盖文章者，经国之大业，不朽之盛事。"

学思：出自《论语》："学而不思则罔，思而不学则殆。"

省吾：出自《询子·劝学篇》："吾日三省吾身。"

致君：出自诗句："致君尧舜上。"

浩然：出自《孟子》："我善养吾浩然之气。"

至清：出自古诗歌："水至清而无鱼，人至察则无徒。"

思行：出自《论语·公冶长》："季文子三思而后行。"

春晖：出自唐代孟郊《游子吟》："谁言寸草心，报得三春晖。"

温如：出自"君子之亲温如人。"

彦今：出自《诗经·郑风》："彼其之子，邦其彦今。"

乔木：出自《诗经·伐木》："出自幽谷，迁于乔木。"

积善：出自王永彬《围炉夜话》："积善之家必有馀庆，积不善之家必有馀殃。"

志行：出自《周易·豫》："刚应而志行，顺以动。"

习之：出自《论语·学而》："学而时习之，不亦说乎？"

子规：出自唐·杜甫《子规》："两边山木合，终日子规啼。"

子都：出自《孟子·告子上》："至于子都，天下莫不知其姣也"

丰衍：出自《后汉书·任延传》："谷稼丰衍。"

明哲：出自《尚书·说命上》："知之曰明哲。"

逊志：出自《尚书·说命下》："惟学逊志，务时敏，厥修乃来。"

三秋：出自《诗经·王风·采葛》："一日不见如三秋兮。"

心远：出自晋·陶渊明的《饮酒·结庐在人境》："结庐在人境，而无车马喧；问君何能尔，心远地自偏。"

从善：出自唐·吴兢《贞观政要·教戒太子诸王》："从善则有誉，改过则无咎。"

勇智：出自宋·苏轼"大勇若怯，大智若愚。"

独悟：出自《王文公集·拟寒山拾得》："独悟自根本，不从他处起。"

省非：出自"广积不如教子，避祸不如省非。"

拂心：出自《菜根谭》："耳中常闻逆耳之言，心中常有拂心之事，才是进德修行的砥石。"

自明：出自《菜根潭》："水不波则自定，鉴不翳则自明。"

克明：出自《尚书·伊训》："居上克明，为下克忠。"

善志：出自《淮南子·主术训》："人无善志，虽勇必伤。"

泽积：出自"山积而高，泽积而长。"

介然：出自《荀子·修身》："善在身，介然，必以自好也。"

素诚：出自晋·鲍照《拟古八首》："石以坚为性，君勿轻素诚。"

己正：出自汉·杨雄《法言·修身》："天下有三好：众人好己从，贤人好己正，圣人好己师。"

惟静：出自唐·姚崇《口箴》："惟静惟默，澄神之极。"

欣德：出自陶渊明："伊余怀人，欣德孜孜。"

新雨：出自"草色新雨中，松事晚窗里，及兹契幽绝，自足荡心耳。"

达人：出自《菜根谭》："达人观物外之物，思身后之身。"

鸿飞：出自杜甫："鸿飞冥冥日月白，青枫叶赤天雨霜。"

天旭：出自东晋·陶渊明"欢来苦夕短，已复至天旭"

真淳：出自金·元好问《论诗三十首》："一语天然万古新，豪华落尽见真淳。"

韶华：出自宋·秦观："韶华不为少年留，恨悠悠，几时休！"

守逸：出自《菜根谭》："栖恬守逸之味，最淡亦最长。"

容众：出自《韩诗外传》："君子尊贤而容众，喜善而矜不能。"

宁恬：出自清·王豫《蕉窗日记》："宁直毋媚，宁介毋通，宁恬毋竞。"

克己：出自清·陈确《陈确集·别集·不乱说》："求仁之方，无过克己。"

至哲：出自清·刘嗣绾《贻友人书》："人即至哲，必不能掩己之短，以兼人人之长。"

尚行：出自《渔樵对问》："尚行，则笃实之风行焉。"

志齐：出自《韩诗外传》："思齐则成，志齐则盈。"

忠信：出自《论语·卫灵公》："言忠信，行笃敬。"

清容：出自《菜根谭》："清能有容，仁能善断，明不伤察，直不过娇，是谓蜜饯不甜，海味不咸，才是懿德。"

斯远：出自明·王永彬《围炉夜话》："品超斯远，云飞而不碍空。"

介福：出自《诗经·小雅·信南山》："报以介福，万寿无疆。"

辉光：出自《周易·大畜》："辉光日新其德。"

至道：出自《礼记·学记》："虽有至道，弗学，不知其善也。"

弘毅：出自《论语》："士不可以不弘毅，任重而道远，仁以为己任，不亦重乎?"

思诚：出自《孟子·离娄上》："是故诚者，天之道也；思诚者，人之道也。"

志清：出自《顾子》："登高使人意遐，临深使人志清。"

敬守：出自《管子·内业》："敬守勿失，是谓成德，德成而智出。"

蒙正：出自《周易·蒙》："蒙以养正。"

凯风：出自《诗经》："凯风自南，吹彼棘心。"

宇泰：出自《庄子·庚桑楚》："宇泰定者，发乎天光。"

知闲：出自《庄子·齐物论》："大知闲闲，小知间间。"

诗雪：出自宋·卢梅坡："有梅无雪不精神，有雪无诗俗了人。"

素月：出自东晋·陶渊明："白日沦西河，素月出东岭。"

莹静：出自宋·晁礼："莹无尘，素娥淡伫，静可数，丹桂参差。"

敬之：出自《孟子·离娄下》："爱人者人恒爱之，敬人者人恒敬之。"

清冰：出自唐·白居易："火不热真玉，蝇不点清冰。"

定波：出自唐·聂夷中："白日无定影，清江无定波。"

常勤：出自清·翟灏《通俗偏·地理》："汝寻常勤精进，譬如水小长流，则能穿石。"

毅然：出自《朱舜水集》："毅然特立，有为之土也。"

思睿：出自《近思录·致知》："思曰睿，思虑之后，睿自然生。"

志逸：出自东晋·陶渊明："猛志逸四海，骞翮思远翥。"

若飞：出自《木兰诗》："关山度若飞。"

修远：出自战国·楚·屈原："路漫漫其修远兮，吾将上下而求索。"

卓心：出自明·王永彬《围炉夜话》："一室闲居，必常怀振卓心，才有生气。"

远闻：出自唐·孟郊："离怀无近趣，清抱多远闻。"

诚明：出自古语："自诚明，谓之性；自明读，谓之教。"

恨水：出自《乌夜啼》："自是人生长恨水长东。"

秋鸿：出自苏轼诗："人似秋鸿来有信。"

知涯：出自《庄子》："吾生也有涯，而知也无涯。"

尽美：出自"尽美矣，也尽善也。"

思齐：出自"见贤思齐，见不贤其内省。"

闲云：出自唐·王勃："闲云潭影日悠悠，物换星移几度秋。"

雁飞：出自诗词"坐对高楼千万山，雁飞秋色满阑干。"

梦远：出自宋·李煜："闲梦远，南国正清秋。"

桐叶：出自"千里稻花应秀色，五更桐叶最佳音。"

流泉：出自明·袁中道："流泉得月光，化为一溪雪。"

江花：出自唐·白居易："日出江花红胜火，春来江水绿如蓝。"

荷露：出自唐·白居易："草莹有耀终非火，荷露虽圆岂是珠。"

水静：出自《全唐诗》："水静鱼吹浪，枝闲鸟下空。"

万道光：金光万道，灿烂辉煌。巧用姓氏展开描绘。

马识途：出自"老马识途"，比喻经验丰富。

叶知秋：出自"一叶知秋"，比喻以小见大，由现象见本质。

马行空：出自"天马行空"。

万斯年：出自"亿万斯年"，借成语之意以抒情，表达千秋万代永远铭记的心迹。

程万里：出自"鹏程万里"。

任唯才：出自"唯才是举"。

成于思：出自"行成于思"。

石惊天：出自"石破天惊"。

钱未闻：出自"前所未闻"。

戴星月：出自"披星戴月"。

高建瓴：出自"高屋建瓴"。

于得水：出自"如鱼得水"。

方未然：出自"防患于未然"。

易了然：出自"一目了然"。

黄腾达：出自"飞黄腾达"。

安思危：出自"居安思危"。

沈力行：出自"身体力行"。

茅顿开：出自"茅塞顿开"。

冯甘霖：出自"久旱逢甘霖"。

韦三绝：出自"韦编三绝"。

金玉良：出自"金玉良言"。

邢成思：出自"行成于思"。

郑光明：出自"正大光明"。

安自在：出自"安闲自在"。

屈不挠：出自"不屈不挠"。

金玉堂：出自"金马玉堂"。

荣昌盛：出自"繁荣昌盛"。

林玉树：出自"琼林玉树"。

安如常：出自"安适如常"。

文如人：出自"文如其人"。

盛太平：出自"太平盛世"。

江岸花：出自"柳岸花明"，让人联想到陆游的著名诗句："山重水复疑无路，柳暗花明又一村。"

翟从善：出自《论语·述而》："三人行，必有我师焉，择其善者而从之，其不善者而改之。"

朱明丽：出自王永彬《围炉夜话》："观朱霞悟其明丽，观白云悟其卷舒。"

林兰芷：出自"兰芷满汀洲，游丝横路。"

常思奋：出自爱国名言："常思奋不顾身，而殉国家之急——司马迁"。

前锋：出自爱国名言："祖国如有难，汝应作前锋——陈毅"。

书善：出自名言："书犹药也，善读之可以医愚——刘向"。

致远：出自名言："非淡泊无以明志，非宁静无以致远——诸葛亮"。

明艳：出自名言："成功之花，人们往往惊羡它现时的明艳，然而当初，它的芽儿却浸透了奋斗的泪泉，洒满了牺牲的血雨——冰心"。

择善：出自名言："择善人而交，择善书而读，择善言而听，择善行而从。"

♥ 选择吉日公布名字

预选了几个可用的名字之后，谁来决定用哪一个名字呢？我们的经验是：身强的孩子由父亲或爷爷或外祖父决定；身弱的孩子由母亲或奶奶或外祖母决定。

"身强"与"身弱"是指孩子的生辰八字中的日主即日干强弱而言，判断日主强弱是"八字学"中较复杂的技术，具体情况可参

考《起名技巧大全》与《周易与人生策划》。

确定了名字后，要选吉日来公布这个名字，告知亲朋好友，并叫新名字三声便可。

孩子生辰八字的用神为"土"，天干"戊"日、"己"日为吉日；地支"辰、戌、丑、未"日为吉日。

孩子生辰八字的用神为"金"，天干"庚"日、"辛"日为吉日；地支"酉、申、戌"日为吉日。

孩子生辰八字的用神为"水"，天干"壬"日、"癸"日为吉日；地支"子、亥"日为吉日。

孩子生辰八字的用神为"木"，天干"甲"日、"乙"日为吉日；地支"寅、卯"日为吉日。

孩子生辰八字的用神为"火"，天干"丙"日、"丁"日为吉日；地支"巳、午"日为吉日。

上述吉日再与"建除十二星"择日法结合起来更佳。建除十二星择日，又称董公择日，一般的日历本上都有详细记载，民间的择日比较重视，也很常用，我们也可以参考，十二星的顺序是：建、除、满、平、定、执、破、危、成、收、开、闭，共12星，从各月的节气（立春、惊蛰、清明、立夏、芒种、小暑、立秋、白露、寒露、立冬、小雪、小寒）日之后临月建日数起，除日、定日、开日、成日、执日为黄道吉日，其他为黑道凶日。但凡岁破、月破之日不用，凡日破之时不用，凡冲孩子生肖之日、时不用。不过，并不是黄道则吉，黑道则凶，"黑中'平'无碍，黄中'危'不强"，黄黑道各有所指，不同的事情要看不同的值日星。如拆屋要用破日，结婚宜用成日，开张宜用开日，放生宜用除日，公布名字用黄道吉日中的哪一天要考虑孩子的用神才能决定，要灵活变通。

起名实例篇

王姓吉祥姓名例一：王译曼

客户资料	父亲姓名	王先生	被改名人性别	女	出生地	云南曲靖
	母亲姓名	程女士	被起名人出生时间	阳历		2010年2月14日下午3时6分
	起名要求			阴历		

宝宝出生时间对应的生辰五行为：	庚	戊	乙	癸/甲
	寅	寅	未	未/申

代表本人先天日元五行乙木生于寅木之月，得时令五行木之力，日元乙木得年支寅木之根，所以日元乙木相对旺盛。不管是未时出生还是申时出生，先天五行都缺火，根据《周易》平衡原理，女性以日元五行平衡为佳，八字五行缺火不利，所以起名补火对宝宝的健康、学业、事业、家庭更加有利。

```
        +1
            } 5 天格土吉
   王   4
            } 24 天格火吉
   译  20
            } 31 地格木吉
   曼  11

        35 总格土吉
      4 —— 20 —— 21
      王    馨    晨
```

以上两名数理吉祥，符合宝宝的生辰五行，其中"晨、曼"字形字意补火，有利于其今后的发展。以上各名符合 NIS 命名法则，音、形、意配合得当，按照普通话讲，没有不吉不雅的谐音谐意，请任意选取。译曼：暗示内涵丰富，人生美好，家庭幸福。馨晨："晨"指早晨，温馨的早晨，暗示心情舒畅，吉祥如意，万事顺心。

姓名的人格及总格对人一生的诱导暗示作用如下：

24 数理暗示：锦绣前程，能奏大功，白手起家，财源广进。

35 数理暗示：温和平静，学智兼具，文昌技艺，成就非凡。

家长最后选中：王译曼

王姓吉祥姓名例二：王清蕾

客户资料	父亲姓名	王先生	被改名人性别	女	出生地	河北省
	母亲姓名	戴女士	被改名人生时间	阳历		
	起名要求	改名		阴历	1999 年 12 月 7 日上午 10 时 45 分

贵女的出生时间对应的生辰五行：

己	丁	庚	辛
卯	丑	午	巳

其中包括 3 火、2 金、0 水、2 土、1 木，代表本人先天日元五行庚金生于丑土之月，不得时令五行土之力，日元庚金得 1 金帮助，得 2 土生之，所以日元庚金相对平衡，根据《周易》平衡原理，女性以日元五行平衡为佳，五行缺水不利，起名补水形成完整的五行系统对贵女的成长及今后发展更加有利。

```
              +1
              ┐
      王   4  ├ 5 天格土吉
              ┤
      紫  12  ├ 16 人格土吉
              ┤
      滢  19  ┘ 31 地格木吉
      ─────────────
      35 总格土吉
      4 ——— 12 ——— 19
      王     清     蕾
```

以上两名数理吉祥，符合贵女的生辰五行，其中"滢、清"字形字意补水，有利于其今后的发展。以上各名符合 NIS 命名法则，音、形、意配合得当，按照普通话讲，没有不吉不雅的谐音谐意，请任意选取。紫滢：暗示紫气东来，吉祥如意。清蕾："清"指高尚、高雅，"蕾"指花蕾，品格高尚，像一朵刚刚绽放的花儿，充满希望。

姓名的人格及总格对人一生的诱导暗示作用如下：

16 数理暗示：厚重载德，安富尊荣，财官双美，功成名就。

35 数理暗示：温和平静，学智兼具，文昌技艺，成就非凡。

家长最后选中：王清蕾

王姓吉祥姓名例三：王品洁

客户资料	父亲姓名	王先生	性别	女	出生地		广东省
	母亲姓名	刘女士	出生时间	阳历		2010 年 4 月 24 日上午 9 时 46 分	
	起名要求	宝宝起名		阴历			

宝宝的出生时间对应的生辰五行：	庚	庚	甲	己
	寅	辰	辰	巳

其中包括 1 火、2 金、0 水、3 土、2 木，代表本人先天日元五行甲木生于辰土之月，不得时令五行土之力，日元甲木得 1 寅木帮助，所以日元甲木相对弱，根据《周易》平衡原理，女性以日元五行平衡为佳，五行缺水不利，所以起名补水对宝宝今后的事业、家庭、健康及发展更加有利。

```
        +1                        +1
王  4  ┐                  王  4  ┐
       ├ 5 天格土吉              ├ 5 天格土吉
紫 12  ┤                  品  9  ┤
       ├ 16 人格土吉             ├ 13 人格火吉
渲 13  ┤                  洁 16  ┤
       ├ 25 地格土吉             ├ 25 地格土吉
    29 总格水吉               29 总格水吉
```

以上两名数理吉祥，符合宝宝的生辰五行，其中"渲、洁"字形字意补水，数理 29 五行强水，有利于其今后的发展。各名符合 NIS 命名法则，音、形、意配合得当，按照普通话讲，没有不吉不雅的谐音谐意，请任意选取。紫渲："紫"紫色，紫气东来，象征吉祥之意，"渲"渲染，引申为有感染力，能够带动气氛，组织能力强。品洁："洁"廉洁，暗示品德高尚，受人敬重。姓名的人格及总格对人一生的诱导暗示作用如下：

13 数理暗示：才艺多能，智谋奇略，忍柔处事，必获大功。

16 数理暗示：厚德载物，安富尊荣，财官双美，功成名就。

29 数理暗示：智谋奇略，财利俱备，名闻海内，成就大业。

家长最后选中：王品洁

王姓吉祥姓名例四：王炬谋

客户资料	父亲姓名	王先生	性别	男	出生地	内蒙古自治区
	母亲姓名	孙女士	出生时间	阳历	2010 年 2 月 8 日 15 时 34 分	
	起名要求	宝宝起名		阴历	2009 年 12 月 25 日 15 时 34 分	

宝宝的出生时间对应的生辰五行：	庚	戊	己	壬
	寅	寅	丑	申

其中包括 3 土、1 水、0 火、2 木、2 金，代表本人先天日元己土生于寅木之月，不得时令五行木之力，日元己土很弱，根据《周易》平衡原理，男性以日元五行平衡或旺盛为佳，五行缺火不利，所以起名补火对宝宝今后的健康、事业、财运更加有利。

```
      +1 ⎫
   王  4  ⎬  5 天格土吉
         ⎭
   炬  9  ⎫  13 人格火吉
         ⎬
   谋  16 ⎭  25 地格土吉
   ─────────────
      29 总格水吉
```

```
      +1 ⎫
   王  4  ⎬  5 天格土吉
         ⎭
   则  9  ⎫  13 人格火吉
         ⎬
   烨  16 ⎭  25 地格土吉
   ─────────────
      29 总格水吉
```

以上两名数理吉祥，符合宝宝的生辰五行，其中"炬、烨"字形字意补火，数理 13 五行强火，有利于其今后的发展。以上各名符合 NIS 命名法则，音、形、意配合得当，按照普通话讲，没有不吉不雅的谐音谐意，请任意选取。炬谋："炬"火炬，象征团结奋进，有光明的未来，"谋"计策、谋略，暗示人智谋超群，做事有谋略。则烨："则"效法，"烨"火光、日光、光辉灿烂，暗示学识渊博，让众人去效法自己，学习自己。

姓名的人格及总格对人一生的诱导暗示作用如下：

13 数理暗示：才艺多能，智谋奇略，忍柔处事，必获大功。

29 数理暗示：智谋优异，财力归集，名闻四海，成就大业。

家长最后选中：王炬谋

王姓吉祥姓名例五：王思睿

客户资料	父亲姓名	王先生	性别	男	出生地	吉林长春市
	母亲姓名	肖女士	出生时间	阳历		
	起名要求	宝宝起名	阴历	2009 年 11 月 9 日下午 3 时 48 分		

宝宝的出生时间对应的生辰八字：	己	丙	癸	庚
	丑	子	卯	申

其中包括 2 土、2 水、1 火、1 木、2 金，代表本人先天日元五行癸水生于子水之月，得时令五行水之力，日元癸水得 2 金生之，得 1 子水帮助，所以日元癸水旺盛，根据《周易》平衡原理，男性以日元五行平衡或旺盛为佳，五行齐全，所以起名数理吉祥对宝宝今后的发展更加有利。

```
        +1 ┐
           ├ 5 天格土吉
    王  4 ┘
           ├ 13 人格火吉
    思  9 ┐
           ├ 25 地格土吉
    睿 16 ┘
    ─────────
    29 总格水吉
```

```
        +1 ┐
           ├ 5 天格土吉
    王  4 ┘
           ├ 25 人格土吉
    艺 21 ┐
           ├ 37 地格金吉
    达 16 ┘
    ─────────
    41 总格木吉
```

以上两名数理吉祥，符合宝宝的生辰五行，有利于其今后的发展。符合 NIS 命名法则，音、形、意配合得当，按照普通话讲，没有不吉不雅的谐音谐意，请任意选取。思睿：暗示思维敏捷，聪明睿智，才能突出。艺达：暗示技艺高超，有才能，能够飞黄腾达。

姓名的人格及总格对人一生的诱导暗示作用如下：

13 数理暗示：才艺多能，智谋奇略，忍柔处事，必获大功。

25 数理暗示：资性灵敏，才能奇特，诚信和气，自成大业。

29 数理暗示：智谋奇略，财利俱备，名闻海内，成就大业。

41 数理暗示：天赐吉运，和顺畅达，德高望重，博得名利。

家长最后选中：王思睿

王姓吉祥姓名例六：王瀚唯

客户资料	父亲姓名	王先生	性别	男	出生地	四川成都市
	母亲姓名	刘女士	出生时间	阳历		
	要求	宝宝起名		阴历	2010 年 9 月初 2 下午 18 时 30 分	

宝宝的出生时间对应的生辰五行：	庚	丙	壬	己
	寅	戌	辰	酉

其中包括 3 土、1 水、1 火、1 木、2 金，代表本人先天日元五行壬水生于戌土之月，不得时令五行土之力，日元壬水得 2 金生之，所以日元壬水相对平衡，根据《周易》平衡原理，男性以日元五行平衡或旺盛为佳，五行齐全，起名强金或水对本人今后健康、学业、事业、财富的发展更加有利。

```
        +1 ⎫
           ⎬ 5 天格土吉
    王   4 ⎫
           ⎬ 25 人格土吉
    鹤  21 ⎫
           ⎬ 37 地格金吉
    澎  16 ⎭
    ──────────
    41 总格土吉
```

```
        +1 ⎫
           ⎬ 5 天格土吉
    王   4 ⎫
           ⎬ 24 人格火吉
    瀚  20 ⎫
           ⎬ 31 地格土吉
    唯  11 ⎭
    ──────────
    35 总格土吉
```

以上两名数理吉祥，符合宝宝的生辰五行，"澎、瀚"字形字意补水，数理 37 五行强金，有利于其今后的发展。符合 NIS 命名法则，音、形、意配合得当，按照普通话讲，没有不吉不雅的谐音谐意，请任意选取。鹤澎：鹤，指长寿，澎，引申意为有成就，暗示健康长寿，事业有成。瀚唯：瀚（hàn）广大，暗示学问广，有作为。

姓名的人格及总格对人一生的诱导暗示作用如下：

24 数理暗示：锦绣前程，能奏大功，白手起家，财源广进。

25 数理暗示：资性英敏，才能奇特，讲信和睦，自成大业。

35 数理暗示：温和平静，学智兼具，文昌技艺，成就非凡。

41 数理暗示：天赐吉运，和顺畅达，德高望重，博得名利。

家长最后选中：王瀚唯

王姓吉祥姓名例七：王奕为

客户资料	父亲姓名	王先生	性别	男	出生地	浙江宁波市
	母亲姓名	贺女士	出生时间	阳历		2005 年 7 月 4 日 15 时 38 分
	起名要求			阴历		

宝宝的出生时间对应的生辰五行：	乙	壬	己	壬
	酉	午	丑	申

其中包括 1 木、2 土、2 金、2 水、1 火，代表本人先天日元五行己土生于午火之月，得时令五行火之力，日元己土得 1 丑土帮助，日元己土得 1 午火生之，所以日元己土相对旺盛，根据《周易》平衡原理，男性以日元五行平衡或旺盛为佳，所以起名数理吉祥则为最佳之名。

```
        +1 ┐                          +1 ┐
           ├ 5 天格土吉                   ├ 5 天格土吉
    王  4  ┘                     王  4  ┘
           ┐                          ┐
           ├ 16 人格土吉                  ├ 13 人格火吉
    荃 12  ┘                     奕  9  ┘
           ┐                          ┐
           ├ 29 地格水吉                  ├ 21 地格木吉
    优 17  ┘                     为 12  ┘

      33 总格火吉                     25 总格土吉
```

以上两名数理吉祥，符合宝宝的生辰五行，有利于其今后的发展。以上各名符合 NIS 命名法则，音、形、意配合得当，没有不吉不雅的谐音谐意，请任意选取。荃优：所有成绩都优秀，有远大的目标，为自己的目标而不懈努力。奕为：神采奕奕，年轻有为。

姓名的人格及总格对人一生的诱导暗示作用如下：

13 数理暗示：才艺多能，智谋奇略，忍柔处事，必获大功。

16 数理暗示：厚重载德，安富尊荣，财官双美，功成名就。

25 数理暗示：资性英敏，才能奇特，讲信和睦，自成大业。

33 数理暗示：旭是东升，鸾凤相会，才德双全，家门昌隆。

家长最后选中：王奕为

王姓吉祥姓名例八：王馨荷

客户资料	父亲姓名	王先生	性别	女	出生地	重庆市
	母亲姓名	略	出生时间	阳历	2008 年 10 月 18 日下午 5 时 35 分	
	起名要求	改名		阴历	2008 年 9 月 20 日下午 5 时 35 分	

宝宝的出生时间对应的生辰五行：	戊	壬	辛	丁
	子	戌	卯	酉

其中包括 1 火、2 金、2 水、2 土、1 木，五行齐全，代表本人先天日元五行辛金生于戌土之月，不得时令五行土之力，日元辛金得 1 金帮助，得 2 土生之，所以日元辛金相对平衡，根据《周易》平衡原理，五行齐全，女性以日元五行平衡为佳，所以起名数理吉祥则为最佳之名。

```
        +1                              +1
                5 天格土吉                       5 天格土吉
     王   4                         王   4
                25 人格土吉                      24 人格火吉
     艺  21                         馨  20
                37 地格金吉                      31 地格木吉
     璇  16                         荷  11
     ──────────                     ──────────
       41 总格木吉                      35 总格土吉
```

以上两名数理吉祥，符合宝宝的生辰五行，有利于其今后的发展。以上各名符合 NIS 命名法则，音、形、意配合得当，按照普通话讲，没有不吉不雅的谐音谐意，请任意选取。艺璇："艺"艺术、才艺，"璇"美玉，暗示技艺精湛，努力就有收获。馨荷：温柔善良，聪慧贤淑，是一位敢于创新实现梦想的人。

姓名的人格及总格对人一生的诱导暗示作用如下：

24 数理暗示：锦绣前程，能奏大功，白手起家，财源广进。

25 数理暗示：资性英敏，才能奇特，讲信和睦，自成大业。

35 数理暗示：温和平静，学智兼具，文昌技艺，成就非凡。

41 数理暗示：天赐吉运，和顺畅达，德高望重，博得名利。

家长最后选中：王馨荷

风 俗 篇

♥ 辈字入名

　　用表示排行的辈分字起名是中国历史上影响巨大、范围广泛、时间久远的民俗，上从皇室家族，下至黎民百姓，甚至和尚道士都有此讲究。按照辈谱取名，一辈一字，世代分明地传承下去，不致紊乱。表示父辈、子辈、孙辈等世代辈分的辈谱字，是各家族的先辈在生前就为其后几代甚至几十代人规定好的取名规范用字，起名时加上表示辈分的字就行了。采用辈分字所起的名字又称为"谱名"。同一家族的成员如果姓名中含有相同的辈分字，则必定是同辈人。

　　排辈字入名，又叫谱名。宋以后，尤其明清，辈分字命名法最盛行。至今，从农村族谱中可看出这一现象。

　　辈字，又称昭穆、字派、行派、派序，用来表明同宗家族世系血缘关系以及远近。家谱中的辈字对于理顺整个家族或家庭的血缘关系，具有十分奇妙的无可替代的作用。同一家族的人，只要知道到对方的名字，就清楚对方和自己的关系。

　　辈分字起名法萌芽于汉朝末期，形成于南北朝时代，唐朝以后就逐渐盛行起来。汉末刘表有二个儿子，分别叫刘琦和刘琮，兄弟二人的名字都以"玉"字为偏旁，体现了两者的统一性。这是中国早期的带有辈分特征的名字。在南北朝时代，一些帝王家族普遍使用辈分字起名，如：宋武帝刘裕有七个儿子，名字分别是义符、义隆、义真、义康、义恭、义宣、义季，把"义"字作为共用字，表示辈分；梁武帝有八个儿子，名字分别是续、综、统、纲、绩、纶、绎、纪，都含有偏旁"纟"。到宋朝，制订辈分字习俗已成为制度，此时，辈分字不再是由父辈临时为儿辈确定，而是规范了家

族辈分字，即由家族统一为后来的世世代代规定好辈分字，当家族的一代新生儿出世后，就对号入座按照规定的辈分字起名。如宋太祖赵匡胤为家族后人规定了十三代辈分字：德、惟、从、世、令、子、伯、师、希、与、孟、由、宜，也就是说，赵匡胤儿子辈的姓名中必须含有"德"字，孙子辈的姓名中必须含有"惟"字，依次类推。赵匡胤的用意是从他这一代人开始，以"匡"为辈，加上上面的 13 个辈分字，恰好是一幅字辈对联：

匡德惟从世令子

伯师希与孟由宜

可见，字辈谱并非随意编写的，它们或由一首诗组成，或是一句含义深刻的话，或是一副对仗工巧的对联，每个字代表一代人，表达了一个家族或家庭的理念，以寄托先祖对本家族的愿望。字辈谱最完整、最有代表性的就是被历代帝王奉为"圣人"的孔子家族。孔子后代的字辈谱是中国历史上辈分延续时间最长、包罗内容最丰富的字谱，以一首五言诗表述如下：

希言公彦承，宏闻贞尚衍。

兴毓传继广，昭先庆繁祥。

令德雏垂佑，钦绍念显扬。

建道敦安定，懋修肇益常，

裕文焕景瑞，永锡世绪昌。

宋太祖赵匡胤首先给孔子后代钦赐辈字："希言公彦承，宏闻贞尚衍"。明代万历神宗朱翊钧钦赐"兴毓传继广，昭先庆繁祥"这十代辈字。清朝咸丰皇帝钦赐"令德雏垂佑，钦绍念显扬"。1774 年，乾隆皇帝非常尊敬孔子，又给孔子后裔重赐了从 66 代到 85 代的三十字辈：希言公彦承，宏闻贞尚衍。兴毓传继广，昭先庆繁祥。令德雏垂佑，钦绍念显扬。1920 年，孔子的第 76 代人孔令贻又在这三十个字后续修了二十个辈字，并经北洋军阀政府内务部加盖印章批准遵照执行：建道敦安定，懋修肇益常，裕文焕景瑞，永锡世绪昌。

根据以上排列辈分，如果我们看到孔子的后裔的姓名中间的字，就可推算出其辈分。如全国政协委员中有孔祥祯、孔令明、孔德懋，看其族谱辈字就可以知道前 2 人是孔子的 75、76 代孙，后一人是孔子 77 代孙。

清王朝从康熙皇帝开始皇室成员采用辈谱字取名。清朝皇室成员姓氏都是"爱新觉罗"，在满语里，"爱新"是"金"的意思。满族人入主中原建立清朝后，他们的姓氏并没有改，但名字起的全是汉名。比如康熙皇帝的姓名：爱新觉罗·玄烨，玄烨就是他的名字，"玄烨"在汉语里是非常宏大光辉的意思。康熙皇帝开始按字辈命名，不仅规定了必用字，而且规定了第二字的偏旁，雍正皇帝是康熙的第四子，起名叫胤禛。雍正这辈兄弟的第一字皆用"胤"字，第二字必须是带"示"旁的字，如胤禛、胤祺、胤祯等。乾隆皇帝起名叫弘历，乾隆这辈兄弟的第一字皆用"弘"字，第二字必须用"日"旁的汉字。乾隆规定在"弘"辈以下选用"永、绵、奕、载"四字作为取名辈字。道光皇帝的名字为旻宁，道光又在"载"之后亲定"溥、毓、恒、启"四代辈字。咸丰皇帝又在"启"字辈下补充"焘、屺、增、祺"四字为辈字。因此，清朝皇室从雍正辈起，取名用字的顺序是：胤、弘、永、绵、奕、载、溥、毓、恒、启、焘、增、祺。到了末代皇帝溥仪的"溥"字辈，清王朝就被推翻了，爱新觉罗氏以后取名有的还使用这些辈字。

以辈字起名，有的家族把辈分字放在姓名中间，也有的把辈分字放在姓名的最后；还有的家族上代辈字在前，下代辈字在后，再下代人起名又把辈字放前。如某家族"万"字辈下是"民"字辈，万字辈的人起名：万明、万全、万方等；民字辈的人起名：维民、海民、兴民等。还有的一代双名，一代单名，单名以偏旁相连，循环反复，延续下去。

我们介绍当代中国各地王姓的辈字。

湖北麻城县孝感乡王氏辈字：茂维应玉棋，少国正天心。元良明志体，世泽向朝庭。学道登荣誉，序行上智真。厚忠怀恒义，务本见宗珍。谐后恩光永，叙臣化测（册）宏。邦家开端运，支（之）礼启金伦。莫典连清近，文章显兴林。自佑昭庸育，常守纪纲闵。侯诚厉度据，定新美凡岑。传依隆历代，曾祖好扬名。

义乌南陵王氏十六世至七十六世辈字："宣、振、常、充、仁、

风　俗　篇

义、礼、让、文、行、忠、信、善、积、庆、远、学、勤、业、隆、晋、萃、理、贯、通、乾、坤、道、圆、净、爱、竹、风、节、高、植、槐、枝、秀、挺、芝、兰、生、庭、阶、裘、图、争、辉、映、地、久、并、天、长、似、续、斯、与、并。"

安徽绩溪王氏辈字："玉、大、元、祥、兆、安、邦、维、义、诚、宏、开、能、绍、业、积、德、庆、长、春、俊、杰、辉、光、显、家、声、永、茂、庭、骅、骝、驹、骥、马、骕、龙、凤、鹿、孝、麒、麟、卜、吉、谦、恒、益、希、贤、智、勇、仁、俭、勤、忠、信、让、均、正、适、时、平。"

润州王氏字辈："洪、勋、振、立、世、德、克、昌、绍、承、先、志、永、锡、嘉、祥。"

江山市凤林王氏辈字："创、业、凤、林、勋、绩、立、敬、存、诚、著、贤、声、文、章、华、国、妥、先、灵、忠、孝、世、家、启、后、人、乌、邑、发、祥、绵、世、泽、凤、林、创、业、振、家、声。"

楚伪王氏善庆堂辈字："礼、乐、修、明、定、湘、南、泰、运、开、傅、家、徵、世、泽、光、国、蔚、人、才、道、立、英、贤、作、心、恒、孝、友、培、熙、朝、荣、俊、彦、宝、树、植、庭、槐。"

王氏太原堂辈字："自绍玉昆诚，经纬雄才具，安邦定国荣，文光昭盛治，懿瑞振家声，敦本前谟显，修伦世道平，休仁知绪永，敏学兴时行，以上培原裕，方来受命旌。"

宁乡鸟石王氏辈字："文运人才盛，奎光斗汉莹，葆衷恢世泽，作善振芳声，植树先知贵，魁英实得名，绪从忠厚衍，瑞应集簪缨。"

湖南益阳王氏辈字："先善友至子，仕仲孟文廷，万生永以用，秉德信元平，仁崇礼可育，中正本和心，器宇辉星汉，词章耀锦城，科名光世泽，禄位定均申。"旧序："鼎范铭功远，诗书启俊英，家声传益盛，前武克相承。"

王氏太原堂七大房辈字："礼、乐、修、明、定、湘、南、泰、运、开、今、逢、清、鼎、位、代、毓、国、家、材、世、际、

147

人、文、起、源、从、晋、祚、来、子、孙、发、千、亿、贤、仕、策、金、台。"

王氏文德堂辈字，二房车礁旧序："宗派始均千郎宝邦继焉文允廷光政用世万兴天丹懋崇宏大思昭甲第联"；二房鸭头旧序："宗派始均千郎宝统继天德万承雄永志朝明文焉武兴家国盛思昭四第联"；二房西陂滩旧序："宗派始均千郎宝邦继焉文允廷纲政用世万兴天单懋崇宏盛思昭甲第联"；三房马鞍山旧序："钧千万仲福景世新任碧丹泉大国宗先仕荣华家思昭甲第联"；四房旧序："宗派始均千郎宝邦继焉文允廷常政用世万兴天丹懋崇宏大思昭四第联"；五房旧序："宗派始均千良榜伯明天贞万单湖广尚兴继承焉念宗祖显达思昭甲第联"；六房旧序："宗派始均千定百季景然仕得文思万世崇兴绍先显继宗行永全昭早第联"；七至八房旧序："宗派始均千郎宝统继天文九廷常政用世万兴天丹懋崇宏大思昭甲第联"；九房旧序："宗派始均千郎宝统继天茂元公伯万允本盛兴明丹懋崇宏大思昭甲第联"；九房七星台旧序："宗派始均千郎宝邦继焉师金彦太古子兴胜崇绵孔孟儒风大思昭甲第联"。

湖南浏阳王氏辈字：凿石支派序——裔荣笃本，先德显扬，绍修世泽，远继廷芳；南华案山支派序——家德泽新，克念显扬，绍修正学，远继廷芳。

湖南长沙王氏辈字："守、元、寅、汝、世、必、斗、翁、崇、友、佐、添、应、子、国、正、学、文、洪、开、式、哲、启、兆、万、年、显、承、谟、烈、忠、厚、傅、家、光、昭、祖、泽、绵、延、永、绍、祥、钟、俊、杰。"

湖南常德王氏字辈：东阳十甲序——成龙致世时，永大钦朝思，言事道心立；东阳二甲序——成龙致世时，詹汝秉曰化，言事道心立。

湖南湘乡牢田王氏辈字原序："添元用义祖承显立铉宗忠孝守仁义安邦定太平世业绍前德诗书裕后昆修齐为国本名教耀芳声。"

湖南安化王氏辈字旧序："派傅先善友子仕仲孟文廷万永以用秉德信元平仁崇礼可育中正本和心益代资祺寿亨佳福庆增"；新序："骥足腾云路鸿章重玉京彝鼎垂功远贤书启俊英令名光世泽禄位自

能申家声傅必盛前武克相绳。"

江西萍乡王氏辈字："文运人才盛奎光斗汉齐青箱延世泽储俊隶金闺。"

太原郡王氏辈字旧名序："文章开国运忠孝大家声孔孟师廼远须知立志求"；旧字序："孙子振大明朝廷公侯聊奕世异端非我愿胜域喜同游"；新名序："冠丹腾霄汉瑶池通贵声玉树共春茂金枝业向荣永传凌云志沧海存赤心宏图必如愿世祖积德成"；新字序："儒林欣勃起理性有根源英才明昌瑞御武欲争先子孙□*君赐礼义织前贤丕达流芳远显耀福长绵恩泽垂青简一统盛相延"。

开闽忠懿王氏辈字："君家蔼吉周，召甫申英贤，济美中孝垂，芳圣世衣冠，文章礼乐德，业绍先渊源。"

王氏三槐堂辈字旧序："文德承家远，诗书训子贤，才名辉楚域，槐绪卜长年"；新序："荣福全宗享，华裕聚广昌，富耀培光大，贵和盛致祥"。

王氏茹古堂辈字："钦、清、树、炳、增、鈜、法、植、熙、均、光、大、名、高、振、超、腾、爵、正、崇。"

王氏绍槐辈字旧名序："文章开国运忠孝大家声"，旧字序："子孙振大明朝廷公侯系奕世"；新名行："高湘欣再起理性有根源玉树连生茂三槐俊秀贤彦才诚宾贵儒士必优先民主新时代和平永乐然"；新字序："世泽垂千载敦伦庆万年克俭承前绪存仁启后延兰桂传进步礼义宽心田丕达流芳远荣显福长绵日月开祥兆星晨曙旭全光辉齐秉现朗曜照上乾"。

《鹤岩王氏谱》中排行辈字如下：

乾坤开泰运，任达广慈彰；仍增百千万，信义衍纲常；庆贵明贤俊，荣华福寿昌；恭忠仁德智，恺悌胜安详；功烈铭彝鼎，洪谟沛远方；贞肇辉崇景，繁禧萃茂良；春秋隆禋祀，肃穆跻冠裳；支派初从紫，渊源起自唐。

明代制定的《鹤岩王氏谱》第26世起所用的辈字为："嘉元为

* 因姓氏古家谱在保存过程中发生自然的损坏，所以家谱中辨不清的辈谱字以"□"形式代替。——编者注

彦士，用显运同扬，祖瑞贻应绍，宗传毓秀芳，正学经邦国，鸿修锡大光，人和思致镁，志道焕文章，燕翼孙谋永，庭槐日月长。"

四川省万县市王氏字辈：相吾青其，玉美兴居，一行仁厚，显耀永立，国政天顺，福禄长征，胜事文名，修家献廷，得利广大，万代昌荣。

四川夹江王氏字辈：

国正成可守，斯启文长梦，方明升大有，贵和锡万春，立志宜希古，为人必合宗，行善多积德，永世复原红。

四川万源市王氏字辈：

建全重学仕，文维应宗知，忠心立大成，国顺永朝廷。

四川遂宁王氏字辈：

德友猷奇，应宏大清，文钟国彦，武毓家英，守正荣锡，怀光启新，一元永秀，万世升恒。

重庆市涪陵东流溪王氏字辈：应玉文朝盛，怀德世泽昌，明伦开景运，国仕永安邦，仁礼最嘉贵，信义必尊崇，树志道昭远，立本惠益茂，和太定延寿，清正光全中，敏学生贤杰，晓武启英雄，继先思显超，守成更新容，育才图高齐，培秀达烈勇，天奉锡良厚，登俊长纯隆，福富恒有余，荣华久常供。

重庆万州云阳县王氏字辈：

任希元显志，文思家正朝，兴崇道学国，泰尊明令孝，连受今荣善，良应余庆相，贤常敬祖宜，年保带舜，瑞衍英丰茂，祥开景像新，通精成玉海，业籍联儒珍，仪凤辉滕汉，芳芝秀遇春，伦曾登大本，晋形耀星辰。

重庆市铜梁县茶叶村王氏字辈：好良灿学文，玉大国正天，心顺官清明，荣华富贵全。世代光宗显，万邦泽沛昌，永德平安定，同增福寿长。

重庆市铜梁县土桥王氏字辈：运启克朝廷，名儒登邦定，国正天开永，鸿仁大义兴。

重庆市铜梁县小林乡庆云村王氏字辈：元明四朝起，中之永正兴，有道登厚德，荣昌大化齐。

重庆奉节三峡王氏字辈：天堂文玉宇太仕，承宗光祖正大明，孝友传家必戴德，永远吉昌兴隆美。

亲子连名

一个家族内不同代的人名中都含有一个共同的字，这就是亲子连名。

旧时对当朝皇帝及其祖先的名字都要避讳，既不能写，又不能叫，万不得已遇到它，都要用另字替代，或是读成别音，这就是"国讳"。比如：司马迁写《史记·宋微子世家》时，开头就这样记："微子开者，殷帝乙之首子而帝纣之庶兄也。"微子的名本来叫启，司马迁把"启"写作"开"的原因，是避讳汉景帝刘启的名。再如中秋节时大家必会想起的美女嫦娥，其名本叫姮娥，因汉文帝名叫刘恒，便避讳成现在的叫法了。受此"国讳"影响，也出现了"家讳"，晚辈不能用长辈的名字。但是"家讳"没有那么严格，古今都有子孙的名字含有爷爷或父亲的名字中的一个字，如周厉王名"胡"，其后周僖王名"胡齐"；周穆王名"满"，到周襄王时，《国语·周语》和《通志·氏族略》记载周襄王的儿子、周顷王之孙的名也叫满，被称为王孙满；中国前任总理李鹏，其子李小鹏；毛泽东的外孙女孔东梅（其母亲是毛泽东长女李敏，父亲是孔从洲将军之子孔令华）和他一样下巴长了一颗痣。1972 年毛泽东看到李敏刚生的孩子照片，给她取名"东梅"，"东"是他名字里的一个字，"梅"又是他的平生最爱的植物。

中国人取名字不讲避讳的例子也很多，东晋书法家王羲之家族就采用父子孙连名方式命名，儿孙们的名字中大都含有"之"字，如五个儿子分别叫王玄之、王凝之、王徽之、王操之、王献之；孙子中有王桢之、王宣之、王静之，曾孙王翼之，直至王羲之的 10世孙王熊之。进一步查证，琅琊（今山东临沂）王氏至少在十代内都有含"之"的人名，根本不讲避讳。不只如此，在魏晋南北朝时期，除了王氏几代共用"之"字入名，当时琅琊的颜氏、范阳的祖氏、东海的徐氏、山东的孔氏、河间的褚氏、陈留的阮氏、南阳的范氏等有名的家族，也都出现了父子名字共用"之"、祖孙名字同用"之"、兄弟名字同用"之"的现象。可见，"之"在名字中特别受青睐，地位高者，权力大者，特别是当时的显贵士人，名字里往往都带一个"之"字，似乎是当时精英人士的标志和荣耀。如为《三国志》作注的南朝宋人裴松之、东晋时著名将领刘牢之、北魏著名道士寇谦之，这些人的名字里都未离开"之"。晋代的皇族对"之"字也情有独钟，如晋宣帝的弟弟、安平献王叫司马孚之，儿子、汝南王叫司马亮之，后代还有司马景之、司马昙之等。

喜欢在名字中用"之"字，成为魏晋时期人名的最大特色，此风气影响到了后世的起名，甚至在今天，效尤者亦多。

"之"字入名，确实寓意深远，兼具文采。但魏晋时期的人为什么钟情于"之"字，王羲之家族"之"字连名是否隐藏着秘密？

原来，魏晋时期名字里反复出现"之"字，竟然是一种暗记，隐藏着一个宗教大秘密。

"之"，在通常情况下，只是一个语助词，有时也作代词、形容词来用。魏晋时期的人在名字中习惯用"之"字，与"五斗米道教"有直接关系。已故的民国学者王瑶、马来西亚籍学者萧遥天等人，也持有这种观点。

"五斗米道教"，又称天师道、正一道（现在重庆缙云山绍龙道观就是"正一道"，红极一时的李一就是这里的道长）、正一盟威之道，是中国道教（奉老子为道教始祖，以《老子五千文》即《道德经》为主要经典，教人奉道悔过，并用符水咒法治病）最早的一个派别，发源地在四川的鹤鸣治（今四川省成都市大邑）。传说，其创始人是西汉开国功臣之一、张良的八世孙张陵（34—156年，东汉顺帝人，又名张道陵）。此教崇拜神仙及方术，开始时通过为人治病的方式传教，因而传播很快。因为起初入教者都需要交纳五斗米作为入教信物，"从受道者，出五斗米"，故俗称"五斗米道"；又一说是那时的道长为人治病，病人痊愈后回家要出五斗米，所以道长也称为"五斗米师"。后来"五斗米道教"具有浓浓的巫术色彩，故又被称为"米巫"。还因为反对朝廷，发动过农民起义，又有人称信徒为"米贼"。

张道陵死后，其子张衡、孙张鲁继承此教，在巴郡、汉中继续传播"五斗米道"。讲习《老子五千文》，除用符咒治病外，还"加施静室，使病者处其中思过"，设"鬼吏"专为病者请祷。祈祷仪式承袭古代关于天官（天帝）赐福，地官（地祇）赦罪，水官（水神）解厄的神话传说，祷告时书写病人姓名及"服罪"文书三份，一份"上之天"，一份"埋之地"，一份"沉之水"，称"三官手书"。

"五斗米道"传至张道陵的孙子张鲁（道号"师君"）时，出现了一个大发展的拐点。张鲁因归降了曹操，被曹操封为镇南将军、阆中侯，其五个儿子也都被封侯。为了搞定张鲁，曹操还与张鲁结为亲家。因为这层原因，"五斗米道"在这一时期得到了极大的发展，盛行于民间。再后来，经过南朝宋国道士陆修静、北朝魏国道士寇谦之等人的改良，把有违封建礼制、反映下层民众呼声的内容删改了，增添了儒家伦理纲常的成分，"五斗米道教"这一起初为社会低下层信仰的民间宗教团体，变成了符合封建统治者需要的士族宗教，到东晋时已成为第一大教。

陆修静（406—477 年），字元德，号简寂。吴兴东迁（今浙江吴兴东）人。三国吴丞相陆凯的后代。笃好文籍，穷究象纬。早年弃家修道，好出外游，遍历云梦山、衡山、罗浮山、峨眉山等名山胜地。元嘉末（约 453 年）"市药京邑（今南京）"。宋文帝闻其名，"慕其风"，命左仆射徐湛延请入宫讲道。他不愿囿于束缚，固辞不就，"遂诉江南"，继续周游四方布道。大明五年（461 年）来庐山，"爱匡阜之胜"，构筑精庐居处修道，是为太虚观。自此，以太虚观为大本营研经传道授徒长达 7 年之久，为庐山道教势力的发展和影响的扩大作出了极大贡献。

寇谦之（365—448 年），名谦，字辅真，北朝道教的代表人物，世称寇天师。其父修之，为符坚东莱太守；其兄寇赞在北魏初任南雍州刺史。他夙好仙道，有绝俗之心，少年时曾修张鲁之术即五斗米道，服食饵药。后来遇"仙人"成公兴，随之入华山，采食药物不复饥。继隐嵩山，修道七载，声名渐著。他自称太上老君授予其"天师"之位，又称老子玄孙李普文下降授其《录图真经》。北魏太武帝始光元年（424 年），谦之献道书于太武帝，倡改革道教，制订乐章，建立诵戒新法。次年，太武帝更亲至道场受洗礼，并建新天师道道场。

"五斗米道"的入教门槛还是不低的，仅这五斗米（一斗米大约为今日的十五斤，五斗米约七十五斤。注：1斤＝0.5千克），也非一般百姓能支付得起的。东晋末期的诗人、文学家、辞赋家、散文家陶渊明当县令时因品格与气节就"不为五斗米折腰"而辞官，可见那时的五斗米不是小数，所以入"五斗米道"的都是富人阶层和有文化的人。当时，加入"五斗米道"的士人很多，并以自己是"五斗米道"的信徒为荣。如何辨别入教者和非入教者，知道对方与自己同道？有识之士便开始在名字中使用"之"字，做为入教人士的一种暗记（这种暗记使用，也为后来许多黑道所喜欢）。父子、祖孙、兄弟同加入"五斗米道"，名字中便会都有一个"之"字。王羲之家族只因信仰"五斗米道"而采用父子孙连用"之"起名。至于是不是入教后，信徒的名字里必须要有"之"，则未必，不少入教信徒的名字中并没有"之"。

王羲之，字逸少，号澹斋，汉族，祖籍琅琊临沂（今属山东），后迁会稽（今浙江绍兴），晚年隐居剡县金庭，中国东晋书法家，有"书圣"之称。历任秘书郎、宁远将军、江州刺史。因其后来是会稽内史，官至右军将军，人称"王右军"、"王会稽"。其子王献之书法亦佳，世人合称为"二王"。此后历代王氏家族书法人才辈出。其家族是当时信奉"五斗米道"的著名家族之一。据《晋书·王羲之传》（卷八十），王羲之家世代信奉"五斗米道"，特别是二儿子王凝之，虔诚至极。"孙恩之乱"时还闹出了一个大笑话，孙恩当时进攻会稽，王凝之时任会稽内史，幕僚请他早作备战。王凝之并未采纳，自己一人进入靖室求神祷告。作完祷告出来后，他显得很高兴，告诉手下将士幕僚："我已经请示，天师许诺将派'鬼兵'（天兵神将）前来相助，反贼当不攻自破。"所谓"鬼兵"相助，不过是骗人的鬼话，最后，王凝之为孙恩所害，留下了历史笑柄。

除了王羲之家族外，魏晋时，信奉"五斗米道"的名人很多。东晋著名将领、陈郡谢氏中的谢玄，也是"五斗米道"的信徒，淝水之战前，他曾向当时的"五斗米道"领袖杜明求卜问卦。东晋权臣王敦的幕僚何充及其弟何准，东晋文人殷仲堪等，也都对五斗米道深信不疑。

需要说明的是，孙恩能作起大乱，与朝廷作对，则因为他也是当时"五斗米道"的首领之一。在孙恩之乱平叛后，当时许多名字中含有"之"的人士受到牵连，不少人都被杀了，就是因为"之"是入教暗记的原因。平掉孙恩的人物是刘牢之，据说刘牢之也是"五斗米道"的信徒。

不但汉族有亲子连名的习俗，我国少数民族如蒙古族、苗族、彝族、高山族、哈尼族、景颇族、纳西族、佤族也流传着比较原始的"口传亲子连名"习俗，这种亲子连名制也能表示辈分，据张联芳主编《中国人的姓名》介绍，景颇族的父子连名就是在子辈的名字上冠以父名的末一个或两个字，如景颇族荣姓某家 33 代的姓名分别是：毛母伦→母伦贡→贡麻布→布阿昌→昌佐标→佐标得→得木荣→木荣飘→飘碧央→央伦勒→勒等遮→遮刚佑→刚佑九→九冲车→冲车约→约奥钉→钉洛峨→洛峨张→张鲍→鲍奴→奴佣→佣登→登陆→陆格→格程→程六→六仲→仲崩→崩昌→昌克→克姜→姜宗→宗烧。景颇族的连名制是把父名作为子名的首字放在前面，还有相反的情况，即把父名放在子名的后面，佤族即采取这种方式，如西盟马散艾拉特家人的连名谱系是：普依其司岗→良普依其→康良→希勒里连姆康→尼希勒→格罗姆尼→怪格罗姆→格洛怪→勒格洛→坎勒→孟坎→苦特孟→克勒苦特→炎克勒……维吾尔族也采取这种方式，如卡迪尔·艾山→吐尔逊·卡迪尔→马木提·吐尔逊……学术界称前一种方式为前连型亲子名，后一种方式为后连型亲子名。由于口传连名谱中的字数是有限的，因此，随着人口的增加，就不可避免地会出现重名现象。高山族的人们为解决这一问题，就根据重名者的一些显著特征给他们加上不同的外号，如"舒拉"（大地之意思），加上外号就有了胖子舒拉、大个儿舒拉、黑舒拉等等，这也给高山族的姓名增添了不少情趣。

♥ 生肖星座

十二生肖，是由十一种源于自然界的动物即鼠、牛、虎、兔、蛇、马、羊、猴、鸡、狗、猪以及传说中的龙所组成，用于纪年，顺序排列为子鼠、丑牛、寅虎、卯兔、辰龙、巳蛇、午马、未羊、申猴、酉鸡、戌狗、亥猪。虽然十二生肖是中国传统的民俗，但在越南、印度、埃及、墨西哥、欧洲多个国家和民族也广泛使用十二生肖。中国有许多诗人写有描绘十二生肖的诗词。中国人往往以十二生肖中的动物来比喻人的性格、特征、习性等。

中国古代星座的成就要比西方早，中国人说三垣28宿，把天上星座分成三大块28类，而不是只有西方的12星座。本节介绍的是占星学中的12星座。十二星座即黄道十二宫，是占星学描述太阳在天球上经过黄道的十二个区域，包括白羊座、金牛座、双子座、巨蟹座、狮子座、处女座、天秤座、天蝎座、射手座、摩羯座、水瓶座、双鱼座，虽然蛇夫座也被黄道经过，但不属占星学所使用的黄道十二宫之列，在占星学的黄道十二宫定义只是指在黄道带上十二个均分的区域，不同于天文学上的黄道星座。而经国际天文学联合会在1928年规范星座边界后，黄道中共有13个星座。十二星座代表了12种基本性格原型，一个人出生时，各星体落入黄道上的位置，正是反映一个人的先天性格、天赋及行为的表现的方式。

根据占星学说，各个星座与人的各方面有对应关系如下：

星座	人生阶段	人体部位	性格特征
白羊座	婴儿	头	勇气、斗志、好胜
金牛座	幼儿	颈、喉咙	谨慎、温和务实
双子座	儿童	手、臂、肩、肺	机智、善变、好奇心旺盛
巨蟹座	少年	胸、胃	敏感、情绪化、外刚内柔
狮子座	青年	脊椎、心脏	慷慨、霸气、自尊心强
处女座	青年	肠、神经系统	镇静、善辩、完美主义
天秤座	成年	下背、臀、肾脏	自恋、追求公平
天蝎座	成年	生殖器官	神秘、爱恨分明、占有欲强
射手座	壮年	大腿	乐观、诚实、爱冒险
摩羯座	老年	骨头、关节、膝盖	意志坚强、专注力高、勇敢
水瓶座	重生	小腿	睿智、独立、叛逆
双鱼座	灵魂	足踝、脚掌	浪漫、富同情心、不切实际、优柔寡断

12 星座的时间每年都有 1～2 天的差异，划分星座的关键是节气。比如，水瓶星座与双鱼星座的分界是雨水，只要使用精确的万年历，查到雨水的时刻就可以区分了。

占星学中的星座如下：

白羊座	3 月 21 日—4 月 19 日
金牛座	4 月 20 日—5 月 20 日
双子座	5 月 21 日—6 月 21 日
巨蟹座	6 月 22 日—7 月 22 日
狮子座	7 月 23 日—8 月 22 日
处女座	8 月 23 日—9 月 22 日
天秤座	9 月 23 日—10 月 23 日
天蝎座	10 月 24 日—11 月 22 日
射手座	11 月 23 日—12 月 21 日
摩羯座	12 月 22 日—1 月 19 日
水瓶座	1 月 20 日—2 月 18 日
双鱼座	2 月 19 日—3 月 20 日

不同星座与不同生肖的组合搭配会产生不同的人生信息，以下是一些生肖与星座组合反映的人生信息，仅供休闲参考，不可硬性对号入座。

摩羯座（山羊座）：12 月 22 日—1 月 19 日出生的人

鼠：性格上显得犹豫不决，经常自我怀疑；感情丰富，思考能力很强，好幻想，事业上需要与一位十分亲近的人合作。

牛：本性纯良，易与人相处。对演艺音乐兴趣浓厚，可出成就。请注意把握方向，人生若无目标，便是浪迹天涯。

虎：性格敏感，情绪不稳，刚愎自用，是一个自我主义者。对家庭尽心尽职，在工作上聪明又勤奋，勇于面对各种困难。

兔：生性活泼，充满精力又相当时髦。喜欢缠绵的爱并极富爱心，在事业上颇具野心，适合从事文学、律师、经济等职业。

龙：性情漂浮不定，对于可能发生的失败及错误过分忧虑，在交际方面极舍得花钱。应注意自觉地多训练自己的戒备之心。

蛇：本性宽容对人，人缘极佳，是个利他主义者。在生活和工作上做事较啰嗦，害怕孤独，任何情况下总喜欢找个伴儿。

马：克服困难的超然能力，将使其取得一般人不敢想象的成就，具有改造世界的强烈欲望，说话尖刻很难与他人相处。

羊：虽缺少领导才能，但是一个极棒的合作伙伴或下属，做事需要得到周围人的经常激励，否则会突然松懈下来而功败垂成。

猴：个性风趣、幽默，模仿能力强，常在生活中孤芳自赏，难以承受失败的打击。特别适合从事演员、作家或老师的工作。

鸡：并非最可信，却是最可爱的人。为人慷慨大方，善于恭维别人，尤其是其倾慕的异性，很会掩饰，要求别人绝对的坦诚。

狗：表面冷淡而高傲，善于掩饰内心的痛苦，交际广泛并一表人才，易招致他人妒忌，能言善道，适合从政、做律师。人生追求自由独立，喜欢旅游。

猪：善于安排生活，精于享受，社交活跃。有时固执己见，竞争感强，十分自信，在事业方面会有伟大的成就。

水瓶座：1 月 20 日—2 月 18 日出生的人

鼠：个性敏感、活力无穷，对困难的承受能力强。为人稍嫌粗暴，不易与朋友相处，对爱情喜欢坦诚相待，有时表现得热情大方，有时却冷若冰霜。

牛：耐性较差，活泼好动。常因控制不住自己的购买欲望而欠债甚多，为人慷慨且乐于助人。

虎：助人、开导是其最大的优点，懂得为自己选择一条正确的人生道路，喜欢思考，做事有条不紊，能给他人以绝对安全感。

兔：生性乐天无忧，好自我炫耀。寻求稳定的婚姻。喜欢结交新的朋友，但在交往时又较保守。为了乐趣而积聚众多的知识。

龙：个性柔顺、唠叨，处理事情有极高的技巧。男士会用毕生的精力去争取社会地位，女性则可能把时间都花在交际上。

蛇：喜欢恶语伤人，时常与人对立，人缘较差。做事追求利益，否则会半途而废。婚姻上大多数较晚。渴望在法律上有所成就。

马：人生以事业第一，但较为缺乏耐性，不太善于以言辞来表达自己的想法，看待事情十分固执，在受到太大压力时易退缩。

羊：志向远大，直觉强，有灵感，能够预测未来。在事业上靠汲取别人的经验和运气取得成功。

猴：行动敏捷，有哲学家的思想，善于享受，大多数不喜欢勤劳的工作。性情比较反复无常，做事有计划且精于理财。

鸡：积极致力于事业，如能自律，则会获益无穷，能吸取教训，适合外交、演说家及文字工作等职业。注意保持自己情绪稳定。

狗：做事谨慎而稳健，行动积极，但太过于苛求别人，为人讲信誉，身边有许多患难与共的知心朋友。

猪：性格孤僻，文人气浓厚，任性且又反复无常，依赖心较重，对困难的承受能力弱，虽有无比的潜力。但不知怎样去发挥。

双鱼座：2 月 19 日—3 月 20 日出生的人

鼠：性格聪慧、谨慎并且有良好的口才，喜欢物质享受，对人情义理比较看重，爱情观比较自私、任性，工作上依赖性强，是个好的合作者。

牛：有勇气、想象丰富并且善良。好冲动而使远大计划遭致破坏；在情感上颇为执着，在艺术方面有相当成就。

虎：生性善良、敏感及富有冒险精神，善于解决矛盾。追求炽热、刺激的爱，对爱情充满好奇心。工作上注意不要恃才自傲而导致失败。

兔：生性谨慎、沉默、内向。追求理智与秩序，不善社交，远离时尚与流行。在爱情上是天生的浪漫者，要求伴侣太过于完美，以致结婚较晚。

龙：性格敏感，为人亲切、活泼，做事勤奋。在爱情上很易被他人的温柔所感动，以至全心投入。工作上因拥有很高的天赋，会有较大成就。

蛇：性格善良、敏感、有礼貌，爱情上缺乏实际行动，往往错过许多机会而遗憾不止。在工作上是个机会主义者。

马：有一颗善良的心，有着天性仅存的纯真。在爱情上是个完美主义者，奢求永恒不变的爱情。在工作上虽具才华，但因行动不力而无大成。

羊：性格内向、善良并多愁善感。在感情上表现出神秘感，不愿受到情感的约束。工作思想不稳定，如能得到长辈的辅助，则可能有一定的成就。

猴：对人友善、有礼，颇具创造力，适应能力非常强，故常常能败中求胜。爱情观比较独立，喜欢被人依赖，对家庭绝对认真负责。

鸡：诚恳、友善及富有冒险精神。在工作上极有自信心。对爱情不太主动，往往因此失去时机，不过对每段感情都极其真诚。

狗：温柔有礼，乐于助人，值得依赖，对恋人体贴、细致而宽容。工作时认真严谨，但娱乐时则十分尽情。

猪：为人友善，好奇心重，喜欢受到外界的关怀。在爱情上因为不主动出击，而痛失良机，但在工作上敏捷地抓住机会，取得辉煌的成果。

白羊座（牧羊座）：3月21日—4月19日出生的人

鼠：性格倔强、固执，乐于助人，对事业、爱情十分执着。但自满使其事业进展迟缓，行动不力会使在爱情上错失机会。

牛：性格积极、聪敏及观察力强，表现沉默、内向，但亦不失机灵幽默，极为异性所吸引。搞好人际关系，能帮助其事业有成。

虎：心性善良，乃性情中人。对爱异常地投入，亦非常地真诚。在工作上极有才华及勇气，对事情如能冷静处理则事业有成。

兔：性格优雅，充满智慧，一生中追求优雅美丽与文化气息浓厚的事物，在感情中并非绝对诚实，从不愿卷入情感纠纷之中。

龙：性格善良，为人敏感并颇勇气，在生活中如能改掉脾气暴躁的缺点，人缘就会好转。爱情上可谓好事多磨，工作上勇于克服困难。

蛇：具有双重性格，行为颇令人费解。一方面追求此生不渝的爱，另一方面又害怕被婚姻的枷锁管束，让恋人无所适从。工作上如能与同事处理好关系，就会在商界中创造出一番事业。

马：性格较为暴躁，对爱情太过投入会使结果适得其反。虽具有领导者的才华，但请注意自己形象的树立，否则会功亏一篑。

羊：性格善良、礼貌、柔顺、文雅。因不善于表达情感而使恋人觉得其太贫乏，因拿不定主意易出现三角恋。工作上倒是十分地沉

着、冷静。

猴：性格坚强、有勇气，是个善用心计、城府较深的人。因善解人意而使恋爱历程总是一帆风顺。工作上只要做到谦虚为好，成就往往是很大的。

鸡：机智、敏捷、伶俐、口才极佳。喜爱忙碌、自由的生活，渴望受到重视与信任，结婚比较晚。

狗：处事冷静，能在逆境中保持不败之身，爱情上懂得适当地给予和接受，故颇得恋人的倾心。

猪：性格固执、善良，喜欢冒险，虽才华横溢，但处事好武断。在爱情上因极要脸面而痛失良机。在艺术上有非凡的成就。

金牛座（牧牛座）：4月20日—5月20日出生的人

鼠：性格和善有礼，善于投机取巧，能言善辩，人缘极好，心理承受能力强，助人为乐，是个十分懂得享受的人。

牛：性格冲动、任性，但具热情。在爱情上是个强者，工作上很适合与他人合作。

虎：性格敏捷、诚实、固执，对恋情非常执着，对恋人关怀备至，在工作上权欲极大，如注意多采纳他人意见，则成就不小。

兔：天生具有想象力，喜爱享受舒适的生活。在爱情上喜爱单纯的感情关系。在工作上沉着冷静，在艺术上有非凡的成就。

龙：任性、固执、喜好孤独，人缘较差，偏爱至死不渝的情感。工作上才能非常惊人，只要能找到好的合作者，成就亦是非常惊人的。

蛇：生性谨慎、暴躁，善于掩饰自己的情绪。在爱情上处事犹豫，不善于表露自己的情感而使恋情不顺，但婚后对家庭责任心强，具有艺术家的天分。

马：本性纯洁，毫不自私。对爱情认真投入，对工作有高度的热忱，但应多训练如何加强自己的决心与勇气，是个值得依赖的人。

羊：性格善良、勤奋、诚实。对爱情缺乏勇气，但是个工作狂，无论有多大困难，其总会想方设法去解决，心理承受能力极强。

猴：性格冷静，乐观而又幽默，是个有趣的人，在爱情上颇得恋人的倾心，在工作上要注意收敛自己的锋芒，以免他人嫉妒。

鸡：聪明、谨慎并富有同情心。既渴望爱情的到来，又害怕受到伤害，结婚较晚，工作能力很强，人缘颇佳。

狗：性格坚定、勇敢、敏感。对感情相当投入，但一旦察觉恋人不忠，便会马上施以报复。对工作有坚强的毅力，并且天分较高。

猪：性格固执，心地纯洁，不善言辞，极有内才，爱情方面言行不力。健康方面切勿暴食。在艺术、设计及文字工作等方面有特别才能。

双子座：5月21日—6月21日出生的人

鼠：性格机灵、活泼、友善并且固执，常有怀才不遇的感叹，忽视对知识的追求。天生易变的性格使他令别人无所适从。

牛：性格稳重、友善、冷静且能言善辩，社交广泛使其朋友众多。在情场上无往而不利，在商场上亦能逢凶化吉。

虎：性格多变、懒散、聪明又善良。在爱情上从不喜受约束。工作上若能更加努力勤奋，事业必能有成。

兔：自我意识感与自我表现欲十分强烈。有着传统性格，注重隐私并心地善良，厌恶商界中的狡猾与欺瞒。

龙：性格友善，机敏。在爱情上不大专情，只喜欢短暂的恋情。在工作上宜收敛锋芒，在生活很爱护、关心比其弱小的人。

蛇：性格积极、机智、和善。善于化解困难，爱情观稳定、专一。因思维敏捷，极适合从事外交、写作等职业。

马：性格优柔寡断，聪明友善。对爱情的目的性不强，不喜欢受束缚。工作上才华横溢，在艺术方面往往有较大的成就。

羊：性格反复无常，好幻想而导致对现实抱怨多，由于活泼而幽默，故人缘较好。在工作和爱情上变化多而快，多数成就很小。

猴：性格飘忽不定、任性，讨厌在爱情上受到管束，极易见异思迁，工作上往往能标新立异，博得上司及同事的惊奇与侧目。

鸡：性格复杂善变。在爱情及生活中易失去伴侣或朋友，人虽聪明但耐性不足。比较适合外交或演艺行业。

狗：性格善变、友善并富于同情心。恋爱方式较稳定，是个多情的人，对工作上的失败和错误过于担忧，以致难成大业。

猪：具有出众的口才，挺拔的外表，对恋人能倾其情感。天赋的才智使其在工作上成就颇佳，化解矛盾的能力特别强。

巨蟹座：6月22日—7月22日出生的人

鼠：善于社交，想象力丰富，讲原则，有爱心，家庭观念重。工作上善于把握时机，尤其适合在贸易或艺术方面发展。

牛：为人正直，对工作锲而不舍。对感情十分敏感，如得知恋人有私情，会决然与对方分手。

虎：爱好宁静、安祥的家庭生活，对家庭负有很强的责任感。对伴侣体贴入微但拙于言辞。生活及工作上最需别人的劝告。

兔：生性诚实可靠，善于款待朋友，他们是热情温柔的情人，追求美好的生活享受，是典型的爱家之人。

龙：好助人为乐，对感情不存幻想，选择伴侣时十分客观、实际，善于持家。稳重、慎重的性格使其工作颇有成绩。

蛇：十分重视家庭生活，不论婚前婚后对爱人都温柔体贴。善于从失败中汲取教训，乐于助人，经常留心情绪及精神压力带来的影响。

马：性格沉静、敏感。对恋人体贴细致，对家庭责任感很强。在工作上虽热衷权力，但正直不伪，尝试接纳他人的意见只有百利而无一害。

羊：性格较沉静、内向，感情较脆弱。在工作上极具领导才能。朋友很少但大多数都能倾心而交。

猴：本性善良、乐于助人并富于同情心，对爱情倾其真心，痛恨虚情假意。工作上易受外界影响而分散精力。

鸡：性格沉稳、含蓄。工作能力不错，但要学会借助外力来提高自己，在爱情上有点拖拉和过分小心，是个值得信任的人。

狗：情感丰富、敏感。在爱情上可称为"大情圣"，对家庭极其负责。在工作上如能面对困难并解决它，事业必有成就。健康方面请留意鼻敏感、伤风感冒等小病。

猪：本性善良、敏感、乐于助人。爱情方面过度犹豫保守。工作上要注意人际关系的处理。呼吸系统方面的保健要多加留意。

狮子座：7月23日—8月22日出生的人

鼠：具有非常旺盛的精力，权利欲较强，为达到目的而不择手段，喜好专制，具有优良的表达能力，是一个成功的领导者。

牛：任性、放纵、对人快意恩仇。天生具有领导才能，但自视过高，应常以"骄兵必败"来警戒自己。

虎：生性热情、急躁，主观意识特浓，在爱情、工作上如不能注意好好接受亲戚朋友、长辈、同事的善言及劝告，则会一事无成。

兔：生性灵活机智，庄严而独立，文雅高尚，加上为人慷慨，使其具有成就伟业的必要条件。

龙：有充沛的活力，具有领导人物的条件，善将情感藏于内心，给人以面冷心慈的感觉。人生中事业高于一切，勇于克服困难，成就非凡。

蛇：性格内向、固执，自尊心强，人缘较劣，不太受别人的尊重，生活和工作上有诸多磨难，是有后福之人。

马：对爱情执着，但缺乏趣味，是一个自我主义者，在遭受挫败后能很快地恢复自信，但不要因一时的坏脾气而自毁前程。

羊：性格沉着、冷静、对人和善友好，耐性强，人缘颇佳，具有领导者的气质。

猴：乐观，充满活力，处事不够严谨，喜爱并精于享受。为人具有强烈的反抗意志，是个天生的强者，个性谦逊，极少自夸。

鸡：极具魅力，性格开朗、乐观，不易被困难、挫折所击倒，是个天生的强者。爱情上极投入并有情趣，对家庭绝对负责。在生活中极爱结交朋友，为人慷慨，重情理，讲原则。

狗：善于关怀别人，强烈的主权意识使其在人生中要么升官晋级，要么导致忠言逆耳，反对别人，怀疑别人、造成不良后果。

猪：性格开朗、热情，富有进取心，才能极佳，自我意识强烈，应经常反省，不要太狂妄自大。饮食要有节制。

处女座：8月23日—9月22日出生的人

鼠：积极追求事业的成功，富有信心，敢于尝试新事物，但处理事情能力较弱，在生活中如受到别人的恭维，就会不顾一切地帮助别人。

牛：生性心直口快，观察能力强，但请谨防小人之言行。耐寂寞，独立生活能力强，但千万记住家仍是其最佳慰藉。

虎：性格温婉动人，对朋友非常慷慨，以至自己常常经济拮据。对爱情及生活非常讲究优雅的情调，是个懂得享受的人。

兔：生性谨慎，极少抱怨，喜欢孤独，外人很难与其沟通；寻求稳定的家庭生活，并相当负责任。生活中对人宽容之至。

龙：性格稳重，善解人意，对恋人来说是个好伴侣，对家庭来说是个好家长，有购物癖。

蛇：独立能力强，对侵犯其利益的人具有强烈的报复心理，但又碍于本性善良，故常使自己陷于矛盾之中。对人生的伴侣不惜花费毕生精力去追寻。

马：个性自私，缺乏幽默感，害怕面对现实和失败。工作上头脑清醒，效率高，颇得上司的垂青，但要注意虚心好学。

羊：性格沉着、安静、内向，做事我行我素，不啰嗦，不挑剔，是个极随和的人，但有时过分的殷勤与慷慨，易使人产生疑虑。

猴：喜爱浪漫的情调，亦是一个浪漫的情人。具有过分的自信心，极少产生自卑心理，所以在生活中是一个非常乐观的人。

鸡：情绪变化多端，自我解决矛盾的能力非常强，喜欢受到外界的重视与鼓励，喜爱逛商场，有购物癖。

狗：天生警觉多疑，尤其是女性，使人感觉有老人般的固执，但只要得到真心的关怀与鼓励，他们则会愉快地与人相处。

猪：极富艺术气质，凡事自作主张，有时显得武断，令人难以与之相处，应尝试接受忠告，以弥补自己的粗心，必能在艺术上有相当成绩。

天秤座：9 月 23 日—10 月 23 日出生的人

鼠：与人交往时带有极强的激情，追求戏剧性的浪漫，在生活及工作上颇有敢做敢当的魄力。

牛：情绪不太稳定，不善言辞，好幻想，易走极端，对文学艺术兴趣浓厚，可有极大成就。

虎：在生活中遇到困境时，表现出急躁不安的性格。善于交际，喜好锦衣美食，天生是一个享乐主义者。

兔：生性多疑，有洁癖，带点神经质，拒绝任何人或事做草率的决定，但亦因此失去许多机会。喜爱娱乐，但又害怕刺激。

龙：具有丰富的想象力，为人敏捷，善良而好客。在商业与艺术方面可能有极大的成就。善于持家理财，是一个享受主义者，谨记克制自己的波动情绪。

蛇：生性活泼、好强、挑剔，常自己使自己不快乐。审美眼光高，是个唯美主义者，选择恋人时亦注重对方的长相和外表。喜欢舒适的环境，但自己不好整理家居。

马：富有纯真的本性与善心，但过于挑剔使其很难与他人相处。喜欢高雅的服饰及舒适的生活，注意不要太沉迷于幻想。

羊：善于表达，可成为一名优秀的教师，碰到困难时反复找人诉说，以调解自己的矛盾，但过于啰嗦。

猴：思想敏锐，脾气乖戾，对任何事均喜欢寻根究底。善于动用丰富的想象力使其对人或事情具有很强的预见力。

鸡：富于理想与智慧，但缺少一点机智，心胸广阔，善于及喜欢表现自己。生性固执，是墨守陈规的典型。

狗：具有敏锐的观察力，对生活细节不太注意，在其心目中永远是事业第一，家庭第二，在爱情有上对别人付出的情感回报太少。

猪：男性多情、持久、有魅力，但较好色；女性则较自信，忠贞而坚毅，乐于助人。他们与人交往时特别讲究真情。

天蝎座：10月24日—11月22日出生的人

鼠：具有内才但不善言辞，如能从小好好引导，将来成就一定非凡。在从事重大决策时犹豫不决，进而痛失良机。生活不善自理。

牛：目光敏锐，看待世事比较冷漠；在自己的生活圈中性情开朗幽默。注意肠胃方面的保健。

虎：个性强，在受到他人鼓励时做事有极大的魄力，富有审美眼光，思想敏税，心细如发，但有时对人生易产生悲观之念头。

兔：生性谨慎，口才颇佳，具有深厚的幽默感。会在稳定的婚姻中来点越轨行为，但无伤大雅；适合做心理医生。

龙：善于谋略，是一个在安舒中有力量，在平和中有阴谋的人。崇尚理想主义，中年之后可望有成就。爱情上因太过于幻想而常常失败。

蛇：生性平和，为人正直，工作勤奋，有时给以固执、专横的感

觉，行事较冒进，应注意在挫折中坚定信心。

马：生性乐观多疑。与人交往只作表面上的接触。不会深交，故知心朋友较少，为人诚实，反对欺骗行为。

羊：性格沉默、内向、善良。在工作上精力充沛，主观意识强，做事不容别人侵犯自己的权益。

猴：个性倔强，勇气颇佳，心胸宽广，在工作上能够成为一位非常好的合作者，乐于给他人以无私的帮助。

鸡：极善言辞，是个讲故事的天才。天生乐观的性格使其颇具社交能力。对待工作正直、充满权力欲并有锲而不舍的精神。

狗：是天生的领导人物，善于抓住机会，但容易自我膨胀。对给予别人的帮助讲究回报，致使人缘较差。

猪：人生中挫折较多，感情丰富，过于敏感，崇尚人道的施予，情感自我压抑，非常注重自己和别人隐私的保密。

射手座（人马座）：11 月 23 日—12 月 21 日出生的人

鼠：自我意识很强，冲力不可阻挡，无论在权势或财产方面都渴望获得成功，但应多结交朋友，使自己胸襟更为广阔。

牛：生性沉默寡言，喜欢待于家中，害怕困难。不喜接受别人忠告，对权势过分追求，却高估自身能力，以致结果不佳。

虎：自我意识太强，有抗拒别人的心理障碍；非凡的辨析能力，高格调的品味，使其在工作上无往而不胜，但不要狂妄自大。

兔：性格飘忽不定，似乎能在创伤、遗落与伤痛中获得进步的力量，常出入于层出不穷的情感关系中。

龙：心思缜密，创造力强，善于引导别人，不喜受到束缚，却善于讽刺及伤害他人。过于封闭于自我构想的世界之中，虽有助于从事文学创作，但亦使其陷于现实的泥塘之中不能自拔。

蛇：具有很大的野心及对环境的适应能力，特别热衷于社会改革运动，敢于冒险，但缺乏自信心。

马：重视手足之情，却又是一个拜金主义者。在三十岁之前可望事业顺利，但应注意克制自我的冒险精神，以免酿成大错。

羊：天生精力充沛，不畏艰辛，在艺术上颇有成就，内心世界极其丰富，乐于助人使其人缘较好。

猴：天生灵敏，善于保护自己。迷恋家庭，但有时出去疯狂地购物以求心理平衡，行为有时不够磊落。

鸡：个性较稳重，城府较深，一生中能自强不息，属大器晚成之辈，但必须谨记做事的决窍：耐心。

狗：生性沉着，富于进取心。作为以自我为中心的典型，颇知耐心与韧性的重要性，自视颇高，使其外表冷傲，较难与人相处。

猪：性格冲动、不羁，应在幼时就接受良好教育，磨炼性格，将来才能成就一番事业。对待婚姻小心谨慎。

♥ 吉凶名例

名字从它产生的那一天起，就已经显示了强大的生命力。名正是金，一个好名字可能会改变人的一生；一个不好的名字，可能会让人一生坎坷，命运不济。在古代，因姓名而影响前途的最典型事例要数清代的王国钧了。清代梁溪坐观老人的《清代野记》记载了"慈禧恶王国钧之名"的一段掌故，云："武进王颂平大令国均，戊辰进士，书法甚佳，殿试已列入前十本进呈矣，及胪唱，太后闻之曰：'好难听。'盖'王国均'之音与'亡国君'同也，遂抑置三甲，以知县发安徽，被议改教职，为山阳教谕二十年。复以卓异选云南某县令，未之任而卒，潦倒终身。"大意是：在清同治戊辰年，一个姓名叫王国均的进士，殿试成绩已列入前十本卷子，进呈慈禧御览。等送呈时，慈禧因王国均三字之音与"亡国君"相同，实在不吉利，于是将其扔在一边，不予理睬。后来，随便给了一个闲差，在山阳县教书20多年，后因才能卓异被选为云南某县令时，未到任就死掉了。

与王国均因名得祸不同的是，有一个姓名为王寿彭的山东举人却因名得福。清光绪十二年癸卯科举应试，恰逢慈禧太后70大寿。他的成绩并不好，但慈禧一见其名大喜，认为是"王寿膨胀，长寿永年"，且有"寿比彭祖"吉意，当即点其为状元。北洋军阀时期，王寿彭还当过山东省教育厅厅长。

姓名不但在字意上不能有歧义，在语音上也不能有不吉不雅的谐意。据《生活新报》报道，云南省曲靖市小伙王灵为自己的名字感到非常苦恼，因为这个名字的谐音容易让人误认为是"亡灵"。随着学校的读书生涯结束，王灵踏入了社会，他才发现这个名字给他带来障碍如同沼泽地一般，即便勉强通过也要弄得满脚湿泥。有一天，王灵的老板对他下了"最后通牒"："你这个名字实在是太难听了，你必须得改名，否则就走人。"王灵已经30多岁，提起自己的名字，他一肚子苦水，他说以前到一家公司去应聘，招聘人说："我们单位上个月才翻车出事死人，现在还要什么'亡灵'！"最尴尬的是他结婚时，酒店门口，贴着他和媳妇的喜贴，一过路人戏谑："谁家姑娘这么倒霉，嫁给了一个'亡灵'！"

文 化 篇

加冠命字

很久以前，古人对于各个重要的人生阶段，举行不同的仪式，就称谓来讲，人出生三月后举行"命名礼"，二十岁则举行成年"加冠礼"即"成人礼"，在"加冠礼"仪式上请人取"表字"，即"命字"，也就是命取成年后的另一个称呼，"表字"作为加冠礼中宣告的一项重要信息，表明个人不再是小孩子了，而是成年人啦，可以参与社会活动及家族事务了。

举行冠礼仪式是非常讲究和慎重的。据《仪礼·士冠礼》上所载，贵族男子到了20岁，由父亲或兄长在宗庙里主持冠礼。行加冠礼首先要挑选吉日，选定加冠的来宾，并准备祭祀天地、祖先的供品，然后由父兄引领进太庙，祭告天地、祖先。冠礼进行时，将头发盘起来，由来宾依次加冠，即依次戴上三顶礼帽。首先加用黑色布或帛做的缁布冠，表示从此有参政的资格，能担负起社会责任；接着再加用白鹿皮做的皮弁，就是军帽，表示从此要服兵役以保卫社稷疆土；最后加上红中带黑的素冠，是古代通行的礼帽，表示从此可以参加祭祀大典。戴上礼帽即素冠，然后再由父亲或其他长辈、宾客给取一个"表字"（通常事先就取好表字，当庭取字仅是形式，便于宣布使用），代表今后自己在社会上有其尊严。古人认为成年后，只有长辈才可称其"名"，一般人或平辈只可称其"字"，因此，取"字"还便于别人称呼。三次加冠完后，主人必须设酒宴招待宾赞等人（赞是宾的助手），叫"礼宾"。受冠的人接着再依次拜见兄弟，拜见赞者，并入室拜见姑姊。之后，受冠者脱下最后一次加冠时所戴的帽子和衣服，穿上玄色的礼帽、礼服，带着礼品，去拜见君、卿大夫（在乡有官位者）和乡先生（退休乡居的

官员）。根据周公旦的《周礼》，女子的成年冠礼叫"加笄礼"，也是把头发盘结起来，加上一根簪子，周代女子"加笄礼"一般在 15 岁时举行，所以人们常用"及笄之年"代指女孩从 14 岁到 16 岁这个年龄阶段；而用"弱冠之年"代指男子 20 岁左右。《礼记·曲礼上》载有："二十曰弱，冠。"又唐代经学家孔颖达《五经正义》："二十成人，初加冠，体犹未壮，故曰弱也。"是说古代时二十岁的贵族男子，要举行加冠礼以示成年，但身体还未发育强壮，所以称弱，而弱是年少之意。

这种冠礼的仪式，从周朝开始持续到清朝，直到清末民国初才开始逐渐没落而消失了。

在先秦礼义纲常初建时期，冠礼有着积极的文化建设意义。秦至汉魏时期，冠礼存在于社会生活之中，人们遵循先冠后婚的礼义原则，但冠礼的文化地位并不突出。隋唐时代，由于南朝开始的文化大变动，以倡导礼义为宗旨的儒家文化处于中衰局面，古代礼制也处在恢复之中，因此，除了朝廷礼典中有冠礼的礼仪外，一般社会生活中未见冠礼踪影。冠礼的失落与隋唐统治者的民族文化成分与礼学修养有一定的关系，当然根本的原因是当时处在旧的社会结构被打破而新的社会结构尚未形成的特殊历史时期，这一时期社会价值观多样，文化多元发展，人们更重视世俗生活情趣，重视在外的建功立业，对于礼制社会所要求的传统人格的心性修养没有特别的需求。因此，重在"养人"的冠礼，受到社会的漠视。宋明时期庶族社会逐渐成为社会主体，为了确定新的社会秩序，重建文化权威，他们将中唐开始的儒学复古运动推进到新的阶段，南宋时期还形成了儒学的新形态——理学。理学的核心是建立一套自然社会合一的伦理道德秩序。强调修身养性齐家治国。因此，作为"礼义之始"的冠礼受到朝野上下的广泛推崇，冠礼重新回到家族社会生活当中，并激活了民间固有的成人仪式。明代社会生活中冠礼有相当的影响，当然这时的冠礼与先秦相比，无论是程式还是服务性质已有明显的差异。清代受满族政治文化的影响，冠礼明显衰落，民间将冠礼与婚礼结合，冠礼成为婚礼的前奏，并且一般只有"命字"这一项内容，"命字"成为冠礼的代称。清末民国时期冠礼有复兴的趋势，但最终没有大的影响。

当今，现代成人礼逐渐受到人们的重视，成人仪式是教育青年，塑造社会新人的绝妙时机。新时期的成年礼是适应社会新需求的人生仪式，当代社会人们已经或正在走出传统的家族文化的局限，人们的社会联系广泛增强，社会责任与义务明显扩大，社会需要有一大批具有公众责任感的社会成员，青年的培养与塑造是人类社会健康延续的重要工作之一。传统的成年仪式在通过内容与形式的更新之后，有重新服务社会的文化功能，如果我们对传统成人仪式进行深入研究并进行合理继承发展的话，我们就会得到一个充分有效的文化资源，为我们的新社会的良性运行提供源头活水。

1929年春天，中华民国时期国内"风云突变，军阀开战"。这一回，是冯玉祥帮蒋介石打李宗仁，史称"蒋桂战争"。冯玉祥的部将韩复榘用兵神速，一战而下武汉。捷报传出，蒋介石和宋美龄亲自接见，左一声"向方兄战绩卓著"，右一声"常胜将军劳苦功高"，而且蒋介石赠送给韩复榘二十万军饷，还送了好多礼物。此后蒋介石手下的特使刘光见了韩复榘也说："感谢向方兄鼎力相助，小弟回去后定会将向方兄的深情厚谊及时禀报委座！"事后，韩复榘常不胜感慨地把老蒋夫妇对他的称呼与冯玉祥做比较：他们从不直呼我名，可我的老上级冯先生见了我，则是韩复榘长韩复榘短地训斥我，连个"向方"也不肯叫！就这样一个称呼上的差别，居然促使已经与冯玉祥将军貌合神离急于自立的韩复渠叛冯投蒋。

"向方"，是韩复榘的表字。对于人的称谓而言，"表字"，简称"字"，指人的别名，亦即一个人的另一称谓。在中国传统姓名文化里，名与字是一个人的两个称谓，"名以正体，字以表德"（《颜氏家训·风操》），师长、前辈、上司称呼学生、后辈、属下的表字时，都是一种特别看得起的表示，倘若皇帝称臣下表字，更算优礼。如刘邦当皇帝后，自言"运筹帷幄之中，决胜千里之外，吾不如子房"，这就是对张良的极其尊重了。因此，称人用字是表示尊重的意思，而直接呼其名则表示轻慢，难怪韩复榘听到蒋介石以"向方"称他，便有些受宠若惊了。

以前一个人幼年时由父亲或长辈起名，等到成年（男20岁、

女 15 岁）时则取字，人的"字"是为了便于他人称谓，对平辈或长辈称"字"出于礼貌和尊敬。如屈平的"字"叫原，司马迁的"字"叫子长，陶渊明的"字"叫元亮，李白的"字"叫太白，杜甫的"字"叫子美，韩愈的"字"叫退之，柳宗元的"字"叫子厚，欧阳修的"字"叫永叔，司马光的"字"叫司马君实，苏轼的"字"叫子瞻，苏辙的"字"叫子由，沈德鸿的"字"叫雁冰，鲁迅的"字"叫育才等。直称姓名，大致有三种情况：（1）自称用名，表示谦虚。如"五步之内，相如请得以颈血溅大王矣"，"庐陵文天祥自序其诗"。（2）用于介绍或作传。如"遂与鲁肃俱诣孙权"，"柳敬亭者，扬之泰州人"。（3）称所厌恶、所轻视的人。如"不幸吕师孟构恶于前，贾余庆献谄于后"。

"字"和"名"有意义上或语句上的联系。"字"之所以加"表"而叫"表字"，因其与本名互相表里的意思，所以东汉班固的《白虎通·姓名》言："闻名即知其字，闻字即知其名。"如屈原，名平字原，《尔雅》释"地"："广平曰原"，平与原是同义。"唐宋八大家"之一的曾巩，字子固，巩与固同义。周瑜，字公瑾；诸葛瑾，子子瑜，瑾和瑜都是美玉，是近义字。韩愈，字退之，愈有胜、越之意，所以要"退之"，以求适度。白居易，字乐天，因为乐天知命，才能居之容易。朱熹，字元晦，熹明晦暗，含义正相反。赵云，字子龙，出自《易经》"云从龙"；《新唐书》中有人姓元，名亨，字利贞，出自《周易》"元亨利贞"。

历史上，以表字著称于世而本名反鲜为人知的情况很普遍。比如屈原，知道他名叫"平"的人不多；又如蔡文姬，知道她本名称"琰"者更少；大诗人陶潜的本名，也远不及其表字"渊明"更广为人知。近代称谓风气，一些人行事干脆以其"字"代"名"，如创办张裕葡萄酒公司的张弼士，本名叫振勋；语言学家刘半农，本名"复"；金融家钱新之，本名叫永铭，等等。今天许多人读人物传记时，常常对"某某，原名某，字某，以字行"的文句有困惑，所谓"以字行"，是指某某人以其字代替原名著称于世，他的行事风格用字不用名。"冠而字之，敬其名也"，容纳了人们用表字互称的全部涵义。

字与名除了称法上有区别外，落实到具体写法上，也有讲究。字与名写法上的讲究，有一个先字后名到先名后字的过程。先秦写法习惯大概是字在名前，如春秋时期秦国三将孟明视、西乞术、白乙丙，"孟明"、"西乞"和"白乙"都是表字，"视"、"术"和"丙"才是本名，又如孔父嘉，"嘉"是名，"孔父"是表字。汉以后，改为名在字前，如曹丕《典论·论文》写到"建安七子"，称："今之文人，鲁国孔融文举，广陵陈琳孔璋，山阳王粲仲宣，北海徐幹伟长，陈留阮瑀元瑜，汝南应场德琏，东平刘桢公幹"，都先写名后写字。但到了近代，又有变化，如1925年2月北京国民政府公布《善后会议会员录》，即依"孙中山先生·文；黎宋卿先生·元洪；张雨亭先生·作霖；卢子嘉先生·永祥……"式排列；此外，姓氏带官职再连表字的称法，也是一种书写格式，如西安事变后《张、杨致阎锡山、傅作义及绥远抗日将士电》，起头写到"太原阎副委员长百公赐鉴、归绥傅主席宜生兄赐鉴"，其中将阎锡山表字"百川"省称为"百"而加"公"字，又是一种书写他人表字的格式，表示特别尊敬的意思。傅作义，字宜生，山西荣河（今山西省临猗）人，是一位抗日名将、追求进步的国民党员。1949年1月，他响应中国共产党提出的"停止内战，和平统一"的主张，毅然率部举行北平和平起义，使古老的文化故都完好地归回人民，200万市民的生命财产免遭兵燹。这一义举对中国人民革命事业的胜利，作出了重大贡献。

❤ 贵姓郡望

"郡望"一词，是"郡"与"望"的合称。"郡"是是中国最早的行政区划单位，"望"是名门望族，亦即在郡里某地居住的社会地位很高、名望很大的一个大家族。郡望是指郡里的望族，表示某一地域范围内的名门家族。反过来讲，在姓氏古籍中，某姓氏望族的显耀地或发祥地常用郡名表示，如南北朝到隋唐时代，中国北方地区有四大郡望：范阳卢氏、清河崔氏、太原王氏、荥阳郑氏，其中太原王氏是太原郡的大姓望族。

　　秦汉以后，随着家族的繁衍迁徙，姓氏原有的以血缘论亲疏的文化内涵逐渐淡化，而以郡望明贵贱的内涵成了姓氏文化最为突出的特点。由于郡望总是与某个姓氏联系在一起，所以它往往成为人们追寻祖根、联族认亲的重要线索，某个郡所对应的当今地名，也就成为该姓氏后世子孙仰望和缅怀先祖的地方。

　　我国姓氏中郡望最多的是张姓，其次是王姓。据王德连先生研究，历史上王姓有九郡二十八望十八王之说。唐代公布的王氏二十一郡望，对历史和今天的王氏研究而言没有任何意义。例如：汉初大臣、官至右丞相的王陵（公元前261—前181年）的出生地为今天的江苏省徐州市沛县，但他出生前和出生时的徐州则是战国时的魏国、宋国和卫国的（今山东、河南、安徽、江苏）交界处的共同地名，于是王陵这个人进不了前琅琊王氏，也进不了东海王氏，更进不了太原王氏。

　　太原郡：战国秦庄王置郡，治所在晋阳（今山西省太原西南）。此一支王氏，为姬姓周王的后代。

　　琅琊郡：秦始皇置郡。治所在琅琊，郡治区域相当于今山东省胶南诸城、临沂、胶南一带。

　　北海郡：汉景帝置郡。治所营陵，郡治区域相当于今山东省东部潍坊地区。此支王氏，出自虞舜妫姓王氏。

　　京兆郡：三国魏时置郡，治所在长安（今陕西省长安县）。此支王氏，出自姬姓毕公高之后。

　　天水郡：西汉置郡，治所在平襄（今甘肃省通渭西北）。此支王氏，出自殷商王子比干之后。

　　中山郡：汉置郡，治所在卢奴（今河北省定州）。此支王氏，其开基始祖为北魏中山王王睿。

　　陈留郡：西汉置郡，治所在陈留（今河南省开封东南）。此支王氏，其开基始祖为妫姓齐王田建之孙安。

　　东莱郡：汉代设置东莱郡。晋代改为东莱国。隋代改叫莱州。治所在今山东省掖县。据考证，此支王氏，出自姬姓周平王的太孙姬赤之后。

　　河东郡：秦置郡，治所在安邑（今山西省夏县西北）。此支王氏，出自殷商王子比干、周灵王太子姬晋及周平王太孙姬赤之后。

♥ 贵姓堂号

祠堂又称家庙，是某姓家族供放自己祖宗的神位、祭祀祖先神灵的厅堂，其目的是维护宗族团结、便于同一姓氏寻根认祖。宋代以后，民间立祠成风，凡聚族而居的同姓家族，都建祠堂作为家族的象征和中心。如果成员太多，则建立数所祠堂，故祠堂又有总祠、支祠之分。总祠是全族人祭祀同一个祖先的场所，支祠是供分支分房祭祀本支的祖宗用的。凡是祠堂都有"XX堂"的称号，这便是"堂号"。

堂号是一个同姓家族或家族中某一支派祠堂的名号，是某一同姓家族祭祀祖宗共用家庙的称号，也是寻根认祖的重要依据。

从功能上说，堂号主要用于区分姓氏、区分宗族，扬善抑恶、教育族人。

同姓的堂号虽然多，但也不是随便取名，根据堂号取名依据和其用意不同，堂号的取名大致有以下几类：

根据本宗姓氏或本族姓氏的发祥地取名。如福建、台湾等地的庄姓堂号多用"凤田堂"。因为凤田是该族的发祥地。

根据本宗祖先所具有的美德命名。如吴姓的祖先是周朝时吴国始祖太伯，太伯有让位给兄弟的美德，故吴姓堂号叫"让德堂"。

根据祖先的官称、爵号或别号等取名。如陶姓有"五柳堂"，因先祖陶渊明号"五柳先生"。白姓有"香山堂"，因先祖白居易号"香山居士"。

根据祖先的德育故事命名。孟姓的堂号"三迁堂"，取材于孟母三迁的故事。孟子年幼时，他的母亲很重视周围环境对人的影响，为让孟子从小能受到好的环境熏陶，就多次搬家，择邻而居。"昔孟母，择邻处"，作为一则著名的育子故事，自古至今，一直代代相传。

有的姓氏不止一个堂号，如王姓堂号有新安堂（浙皖赣交界）、三槐堂（山东莘县）、槐阴堂、衡湘堂（湖南岳阳衡阳）、善庆堂、

太原堂、文德堂、开闽堂、爱鹅堂、三沙堂（苏浙交界）、西南堂
（云贵川）、西北堂（陇甘宁）、南洋堂（台港澳/东南亚）等，其中
"太原堂"、"三槐堂"较闻名。

三槐堂，即三槐王氏的堂号。三槐王氏是当今王氏中最大的一
支，闻名天下，枝繁叶茂，是太原王氏（或琅琊王氏）的一衍派。
在《中国家谱综合目录》的王氏家谱目录中，家谱冠名为"三槐
堂"的，占王氏堂号总数的40%左右。比如：丹凤商镇桃园三槐
堂、安徽省黄山市休宁县海阳镇三槐堂、衢州三槐堂。

三槐堂的由来。三槐之典，《辞海》释为中国古代朝堂外植槐
树三株，帝王临朝时，三公位在树下。后世则以三槐比拟三公。王
祜（亦名王佑），祖籍莘县（宋时属大名府，今属山东省），以文学
见长。王祜少笃志词学，性倜傥，有俊气。五代时先仕晋，后及
汉、周，北宋建国后，宋太祖赵匡胤拜其为监察御史，颇得赏识，
官职不断升迁，直至尚书兵部侍郎。乃举家迁来京城，落户开封。
时在宋乾德三年（965年）至开宝二年（969年）之间。王祜落户
开封的具体地址，明李濂的《汴京遗迹志》说在仁和门外，清周城
的《宋东京考》说在望春门外。这仁和门和望春门实际指的都是曹
门，即今曹门关中街偏北一带。祜公生逢五代战乱，历事后晋、后
周和宋朝，皆以文武忠孝而显名。宋开宝二年（969年），有人密
告魏州节度使符彦卿谋叛。魏州即大名（大名县亦名魏县），宋太
祖乃派王祜权知大名府。那个时候，莘县一带归属大名府，宋太祖
要王祜衣锦还乡，许以"便宜"行事，并以赵普（一说王溥）相位
相许，其真实用心在于除符，王祜自是心知肚明。但王祜至大名接
任后，明察暗访，却查无实据，数月无闻。宋太祖乃驿召面问，王
祜直言禀报，符彦卿无谋叛事实，并以自己全家百口性命担保。甚
至直谏太祖吸取晋、汉（五代）皇帝因猜忌而滥杀无辜的教训。太
祖听后很不以为然，乃把王祜改派知襄州。如此以来，王祜升迁宰
相的许诺当然是落空了。王祜赴襄州任前在其宅院内，手植槐树3
棵，曰："吾子孙必有为三公者。"《宋史·王旦传》载，王旦之父
王祜曾手植三槐于庭，言"吾之后世必有为三公者，此其所以志
也"。以我们今人的思想揣度王祜当时的心情，很可能对自己当不

成宰相有点生气，可能是"别看我不能位列三公，我的子孙一定有能担任宰相，位列三公"的气话。当然，也可以认为王祐这句话是他的预见与自信。但他以三槐比拟三公确是无疑的。后来的事实果不出其所料，他的儿子王旦在宋真宗时做了宰相，他的预言变成了现实。其孙王素、曾孙王巩皆为辅国大臣。后世便以"三槐"为王姓之代称。苏东坡于《三槐堂铭并序》中认为，种槐即是种德。由于王祐有种槐之德，传至儿孙，儿孙均很争气，做到辅国重臣，威望很高，人莫能比；而王氏后人则崇仰此品德精神，多以三槐为堂号也。王祐为何爱种槐而不种它树？据王德连先生称，此与山西洪洞广济寺之古槐有关。相传唐代以前，广济寺之古槐于数百年中遭风雷雨电枯死三次，每劫之后又从老根生出新槐，绵延至今，已阅数千载矣。历史上宋明两代，黄河流域战乱频繁，统治者多次进行移民时，官方均于大槐树下设临时办事处办理迁移手续，迁移者则于老槐之下焚香拜祖后怅然离去，可见槐树在百姓心目中之地位也。苏轼于铭文中写道："魏公（王祐）之业，与槐俱萌。封植之勤，必世乃成。既相真宗，四方砥平。归视其家，槐阴满庭……不有君子，其何能国。王城之东，晋公所庐。郁郁三槐，惟德之符。"可见那永远生机勃勃、荫及子孙的槐树，既是家国兴旺之象征，又为美好品德之喻体，大槐之美，堪称嘉木，王祐植之，正其宜也。

苏东坡曾为王氏书写"三槐堂"之堂号及"槐堂世瑞，珠树象珍"之楹联。在《苏东坡全集》里有《三槐堂铭并序》一文，此文亦收入《古文观止》一书，足见其文辞之美与影响之大。

《三槐堂铭并序》原文：

天可必乎？贤者不必贵，仁者不必寿。天不可必乎？仁者必有后。二者将安取衷哉？

吾闻之申包胥曰："人定者胜天，天定亦能胜人。"世之论天者，皆不待其定而求之，故以天为茫茫。善者以怠，恶者以肆。盗跖之寿，孔、颜之厄，此皆天之未定者也。松柏生于山林，其始也，困于蓬蒿，厄于牛羊；而其终也，贯四时、阅千岁而不改者，其天定也。善恶之报，至于子孙，则其定也久矣。吾以所见所闻考之，而其可必也审矣。

国之将兴，必有世德之臣，厚施而不食其报，然后其子孙能与守文太平之主、共天下之福。故兵部侍郎晋国王公，显于汉、周之际（1），历事太祖、太宗，文武忠孝，天下望以为相，而公卒以直道不容于时。盖尝手植三槐于庭，曰："吾子孙必有为三公者。"已而其子魏国文正公（2），相真宗皇帝于景德、祥符之间，朝廷清明，天下无事之时，享其福禄荣名者十有八年。今夫寓物于人，明日而取之，有得有否；而晋公修德于身，责报于天，取必于数十年之后，如持左契（3），交手相付。吾是以知天之果可必也。

吾不及见魏公，而见其子懿敏公，以直谏事仁宗皇帝，出入侍从将帅三十余年，位不满其德。天将复兴王氏也欤！何其子孙之多贤也？世有以晋公比李栖筠者，其雄才直气，真不相上下。而栖筠之子吉甫，其孙德裕（4），功名富贵，略与王氏等；而忠恕仁厚，不及魏公父子。由此观之，王氏之福盖未艾也。

懿敏公之子巩与吾游，好德而文，以世其家，吾以是录之。铭曰："呜呼休哉（5）！魏公之业，与槐俱萌；封植之勤，必世乃成。既相真宗，四方砥平。归视其家，槐阴满庭。吾侪小人，朝不及夕，相时射利，皇恤厥德（6）？庶几侥幸，不种而获。不有君子，其何能国？王城之东，晋公所庐；郁郁三槐，惟德之符。呜呼休哉！"

注释：（1）汉、周之际：指五代的后汉、后周。（2）魏国文正公：指王旦，封魏国公，谥文正。（3）左契：古代契约分左右两联，左契凭以索偿。（4）李吉甫、李德裕：均唐代贤相。（5）休：美。（6）皇：通"遑"，闲暇。（7）有：通"又"。

译文：上天一定会展现他的意愿吗？但为什么贤德的人不一定富贵，仁爱的人不一定长寿？难道上天不一定会展现他的意愿吗？但行善仁爱之人一定有好的后代。这两种说法哪一种是对的呢？

我听包申胥曾经说过："人为的因素可以改变天命，天命胜于人为因素。"世上议论天道的人，都不等上天的意愿完全表现出来就去责求，因此，认为天是茫茫无知的。善良的人因此而懈怠，邪恶的人因此而放肆。盗跖可以长寿，孔子、颜回却遭受困厄，这都是上天还没有表现出来他的真实意愿的缘故。松柏生长在山林之中，起初被蓬蒿围困，遭牛羊践踏，但最终还是四季长青，经千年而不凋零，这就是上天赐予它的天性。关于对人的善恶报应，有的要一直到子孙后代才能表现出来，这也是上天确定已久的。我根据所见所闻来验证，上天的意愿一定会展现的，这是明白无疑的。

国家将要兴盛时，必定有世代积德的大臣，做了很大的好事而没有得到福报，但此后他的子孙却能够与遵循先王法度的太平君主，共享天下的福禄。已故的兵部侍郎晋国公王佑，显赫于后汉、后周之间，先后在太祖、太宗两朝任职，文武忠孝，天下的人都期盼他能出任宰相，然而王佑由于正直不阿，不为当世所容。他曾亲手在庭院里种植了三棵槐树，说："我的后世子孙将来一定有位列三公者。"后来他的儿子魏国文正公（王旦），在真宗皇帝景德、祥符年间做了宰相，当时朝廷政治清明，天下太平，他享有福禄荣耀十八年。

现在如果把东西寄存在别人处，第二天就去取，可能得到，也可能得不到了。但晋国公自身修养德行，以求上天的福报，在几十年之后，得到了必然的回报。如同手持契约，亲手交接一样。我因此知道上天的意愿一定会展现的。

我没来得及见到魏国公（王旦），却见到了他的儿子懿敏公。他事奉仁宗皇帝时直言敢谏，出外带兵、入内侍从三十多年，这种爵位还不足以和他的德行相称。上天将再一次使王氏兴盛吗？为什么他的子孙有这么多的贤人呢？世上有的人把晋国公（王佑）与李栖筠（唐代贤相）相比，他们两人的雄才大略、正直气节，确实不相上下。而李栖筠的儿子李吉甫，孙子李德裕，享有的功名富贵和王氏也差不多，但忠恕仁厚，则不如魏公父子。由此可见，王氏的福份正旺盛不衰啊！懿敏公的儿子王巩，跟我交游，他崇尚道德而又善诗文，以此继承了他的家风，我因此把他记了下来。铭曰："啊，多么美好啊！魏公的家业，跟槐树一起萌兴。辛劳的培植，一定要经过一代才能长成。他辅佐真宗、天下太平，回乡探家，槐荫笼庭。我辈小人，一天从早到晚，只知窥察时机求取名利，哪有空闲修养自己的德行？只希望有意外的侥幸，不种植就能收获。如果没有君子，国家又怎能成为一个国家？京城的东面，是晋国公的住所，郁郁葱葱的三棵槐树，象征着王家的仁德。啊，多么美好啊！"

本文是宋神宗元丰二年（1079年）苏轼在湖州任上为学生王巩家中"三槐堂"提写的铭词。三槐堂，是北宋初年兵部侍郎王佑家的祠堂，因王佑手植三棵槐树于庭而得名。古代传说，三槐象征朝廷官吏中职位最高的三公。而王佑正是王巩的曾祖父。文章主题在于歌颂王佑的品德和功业，分五段进行。第一二两段，从天命的有常立论，肯定了善善恶恶的因果报应，提出"仁者必有后"的观点，为全文的理论基础。第三四五段，记叙了王佑手植三槐的经过和期待，以及王佑子孙后代多有仁德贤能者的事实，说明王佑仁爱厚施、积善成德，因此才子孙多贤，福祚绵绵不绝，从而论证了观点，突出了主旨。

三槐堂不仅成了王祜一支的堂号，而且成为整个王氏大家族中很重要的一个分支——三槐王氏。三槐王氏自祜公以后，簪缨相继，历世为官，子孙分任各处，子孙散布于海内外。

王姓"爱鹅"堂号的由来。王素国作《三槐堂记王氏族谱》序言：王氏所采之堂号有爱鹅、三槐两说。爱鹅堂号典出《晋书》王羲之写字换鹅的故事。世传书圣王羲之十分喜爱鹅，他在黄鹤楼下放过鹅。一日他与一书生聊天论鹅，言鹅是"禽中豪杰，白如雪，洁如玉，一尘不染"。他越说越兴奋，情不自禁地在地上写出一个"鹅"字。还有一说，系王羲之

鹅 池

辟池养鹅，并观其神态，从而练成一笔而就的"鹅"字，该池称"鹅池"。鹅池位于今湖北省武汉市黄鹤楼东南209米、白云阁西南103米处，与白龙池紧紧相连。据说山阴有一道士善饲鹅，羲之前去观赏，甚为喜悦，一再请求道士卖鹅给他，道士言，汝能为我抄

写一遍老子五千言之《道德经》，我将整群鹅全都赠送你了。羲之大喜过望，求得纸墨，顾不上饮食休憩，一气呵成，将《道德经》书毕，道士亦喜不自胜，款以酒食之后果真赠鹅，羲之"笼鹅而归，甚以为乐"（《晋书·王羲之传》）。另有他书谓道士让羲之所抄者为《黄庭经》。其实无论所抄何文都无关紧要，乃因王羲之书法名重，以高才绝技换来心爱之物，当为王氏后人所骄傲之佳话也。道士亦为爱书之人，其所藏王氏真迹若流传至今，当为无价书宝也。故而王氏多有以"爱鹅"二字为堂号者也。

在追踪三槐王氏始祖问题上，几百年来，一些名家著作都定局为王言为三槐王氏之始祖。

2009年浙江东阳王福华写了《三槐王氏始祖王言王彻后裔及宗族界定初考》一文，据原文编辑如下：

三槐王氏始祖的子嗣问题，在中国的许多宗谱和专家的笔下，纵贯一千多年来，特别重写的是王言之子王彻，王彻之子王祐，而对王言幼子王永，王彻次子王祜，幼子王祉（一作王祚、王祁）的谱传甚为淡写，究其因在于三槐王氏的植树人是王祐，故此落笔重点就突出王祐，这是可以理解的。作者在搜集编写中国王氏人物的过程中，发现王言幼子王永、王彻次子王祜、幼子王祉（祚、祁）的家史，他们的后裔蕃衍史迹遍布中国许多省，重在浙江，由浙江转迁大江南北和中西部地区。据清末谱牒学者王庸敬著《王氏通谱》之《琅邪王氏通谱》卷八记载，自河南开封迁居安徽舒州，为舒州一派，据不完全统计，王永的后裔中有11人是进士，九品以上官员44人。王永的四世孙王玘全族迁居江都（时为江苏省）；他的另一个四世孙王珪在宋庆历二年（1042年）中举进士。《宋史·宰辅表二》载：王珪任宋神宗朝宰相（辅）十六年（王旦任正宰十二年，王珪任正宰十一年），是北宋时期继王旦后的三槐王氏第二位宰相。宋庆历元年（1041年），王永的八世孙王居正，仕宋仁宗朝参知政事（副宰相），其弟王居修、王居厚同朝为官（见《宋史·列传卷第一百四十》）。王珪六子，前五子后裔均居住在安徽舒州，幼子王仲山避居靖康（今广东东莞）。王珪二弟王琪，进士出身，历官两浙淮南转运使，盐铁判官，户部院知制诰，龙图阁待制知润州，加枢密直学士，历知邓州扬州杭州，入判太常，以礼部侍郎致仕（见宋史本传）。王永幼子景珉，其孙埜，由成都徙居扬州之江都，是为一个大族。因此，王言幼子王永一支主要居住地为安徽舒州，江苏扬州，福建闽中及今南京和广州东莞等地。王言长子王彻的后代在一些宗谱里只见其王祐（一作祜）一子。其实王彻生有三子，即王祐（后梁贞明五年即919年生）、王祜（后唐同光元年即923年生）、王祉（一作祚、祁，后唐同光四年即926年生）。多数书谱都将王祜当作王祐，故王祜生年错为王祐生年，此为错记。上述王彻生三子，均见东阳《永泰王氏宗谱》卷三，王祐、字景叔；王祜，字昱叔；居江西义宁州（今南昌市）崇凤乡塘埠；王祁，字元叔，仕右赞善大夫，礼部侍郎，祐、祜、祁三兄弟的"字"共用"叔"。东阳木衢王氏宗谱（原为永泰王氏同宗）载，王彻生王祐、王祜、王祚。木衢王氏因洪水灾害迁居，离宗的永泰王氏，挂靠王旦子王冲五世孙王居仁名下；此外，贵州六盘水市王大锐先生复印积累的一本多方面的谱书中，第162页标题为《太原王氏的发展——北宋闻名天下的三槐王氏》，该页标明王彻也生祐、祜、祚三子；又东阳《湖沧王氏宗谱》记载，王彻生王祐、王祁。据《江西太原堂王氏族谱》重修源流序称为太原郡派，序中重点记载王祐手植三槐，生子王旦，旦后王雍、王冲、王素、王巩，其世系称"乔公世派"，但世系较为紊乱，太原郡中杂有琅琊派人，将三槐王氏挂在王导、王羲之名下，将王祐的三世祖记载为王勃的儿子王溥，依次为王溥→王贻永→王圯公→王祐→王旦→王雍→王冲→王素→王巩。王祜徙居江西义宁州（今南昌市）崇乡凤乡塘埠村又徙福建汀州府上杭县龙坑（又名蛇坑），再迁居于浙江新昌县，配曹氏，生子英。因王祜已迁居新昌，江西太原堂王氏宗谱再无以下世传记载。王庸敬编撰的《琅琊王氏通谱》中，对王彻幼子王祉的世传记载更为详细，谱称王永、王祉"为三槐派"，王祉官授河南睦海州教授，其孙王轸是进士，官至尚书、金紫光禄大夫，因河南黄河决口，与堂叔王勉迁徙陈之宛邱（今属河南）。宋以后该支后裔"簪缨济济，亦为望族"，后裔入仕途的众多，有进士31人，为官者121人，宋室南渡后落籍浙江宁绍地区和台州地区，重在诸暨枫桥余姚慈溪和萧山，至元明清时期又一次北上，分支达80余支，这80多支是王祉后裔分居在以浙江为重点的诸暨、余姚、绍兴、萧山、宁波等地区及河南、安徽、上海、江苏、福建、江西、北京等省区，尚有小支派40余支，居浙江等省，世系已延续到清道光朝以后，即以王言为一世，已蕃衍到第35世，自道光朝至今近190年的历史。

总而言之，王仲舒的后裔除安徽、湖北、浙江、江西外，"三槐王氏"（包括海外三槐王氏）都属于王仲舒之后裔，真是一支庞大的太原王氏家族。

三槐世系上朔源流质疑。在清末谱牒学者王庸敬所纂修的《王氏通谱》中将三槐王氏列入琅琊世系，原因是将三槐始祖王言列为后唐宰相王博之子，因受蓝田之祸，家族受牵连，王言为滑州黎阳县令。而一般史书中大多记载王博为琅琊世系。所以，将王言列入琅琊世系，主要是他引用的资料是史书，并无新的证据。

有关三槐世系的上朔源渊归属的争议王昕兰在《中华王氏家谱研究通讯》第11期上有专文阐述，这是目前史学与谱牒学界的争议问题，我们目前暂不急于论证与统一。只是说明王庸敬将三槐王氏列入琅琊世系依据是引自"史书"，他当时没有找到王锺等所编纂的《三沙王氏统谱》（或称《三沙王氏全谱》），加上有的《三槐王氏宗谱》是自述上朔太原派系，所以未加论证就断定此结论了。因为在《通谱》里经常可见到：当有史书与谱牒说法不同时，往往会加以评论，有时认同"史书"说法，有时认同"家谱"说法，有时作为"存疑"处理。例如他在《三槐王氏通谱》卷四中阐述69世彦达的身世时说出了史书与家谱的说法不同，而且他认为此处应相信家谱资料的说法，他说许多史馆的资料也是相互抄袭，确实会有抄错或抄漏之处，因此，他呼吁"信史不如信谱"。

看来王庸敬当时主要借鉴萧山王氏谱和余姚王氏谱，而这两谱是将三槐王氏列入琅琊世系的，因此未提出异议。实际上差不多与纂修《王氏通谱》的同时，苏南的王锺等也正在编《三沙王氏统谱》（历时二十年，光绪五年编成），载有丰富的资料称三槐王氏是在太原王氏派下。作者最近查阅浙江东阳的《上潢王氏宗谱》和

《湖沧王氏宗谱》、《萧山车里王氏宗谱》等也都是把自己列入太原派系之下。这也证明王庸敬出于历史条件的限制，收集的资料还是不够全面。因此，其所著的《王氏通谱》尚存在不完善之处。

根据郡望与堂号寻根的线索，开闽王氏和三槐王氏一样，同是琅琊唐相王方庆的儿子，同出一脉，王綝（字方庆）生有十子：晞、晦、暾、晊、晔、晙、暟、昕、暲、晖。王晞，字光烈，璐州刺史，承袭石泉侯。王暾，字光辅，支传三槐望族，五子王晔传开闽一族。

开闽王氏是指入闽三王：广武王——王潮、武肃王——王审邦、忠懿王——王审知和福州守开城都督——王彦复的后裔家族集团，其先源是琅琊王氏流脉，蜚声于东南沿海以及东南亚国家和地区的一个庞大家族集团的"开闽王氏"，而忠懿王王审知又被世人尊称其为"开闽第一"，作为"功肇闽祖"的王审知，赫赫开闽百世功，四门兴学称盛世，八闽商族通海外，朝贡中原不称帝。集治闽功绩与开国之君于一身，无论在闽国史还是福建开发史上，都是具有重要影响的历史人物，因而赢得了福建以及东南沿海人民的敬仰，尤为福建、台湾王氏后裔与东南亚各国王氏家族推崇备至，将他作为中华王姓的杰出人物来加以纪念。开闽王氏包涵着如此丰富的家族历史，故琅琊是其郡，开闽是其望；其家族的称谓即琅琊郡开闽王氏，堂号——开闽第一。

♥ 贵姓宗联

宗联是古人为某一姓氏宗族书写的对联，又称姓氏对联，专用于祠堂、支祠、家庙、大门、神龛、祖先牌位、祖宗坟墓左右两侧。在郏子庙大殿前精雕石柱上的楹联，"居郏子故墟纵千载犹沾帝德，近圣人倾盖虽万年如座春风"，至今仍为人们咏颂。

堂联亦称祠联，主要用于家族祠堂。但堂联又不完全是祠联，而是祠联中的一类。祠联有通用祠联与专用祠联之分。

王姓宗祠门楣题辞

　　　　一曰：太原垂徽

二曰：三槐世第

三曰：清节流芳

四曰：四杰传芳

五曰：槐堂世相

六曰：三槐门第

门楣题辞，俗称"门榜"，具有标识使用者姓氏的作用，其规制略同匾额，横书在住宅大门或厅堂的门楣上。由于"门榜"内容常常与使用者所属祠堂的堂匾相一致，因此也有人把"门榜"称作堂匾或姓匾。

王姓宗祠四言通用联

三公槐树；

一甲梅花。

上联典出宋·王旦之父王佑，于庭院植槐树三株，曰："吾之后世，必有为三公者。"时称"三槐王氏"。下联指王安石考取进士，位列前茅，故谓"一甲"。他又写过一首著名咏梅诗："墙角数枝梅，凌寒独自开。遥知不是雪，为有暗香来。"故被颂为"一甲梅花"，既颂其人，亦颂其诗，且成典故。

三槐世泽；

两晋家声。

上联典出宋人王佑（官至兵部侍郎），曾手植三棵槐树于庭前，并预言"吾之后世，必有为三公者"。时称"三槐王氏"。其后，果有其子王旦，仕至宰相，位进太保。且其孙王雍、王仲、王素分别任兵部、户部、工部尚书，兄弟同朝，位居三公。故世有"三槐世泽"之颂，且泽及整个王家，普遍仿建三槐祠，沿用三槐号。下联指西晋有王祥、王览、王浑、王湛、王承、王坦之、王愉、王浚、王戎等名人；东晋有王导、王敦、王羲之、王献之等名人，是为王氏家声的鼎盛时期，故世有"两晋家声"、"两晋遗风"之颂。

家传乌巷；

古继青箱。

上联典自东晋·王彪之精通经学，熟谙江左旧事，所录仪规藏于青箱，世代相传，人称"王氏青箱学"。下联典自东晋·王氏望族聚居建康乌衣巷。

太原望族；

东晋名家。

上联典指东晋·王敦。王敦，字处仲，东晋初权臣。琅邪临沂（今山东临沂北）人，士族出身，王导从兄，娶晋武帝司马炎女襄城公主为妻。下联典指东晋·王导。王导，字茂弘，汉族，琅琊临沂（今山东临沂）人，东晋初年的大臣，在东晋历仕晋元帝、晋明帝和晋成帝三代，是东晋政权的奠基者之一。

求鲤世泽；

爱鹅家声。

上联典出汉·王祥（历汉、魏、晋三代，下同），有卧冰求鲤奉母之故事，旧时列为"二十四孝"之一。下联典出东晋·王羲之天生爱鹅，为山阴道士写《道德经》以换鹅。

阳明学术；

逸少风流。

此联为王姓宗祠太原堂联。上联典指明代王守仁，于故乡阳明洞中讲学，世称"阳明先生"。下联典指东晋·王羲之，字逸少，有"东床坦腹"的故事。东床坦腹（dōng chuáng tǎn fù），意思是露出肚皮睡在东床；喻指做女婿。南北朝·刘义庆《世说新语》："郗太傅在京口；遣门生与王丞相书；求女婿。丞相语郗信；君往东厢任意选之。门生归白郗曰：'王家诸郎；亦旨可嘉；闻来觅婿；咸自矜持；唯有一郎在持床上坦腹卧；如不闻。'郗公云：'正此好。'访之；乃是逸少；因嫁女与焉。"　[正音]腹；不能读作"fǔ"。

卧冰跃鲤；

朝阙飞凫。

上联典自汉·王祥，卧冰求鲤侍母。下联典自东汉·王子乔每朝阙，来去无踪，凭双凫飞来，时人称其"仙吏"。

辋川书画；

沂国方严。

上联典出唐·王维，工诗善画，晚年居蓝田辋川。下联典出宋·王曾，封沂国公，处政方严。

　　　　　明妃青冢；

　　　　　金母瑶池。

　　上联典指西汉·王昭君。下联典指神话传说西王母。

　　　　　槐堂世瑞；

　　　　　珠树家珍。

　　上联典指北宋·王佑。下联典指唐·王勃。王勃，唐代诗人，字子安，绛州龙门（今山西河津）人。王勃的祖父王通是隋末著名学者，号文中子。父亲王福畤历任太常博士、雍州司功等职。王勃与杨炯、卢照邻、骆宾王以诗文齐名，并称"王杨卢骆"，亦称"初唐四杰"。《旧唐书》本传谓王勃："六岁解属文，构思无滞，词情英迈，与兄才藻相类，父友杜易简常称之曰：此王氏三珠树也。""三珠树"本作"三株树"，是对唐初王勔、王勮、王勃兄弟三人的称谓。《新唐书·文艺传上·王勃》："勔、勮、勃皆著才名，故杜易简称三珠树。"后常用作对人兄弟的赞词。宋·楼钥《王提刑正功挽词》诗："伯仲三珠树，优为一世才。"

　　　　　暖舒柳岸；

　　　　　瑞溢槐堂。

　　全联典指北宋·王佑、王旦父子。

王姓宗祠五言通用联

　　　　　两晋家声远；

　　　　　三槐世泽长。

　　上联指西晋有王祥、王览、王浑、王湛、王承、王坦之、王愉、王浚、王戎等名人；东晋有王导、王敦、王羲之、王献之等名人，是为王氏家声的鼎盛时期，故世有"两晋家声"、"两晋遗风"之颂。下联典出宋人王佑，曾手植三棵槐树于庭前，并预言"吾之后世，必有三公者"。时称"三槐王氏"。其后，果有其子王旦，仕至宰相，位进太保。且其孙王雍、王仲、王素分别任兵部、户部、工部尚书，兄弟同朝，位居三公。故世有"三槐世泽"之颂，且泽及整个王家，普遍仿建三槐祠，沿用三槐号。

　　　　　一经传旧德；

五字耀英才。

全联典出清代吏部员外郎、书法家王澍。1668 年生，1743 年逝世（一说卒于 1739 年），江苏金坛人。清代书法家，字若霖、箬林、若林，号虚舟，亦自署二泉寓居，别号竹云。官至吏部员外郎。康熙时以善书，特命充五经篆文馆总裁官。工书，善刻印，尤以书名。告归后益躭书，名播海内，摹古名拓殆遍，四体并工，于唐贤欧、褚两家，致力尤深，辄跋尾自道所得。王澍是一位著名学者，其书法亦冠绝当世。晚年书法益工，远近士大夫家，以金币请者无虚日。观此篆书立轴，结字匀称端庄，法度分明，规整森严。笔画虽纤细，但笔力内凝，入规出矩。字字结构稳健，火候纯熟，颇有法度，乃为一代书法高手。从而可知，王澍在篆书方面，是有卓越的突破和贡献的。他那凝重醇古的艺术个性，被世人所称道。

德从宽处积；

福向俭中求。

全联典出清初画家王时敏。王时敏（1592—1680 年），明末清初画家。字逊之，号烟客、西庐老人等。江苏太仓人。王锡爵孙。王时敏出身世宦之家，明朝内阁首辅王锡爵孙，翰林王衡之子，崇祯初年曾任太常寺卿，所以也被称为"王奉常"。寄情诗文书画，家藏历代法书名画甚多，反复观摩，并曾得到董其昌等人的指点。擅山水，专师黄公望，笔墨含蓄，苍润松秀，浑厚清逸，然构图较少变化。其画在清代影响极大，王翚、吴历及其孙王原祁均得其亲授。与王鉴、王翚、王原祁并称四王，外加恽寿平、吴历合称"清六家"。开创了山水画的"娄东派"，居清初画家"四王"之首。

王姓宗祠七言通用联

兰亭一集家声远；

槐树三株世泽长。

上联典指东晋·王羲之书法为古今之冠，王羲之对楷、草、行主体书法造诣都很深，其中，王羲之书写的《兰亭集序》为书法家所敬仰，被称作"天下第一行书"。下联指北宋·王祐的典故。

碧纱笼护诗人草；

金带围开宰相花。

　　上联指唐代王播的故事，显达为相后，寺僧以碧纱笼护其孤贫寄食时题于寺壁之旧作。王播，字明剔，原籍太原（今太原），其父王恕，曾任扬州（今江苏扬州）仓曹参军，遂以扬州为家。王播生于唐肃宗乾元二年（759年），他颇有才华。王播早年坎坷，年幼丧父，从此家道中落，沦落到扬州昭惠寺木兰院寄食，常遭僧人白眼，司厨僧人有时故意饭后敲钟，使之受骗挨饿。实在无法再呆下去了，他便题诗壁上悄然而去。二十年后，他位居高官，锦衣访旧，见以前所题之诗"已皆碧纱幕"，呵护有加，颇多感慨。故而又题了两首绝句，其一云："上堂已了各西东，惭愧阇黎饭后钟。二十年来尘扑面，如今始得碧纱笼。"似乎道尽人间冷暖。而"饭后钟"、"碧纱笼"，从此成为古诗中常用的典故。王播唐德宗贞元十年（791年）考中进土，同年又应制举贤良方正科，成绩优异，补盩至（今陕西西周至）尉。在任期间，王播剖断狱讼，明察秋毫，深得御史中丞李汶的赏识，被推荐任监察御史。当时，官场黑暗，政治腐败，贿赂公行。王播身为监察御史，刚正不阿，不畏权贵，曾冒着丢官的危险弹劾并罢免了把有贿赂罪的云阳（今陕西境内）丞源咸季，将擢升为侍御史。元和十三年（818年），王播受宰相皇甫缚的排挤，调离中央，去任偏远的剑南西川（治所在今四川成都）节度使。他所兼任的盐铁转运使一职由程异继任。这次贬谪，对他是一个沉重的打击，他竟一改过去几十年的为人作风，专以奉迎权贵为务。在唐穆宗、唐敬宗、唐文宗三朝，王播居官10年，并曾两次出任宰相，就是凭苛剥人民、贿赂皇帝和宦官而取得的。唐穆宗一即位，立刻贬逐了奸相皇甫缚。王播在西川闻讯，"大修贡奉，且以结赂宦官，求为相"，很快被召回朝廷，担任宰相。唐文宗大和四年（830年）正月，王播患喉肿暴卒，时年七十二岁。文宗为之废朝三日，赠太尉，谥曰"敬"，享尽死哀荣。后晋刘煦等修撰的《旧唐书》，对王播大加褒奖，不仅为他本人列传，甚至其弟、其子，其族子孙均在其中，简直是王氏谱系。王播虽然有随波逐流、随势沉浮的劣行，当时已为士大夫所唾弃，认为他以"奸邪进取"，"不存士行"；但是他毕竟出身寒门，从小孤贫，凭着刻苦勤奋，以文辞自立，所以他"居官强济"，"勤于吏治"，往往人所不堪胜任之事，他却反以为乐。例如，他在淮南节度使任上，比较注意水利工程的维修和兴建，使漕运从此畅通无阻。这也是王播为后人所怀念的一个重要原因。

"金带围"是花瓣腰部有一圈黄色的红芍药。相传此花少见，如开则预示有人当宰相。下联典出宋·韩琦家宴，王珪、王安石、陈太博均在，金带围一出四枝，后四人先后为相。见宋周辉《清波杂志》。

> 黄槐绿竹栽新院；
> 紫燕红鹅说旧家。

上联典指北宋·王佑、王献之。下联典指东晋·王导、谢安和王羲之。王导、谢安跟紫燕有关；王羲之天生喜欢红鹅。唐代大诗人刘禹锡写了一首名叫《乌衣巷》的脍炙人口的诗："朱雀桥边野草花，乌衣巷口夕阳斜，旧时王谢堂前燕，飞入寻常百姓家。"乌衣巷位于江苏省南京市夫子庙西南数十米，是一条幽静狭小的巷子，原为东晋名相王导、谢安的宅院所在地。王导是东晋初年的宰相，权势显赫，威震朝野，当时有"王与马（指晋帝司马氏）共天下"的歌谣。诗词中提到的"谢"，就是谢安，别名安石，他是晋孝武帝的丞相，人称谢太傅，功勋卓著，曾一度辞官退隐浙江会稽东山，当时曾有"安石不出，将如苍生何"，足见他的威望之高。后复出主持大局，因此又有"东山再起"的成语，表示免职以后再度掌权的意思。旧时王谢子弟善著乌衣，因而得名。为纪念王导、谢安，在乌衣巷东曾建有来燕堂，建筑古朴典雅，堂内悬挂王导、谢安画像，仕子游人不断，成为瞻仰东晋名相、抒发思古幽情的地方。

> 千里荷花开世界；
> 一杯美酒对湖山。

上联集自出唐代诗人王湾诗句。下联集自宋代诗人王庭珪诗句。

> 天收运召沧江客；
> 兵气销为日月光。

采用清代金石学家王懿荣联。

对联喜贴右军墨；

春意乐赋摩诘诗。

上联典出晋代王羲之，世称王右军。下联典出唐代诗人王维，字摩诘。

秋水落霞惊四座；

桐花栖凤报群贤。

上联典出唐代文学家王勃写的《滕王阁序》中的"落霞与孤鹜齐飞，秋水共长天一色"。这一句素称千古绝唱。青天碧水，天水相接，上下浑然一色：彩霞自上而下，孤鹜自下而上，相映增辉，构成一幅色彩明丽而又上下浑成的绝妙好图。这两句在句式上不但上下句相对，而且在一句中自成对偶，形成"当句对"的特点。如"落霞"对"孤鹜"，"秋水"对"长天"，这是王勃骈文的一大特点。王勃，唐代诗人，字子安，绛州龙门（今山西河津）人。王勃的祖父王通是隋末著名学者，号文中子。父亲王福畤历任太常博士、雍州司功等职。王勃与杨炯、卢照邻、骆宾王以诗文齐名，并称"王杨卢骆"，亦称"初唐四杰"，其中王勃是"初唐四杰"之冠。下联典出清代诗人、刑部尚书王士祯。王士祯（1634—1711年），原名士禛，字子真、贻上，号阮亭，又号渔洋山人，人称王渔洋。汉族，新城（今山东桓台县）人，常自称济南人，清初杰出诗人。博学好古，能鉴别书、画、鼎彝之属，精金石篆刻，诗为一代宗匠，与朱彝尊并称。康熙四年（1665年），王士祯升任户部郎中，到京城为官。当时的京城才人墨客云集，为王士祯施展才华提供了舞台，他在诗歌创作中提出"神韵"说，开一代诗风。王士祯多才多艺，有大量名篇传世，他写景的诗文尤其为人称道，所作小令中的"绿杨城郭是扬州"一句，被当时许多名画家作为画题入画。王士祯的才华很快得到了康熙皇帝的赏识，康熙皇帝称其"诗文兼优"，"博学善诗文"。康熙十七年（1678年）王士祯受到皇帝的召见，"赋诗称旨，改翰林院侍讲，迁侍读，入仕南书房"，成为清代汉臣由部曹充词臣的第一人。康熙皇帝还下诏要王士祯进呈诗稿，这在当时是十分罕见的殊荣。王士祯遂选录自己 300 篇诗作进奉，定名《御览集》。从此，王士祯平步青云，常常得到御赐字画，

还多次参加重要宴饮。升礼部主事，康熙四十三年（1704年），官至刑部尚书。不久，因受王五案牵连，被以"瞻徇"罪革职回乡。康熙四十九年（1710年），康熙帝眷念旧臣，特诏官复原职，因避雍正讳，改名士正。乾隆赐名士祯，谥文简。

> 庭前刻玉称人瑞；
> 阶上看槐庆德长。

全联指北宋·王佑。

> 笃宗族以昭雍睦；
> 训子弟勿作非为。

采用王氏名人王贞常座右铭，王贞常撰王姓宗祠通用联。

> 淡如秋水闲中味；
> 和似春风静后功。

清代诗人王士祯撰此对联，成为王姓宗祠通用联。

> 语为吉祥滋厚福；
> 心缘谨慎历亨衢。

采用清代学者王昶撰此对联，也成为王姓宗祠通用联。

> 传家节操同松竹；
> 报国功勋并斗山。

采用王氏节义堂联。上联典自王氏家族有松竹般的节操。下联典自王氏家族人才辈出，不少人为国为民建过功、立过业，有斗岳般的功勋。

> 黄槐青箱千秋秀，
> 紫气红鹅万年春。

当代理财家王少峰撰深圳新居上德堂联。上联典自王佑、王导、王安石、王阳明、王夫之等，比喻王氏家族礼义传家，诗书教子，人才济济，尤善整章建制；下联典自轩辕黄帝、王羲之、王献之等，说明王氏家族乃帝王之苗裔，源远流长，为中华民族作出了巨大贡献。王氏不仅广泛分布于全国各地，还走出了国门，走向了世界。从东南亚至欧美，都有王氏人物的活动足迹。

♥ 王氏家训

中国各姓氏的家训都是要求后代继承家族优良传统，发扬先祖艰苦奋斗精神，振我家业，兴我中华，顾大局、识大体，千家万户教育培养子孙后一代，热爱祖国，热爱人民，热爱家乡，构建和谐社会，创造更加美好的明天。

一般家谱、族谱上都有"族规、家训或者祖训"。浙江大学教授、著名史学家、方志学家仓修良说，研究家谱，最值得关注的是"家训"。他说："我读了那么多'家训'，没有一个'家训'不是叫子弟踏实做人、认真做事、好好读书的。"比如南北朝时期记述个人经历、思想、学识以告诫子孙的《颜氏家训》中就有"一粥一饭，当思来之不易；半丝半缕，恒念物力维艰"的话，至今读来还是有教育意义；另外，备受王安石推崇的《钱氏家训》中有一条为："子孙虽愚，诗书需读。"钱氏后裔英才辈出，光近现代文化名人便数不胜数，如钱基博、钱穆、钱临照、钱钟书、钱伟长、钱鸣商、钱树根、钱绍武等等。

说起曾国藩，无论是官家富户，还是平民百姓，几乎都把他奉为治家的典范。一部《曾文正公家书》，与朱柏庐的《治家格言》（世称《朱子家训》）一样，成了中华民族传统的家教经典。据说蒋介石的案头，有两样东西是少不了的：一部是《圣经》，一部就是《曾文正公家书》。青年毛泽东在致友人的信中说"愚于近人，独服曾文正"。曾国藩这位被清王朝称为"中兴第一臣"、封建社会货真价实的"高干"，不管天下风云变幻，几番改朝换代，其家族始终保持着严谨的家风，后代也各有建树。他的两个儿子，一个是著名外交家，一个是著名数学家；孙辈中曾广钧23岁即中进士，是翰林院中年纪最轻的，其他的也都从政从军，善始善终；曾孙辈则多是学者，各有专长。曾国藩直系第四代孙共15人。依照惯例，族谱不上自家女子名字，而在此谱上，属曾国藩第四代孙的，却上了两个女子的名字——宝荪、宝蕙，前面均冠有"贞女"二字，那是"终生不嫁"的意思。这15人中，除昭润、昭揆20岁早逝、昭榕于 24 岁早逝外，其余 12 人均取得了高等学校的学历，各有专长。宝荪、昭榭（曾约农）还留学英国，昭权、昭桓还留学美国。曾宝荪、曾约农是同辈中年纪最大的，同生于光绪十九年（1893 年），在英国留学后，姐弟在长沙创办"艺芳"女校。1946 年春，湖南克强学院建成，曾约农受命为院长，曾宝荪则重建"艺芳"女校。解放前夕，两人经香港去了台湾，曾宝荪继续任"国大代表"，1978 年 7 月病故，享年 86 岁；曾约农任台湾大学教授，东海大学第一任校长，1987 年 12 月病故，享年 95 岁。其他兄弟姊妹，昭桦于 1949 年在香港乘飞机撞山身亡，年仅 43 岁；昭柯去了美国，1992 年病故，享年 74 岁，昭权、昭棉、昭谏与宝菡都留在大陆，除宝菡行医，其他都在文化教育界。特别耐人寻味的是，曾家后代在后来国共两党的斗争中，两方都有其代表人物：国民党"国防部长"俞大维的母亲曾广珊是曾国藩的孙女，共产党元帅叶剑英（也曾任过国防部长）的夫人曾宪植，则是曾国藩之弟曾国荃的玄孙女，她很早投身革命，担任过全国妇联的副主任等职；国民党的"国大代表"、后任台湾大学校长曾宝荪，是曾国藩的长曾孙女，共产党原高教部副部长兼全国科联副主席曾昭抡，则是曾国藩之弟曾国潢的曾孙。曾国藩一共有 4 个弟弟：老二曾国潢，老三曾国华（过继给他叔父曾高轩为子），老四曾国荃，老五曾国葆。这 4 兄弟共有 6 个儿子，14 个孙子，41 个曾孙，第五、六代遍布海内外，就无法统计了。这四房的后代中，也出了不少才华卓著颇有影响的人物，如曾国华的孙子曾广植、曾国潢的曾孙曾昭抡、曾国荃的玄孙女曾宪植。可以这样说，曾家数代无一废人，未出一个纨绔子弟，这与曾国藩的家风是分不开的。

据曾国藩所作《大界墓表》载：曾国藩的祖父曾星冈，年轻时沾染了不少"游惰"习气。他有书不读，常骑马到湘潭与一些"裘马少年相逐，或日高酣寝"，引起不少长老讥笑。后来，他接受别人的劝戒，"立起自责"，卖掉马匹，徒步回家。从此，他"终身未明而起"，苦心治理自己的家业。为了便于耕作，他领着"耕夫""凿石决堰"，将小丘改为大丘，还精心钻研水稻和蔬菜的栽培技术，同时喂猪养鱼，一年四季没得空闲。他还总结了一套治家方法，后来曾国藩的治家八字"早、扫、考、宝、书、蔬、鱼、猪"，就是继承和发展其祖父的经验而来的。曾国藩在给儿子纪泽的信中说："昔吾星冈公最讲求治家之法，第一早起，第二打扫洁净，第三诚修祭祀，第四善待亲族邻里……故余近写家信，常常提及书、蔬、鱼、猪四端者，盖祖父相传之家法也。"这"八字家法"，除"考、宝、书"讲的是祭祀、待邻、读书外，其他五字讲的都是劳作。不畏"家常琐事之劳"，不畏往复"奔走烦劳"，后来的曾家子弟，在战场，在官场，搞外交，搞科研，奔波劳顿，当得大任，是深得这"八字家法"之益的。

曾国藩的父亲对其教育非常严格。曾国藩为其父曾麟书写的《台洲墓表》载："先考（考，指已死的父亲）府君（府君，子孙对其先世的敬称）讳麟书，号竹亭，平生劬劳（qú láo，劳累、劳苦之意）于学，课徒传业者盖二十有余年。国藩愚陋，自八岁侍府君于家塾，晨夕讲授，指画耳提，不达则再诏之，已而三复之。或携诸途，呼诸枕，重叩其所惑者，必通彻乃已。其视他学僮亦然，其后教诸少子亦然。"

曾国藩是中国历史上颇具影响的人物，其家风甚严。在曾家，男子"看、读、写、作"缺一不可；女子"食事、衣事、细工、粗工"须样样精通。勤奋、俭朴、求学、务实的家训家风，一直为曾家后人所传承。曾国藩的十六字箴言："家俭则兴，人勤则健，能勤能俭，永不贫贱。"曾国藩一直要求家人生活俭朴，远离奢华。他在京城时，见到世家子弟一味的奢侈腐化，挥霍无度，便不让子女来京居住。他的原配欧阳夫人一直带领子女住在乡下老家，门外不许挂"相府"、"侯府"的匾。曾国藩要求"以廉率属，以俭持家，誓不以军中一钱寄家用"，欧阳夫人在家手无余钱，只能事事躬亲，下厨烧灶、纺纱织布。当时乡里人都说，修善堂（办理乡团事务的地方）客人很多，常常吃饭要摆好几桌，杀一头猪所得的油，只够用3天；而黄金堂（欧阳夫人所住的宅子）杀一只鸡的油，也能用3天，可见她是多么节俭。

除了"俭"，曾国藩对子女家人的另一条要求是"勤"。作为晚清重臣，曾国藩日理万机，但他坚持给子女写信，为他们批改诗文，探讨学业和生活中的种种问题。他写信给儿子曾纪泽，要他每天起床后，衣服要穿戴整齐，先向伯、叔问安，然后把所有的房子打扫一遍，再坐下来读书，每天要练1000个字。

曾国藩还敦促家人每日坚持学习，并多次为全家拟定严格的学习计划："吾家男子于看、读、写、作四字缺一不可。女子于衣、食、粗、细四字缺一不可。"

上述这些例子都显示了家训的民间力量。纵观各姓氏的兴衰史，历史的经验和教训也很深刻，一个家族的沉浮除了跟社会的兴衰有关外，还跟本族家教有关。在重视出身家族背景的时代，一个姓氏望族往往是一荣俱荣，一损俱损。许许多多的大家族为了使本族后世子孙汲取教训，制定了本姓氏家训，这些家训不但是本族本姓人行为修养规范，还是其他姓氏的人教育后代的准则。

《龙潭三槐王氏家谱》所记家训、家规、家诫如下：

家训12条：一、孝父母；二、友兄弟；三、和夫妇；四、训子孙；五、重丧葬；六、诚祭祀；七、别继承；八、谨嫁娶；九、睦宗族；十、辑乡邻；十一、肃闺门；十二、慎择术。

家规10条：一、敬祖宗；二、敦孝友；三、教子弟；四、信朋友；五、设学校；六、重农桑；七、宜勤俭；八、畏法律；九、顾户纲；十、恤无告。

家诫14条：一、诫忤逆；二、诫犯上；三、诫邪淫；四、诫赌博；五、诫酗酒；六、诫争讼；七、诫转亲；八、诫乱宗；九、诫匪盗；十、诫骄傲；十一、诫游薄；十二、诫怠惰；十三、诫刻薄；十四、诫轻浮。

三槐堂静升王氏宗族祖训：

三槐世第，及至于今，英才辈出，卓尔不群。孝悌为先，忠信为本，惟耕惟读，恩泽子孙。不奢不侈，颗粒成廪，婚丧从俭，持家以勤。嫁女择媳，勿尚重聘，积德行善，不惟俗伦。自强自立，处事以忍，广结贤良，不谋非分。当差有事，尊上宽仁，努力进取，友朋谨慎。勿以诱善，祸及自身，勿以亲恶，招惹公愤。酗酒无度，伤其身心，聚众赌博，财帛散尽。贪婪飘荡，荒废青春，胡作非为，辱没先人。恋衙投宦，必爱人民，忌才害贤，毒族害群。

耸人告讼，不如兽禽，利令智乱，灾难必临。祖灵在天，察尔甚真，阴诛阳谴，追究必深。祖灵阴佑，和顺永存，后裔繁昌，福寿盈门。一荣一辱，天地一新，世德世业，纠察昭昏。一谦受益，一满招损，神灵有鉴，莫辱斯文。阴受其殃，阳恶是因，安贫乐道，其心也欣。焚毁朝夕，何堪明晨，纨绔堕落，愧对乡邻。不肖为贤，浪子如金，振兴美族，直上青云。秉公惩戒，繁荣后昆，恭愿后裔，永传家珍。百世不竭，积厚且纯，张德扬惠，守规遵训。

♥ 称号大观

中国人除了姓、名、字外，还有"号"。"号"分为自号、别号；封号、谥（shi）号；古代封建帝王有庙号、年号、尊号、国号。

《史记·五帝本纪》记载："自黄帝至舜、禹，皆同姓而异其国号，以彰明德。故黄帝为有熊、帝颛顼为高阳、帝喾为高辛、帝尧为陶唐、帝舜为有虞，帝禹为夏后而别氏。"可见，"号"的起源可以推到五帝时期，黄帝号有熊，帝尧号陶唐，帝舜号有虞，帝禹号夏后这是最早的号。号除了指部族或部族联盟的标记以外，还可以用来表示部族联盟首领的个人标记。《白虎通·号》云："帝王者何？号也。号者，功之表也，所以表功明德号令臣下也。"可见部族首领的"号"具有表明仁德的作用。早期的"号"是在人名前冠以"后"字，如后羿；或在官职前冠以"后"字，如后稷；或者在人名前冠以"帝"字，《史记》保存了这样的个人称号，如：帝喾、帝挚、帝尧、帝舜、帝禹、帝武丁、帝祖庚、帝甲、帝纣。比较特殊的是黄帝，《史记·五帝本纪》认为"有土德之瑞，故号黄帝"。

别号。由别人给自己取的号叫别号。别号实际上是别人对你的又一称呼。别号的来源可分为：

①以地望当别号

地望一般指原籍，这里还包括居住和做官的地方。后人对唐代以后的人用此法称呼的比较多。西汉贾谊曾为长沙王太傅，故后人为其起别号叫贾长沙，唐朝柳宗元（山西河东人）的别号叫柳河东、唐代韦应物因曾任苏州刺史故得别号叫韦苏州、宋朝王安石（江西临川人）的别号叫王临川、明朝严嵩（江西分宜人）的别号叫严分宜、清朝顾炎武（江苏昆山亭林镇人）的别号叫顾亭林等。

②以官职当别号

以官职当称号，如王右军（东晋王羲之，曾任右军将军）、王右丞（唐代王维，曾任尚书右丞）、杜工部、杜拾遗（唐代杜甫，曾任左拾遗和工部员外郎）等。

③以排行当别号

中国人以排行起别号，即以序数当称号。唐朝人有此风气，如白居易有一篇著名的文章《与元九书》，元九即元稹，九是他的排行；又有一首小诗《问刘十九》："绿蚁新醅酒，红泥小火炉。晚来天欲雪，能饮一杯无？"刘十九即刘禹锡，十九是他的排行。其他如白居易称白二十二舍人，韩愈称韩十八侍御，张籍称张二十八员外等。

④以人的典型特点当别号（即外号）

外号起源很早，据记载，夏朝末代君主桀的外号是"推移大牺"（因其力大可推得动牛），可以说外号已有了三千多年的历史，但外号的真正流行是在唐，特别是宋以后。刘备因长着两个很显眼的大耳朵，于是得外号"大耳朵"。

早期的外号大多是用来赞美当事人的，文人学士用跟诗文有关的外号来称呼对方，是一种风雅，如张先和宋祁分别被称为"云破月来花弄影郎中"和"红杏枝头春意闹尚书"，张先因其词作中有二三句带"影"字的名句又被称为"张三影"，温庭筠因思路敏捷、八叉手而成诗，得了很雅的外号"温八叉"。而下层百姓也用外号来赞美同行和朋友。研究中国的外号不可不读《水浒》，在《水浒》里，多数外号都是赞美性的，如"呼保义"、"玉麒麟"、"智多星"、"入云龙"、"浪里白条"、"圣手书生"、"轰天雷"等，有的听起来不啻就是"尊号"；还有的干脆就像官职或爵号，如"美髯公"、"双枪将"、"百胜将"、"天目将"、"神机军师"、"神火将军"、"圣水将军"等等。

但现今的外号绝大多数是由人的外貌、性格、特长、嗜好、生理特征、行为活动等特点而起的。当今真正让人感觉有意思的称呼就是别号。但现在使用的含有褒义的外号，称为"雅号"，例如：王医生手术高超，被人称为"王一刀"，这就是人们对他医术的赞美。

自号。自己给自己取的号叫自号。

自号是古代知识分子名称的一个重要组成部分，也是中国文化的一个重要特色。魏晋南北朝时代是中国文学史上"自觉的时代"，文人们发现了自我，因此，自号始于晋。第一个以自号著称的名人是不为五斗米折腰的陶渊明，他家门前有五棵柳树，因此自号"五柳先生"。唐代以后，取自号就成了风气，贺知章自号"四明狂客"，李白自号"青莲居士"，杜甫自号"少陵野老"，白居易自号"香山居士"，欧阳修自号"醉翁"、"六一居士"，黄庭坚自号"山谷道人"，苏轼自号"东坡居士"，李清照自号"易安居士"，姜夔自号"白石道人"，朱耷自号"八大山人"，秋瑾自号"鉴湖女侠"，梁启超自号"饮冰室主人"等，都是著名的例子。连皇帝也为自己取自号，如乾隆晚年自号"十全老人"、"古稀天子"等。

自号往往由两个部分组成，前部分起识别作用，后一部分是常用的通用名，如"居士"、"山人"、"道人"、"老人"、"翁"、"散人"等，居士多见于唐宋，与佛教有关；道人多见于元、清，与道教有关。

封号。旧时皇帝对凡活着的曾祖父母、祖父母、父母、妻妾、儿女以及功臣加号者为"封号"。如果皇帝的儿子没有封地，则在"王"前冠以美称。例如汉明帝三儿子刘恭、五儿子刘党最初的封号是灵寿王、重熹王。李贤注《后汉书》云"取其美名也"，并指出因为他们"未有国邑也"。后来，刘恭、刘党有了封地，他们的封号便改为钜鹿王、乐成王。皇帝女儿的封号一般称为"××公主"，在"公主"前都冠以所居之地名。例如唐太宗有21个女儿，封号为：襄城公主、汝南公主、南平公主、新城公主等等。

古代统治者对一些在世有功的大臣加封号"××侯"、"××公"。例如：张良的封号叫留侯、诸葛亮的封号叫武乡侯、王莽未称帝前的封号叫安汉公。

谥号。古代王侯将相、高级官吏、著名文士等死后被追加的称号叫谥号。所谓谥号，就是根据死者的生前事迹，选用一个或几个字加以总结概括，作为死者的称号。《白虎通·谥》云："谥者何也？谥之为言引也，引列行之迹也，所以进劝成德，使上务节也。"可见谥号的作用就是总结死者，勉励生者。如称陶渊明的谥号为靖节征士，欧阳修的谥号为欧阳文忠公，王安石的谥号为王文公，范仲淹的谥号为范文正公，王翱的谥号为王忠肃公，左光斗的谥号为左忠毅公，史可法的谥号为史忠烈公，林则徐的谥号为林文忠公。

古代帝王生前有号，死后也不甘寂寞，于是又有了谥号。谥号产生于周代，秦代废除谥法，汉代又恢复了谥法，并一直沿用至清末。

周代的谥号有专用字，这些字一般是事先规定并加以定义的。例如西周王朝开国者姬发的谥号"武王"，史称"周武王"，其中"周"是国号，"王"是生前的号，"武"是谥号，谥法规定：威强睿德曰武。

《左传》以鲁国国君的号来纪年，总计有以下 12 个国君：

鲁隐公	鲁桓公	鲁庄公
鲁闵公	鲁僖公	鲁文公
鲁宣公	鲁成公	鲁襄公
鲁昭公	鲁定公	鲁哀公

其中"鲁"是氏，也是封地的名称；"公"则是对诸侯的尊号；中间带点的字是谥号。

从战国时期开始，又盛行双字的谥号。例如：秦孝文王、楚考烈王、赵武灵王等等。

庙号。这是帝王的特权。中国古代朝廷设立太庙祭祀死亡的帝王，为供奉在太庙里的帝王所起之号，称为庙号。庙号通常以"××祖"、"×宗"相称。大凡一个朝代开国的一两代帝王称"××祖"，如：唐高祖（李渊）、宋太祖（赵匡胤）、元世祖（忽必烈）、明太祖（朱元璋）、清太祖（努尔哈赤）；以后的皇帝则称"××宗"（太宗、世宗、高宗）。例如：唐太宗（李世民）、宋仁宗（赵祯）、明神宗（朱翊钧）、清高宗（爱新觉罗·弘历）等。也有特殊情况，如爱新觉罗·福临称世祖，爱新觉罗·玄烨称圣祖，这是因为福临是入关定都的皇帝，玄烨有拓疆定域之功，故采用变通的办法。

帝王的庙号和谥号合在一起叫庙谥，庙号在前，谥号在后。如汉高祖刘邦的全号是太祖高皇帝，（太祖是庙号，"高"是谥号）；汉武帝刘彻的全号是世宗孝武皇帝，唐太宗李世民的全号是太宗文武大圣大广孝帝，宋太祖赵匡胤的全号是太祖启运立极英武睿文神德圣功至明大孝帝，等等。

这样，一个皇帝死后，他的全称就得由国号、庙号、尊号、谥号、号等几部分组成了。我们用（　）表示国号、＿＿＿表示庙号、～～～表示尊号、＿＿＿表示谥号、〈　〉表示号，现在以清代几个皇帝为例分析如下：

努尔哈赤——（清）太祖承天广运圣德神功肇纪立及仁孝睿武端毅钦安弘文定业高〈皇帝〉

皇太极——（清）太宗应天兴国弘德彰武宽温仁圣睿孝敬敏昭顶隆道显功文〈皇帝〉

福临——（清）世祖体天隆运定统建极英睿钦文显武大德弘功至仁纯孝章〈皇帝〉

玄烨——（清）圣祖合天弘运文武睿哲恭俭宽裕孝敬诚信功德大成仁〈皇帝〉

其中努尔哈赤、福临、玄烨没有尊号，因此，他们的全称就少了一个内容。这样长的称呼，根本无法使用，人们只能使用简称。

年号。年号是封建帝王即位后为纪年而设置的称号，如公元1736年弘历继位当皇帝，定年号为"乾隆"，人们称之乾隆皇帝。由于有的皇帝在位期间多次更改年号，如：汉武帝就用过11个年号：建元、元光、元朔、元狩、元鼎、元封、太初、天汉、太始、征和、后元。唐高宗用过14个年号。北宋的太祖和南宋的理宗分别用了3个（建隆、乾德、开宝）和8个年号。所以，史书上对唐代到元末的帝王多以庙号称呼他们，如"唐太宗"、"唐玄宗"等。自明代开始，实行一个皇帝只用一个年号，故而史书上多年号称呼他们，如"嘉靖皇帝"、"乾隆皇帝"、"光绪皇帝"。事实上，对明清两代的皇帝，我们习惯上既不称他的谥号（如称隋以前的皇帝），也不称他的庙号（庙号用于称唐、宋、元的皇帝），而是称他的年号，如洪武、嘉靖、康熙、乾隆、道光、光绪等，成了个颇有特色的称法。

尊号。尊号是帝王生前被朝廷大臣们尊奉的称号。尊号始于唐朝唐中宗和武则天，唐中宗尊号为"应天神龙"皇帝，武则天尊号为"圣神"皇帝。尊号由于是生前被奉上的，因此，难免成为虚假的光环，如害死岳飞的罪魁祸首宋高宗居然被尊为"光尧寿圣宽天体道性仁诚德经武纬文绍业兴统明谟盛烈太上皇帝"。给皇帝起尊号是小人们阿谀奉承和吹牛拍马的最佳工具，如慈禧太后的尊号起初只有"慈禧"二字，到最后变成为"慈禧端佑康颐昭穆庄诚寿恭钦献崇熙皇太后"，堆砌了十六个最漂亮的字眼！

尊号一般是在皇帝生前臣下向他奉上的，也有皇帝敕封给特定人物的，如老子。唐宋时期有不少皇帝信奉道教，因此，给老子追赐了尊号。唐玄宗给他的尊号是"大圣祖高上大道金阙玄元天皇大帝"，宋真宗追封他是"太上老君混元上德皇帝"。

尊号分有官尊和私尊。私尊主要是门人对老师的尊称，当然也是生前的称呼，南宋以后比较流行。如南宋理学家吕祖谦，人称"东莱先生"；著名词人陈亮，人称"龙川先生"；明代文学家归有光，人称"震川先生"；清初思想家黄宗羲，人称"梨洲先生"，等等。

人 物 篇

王诩：号鬼谷子，春秋末期思想家、军事、政治教育家，纵横家的鼻祖。一说为春秋时代卫国（今河南鹤壁市淇县）人；一说为战国时代卫国（今江西省贵溪市）人；但具体生卒日不详，是"诸子百家"之一纵横家的鼻祖，主要著作有《鬼谷子》及《本经阴符七术》。他常入云梦山（又名青岩山，在河南省鹤壁市淇县西南十五千米）采药修道。因隐居周阳城清溪之鬼谷（位于云梦山，在今河南省鹤壁市淇县西部），故自称鬼谷先生。"王禅老祖"是后人对鬼谷子的称呼。苏秦与张仪为其最杰出的两个弟子（见《战国策》）。另有孙膑与庞涓亦为其弟子之说（见《孙庞演义》）。他通天彻地，兼顾数家学问，人不能及。一是神学：日星象纬，占卜八卦，预算世故，十分精确；二是兵学，六韬三略，变化无穷，布阵行军，鬼神莫测；三是游学，广记多闻，明理审势，出口成章，万人难当；四是出世学，修身养性，祛病延寿，学究精深。

鬼谷子（战国）清人绘

《鬼谷子》一书是其后学者根据其言论整理而成，被完整地保留在道家的经典《道藏》中。内容十分丰富，涉及政治、军事、外交等领域，主要讲述有关谋略的理论。鬼谷子先生曾任楚国宰相，后归隐卫国授徒，鬼谷位于江西省贵溪境内，因鬼谷子先生在此授徒为名。最早记载鬼谷子的是司马迁的《史记》。《史记·苏秦列传》中说："苏秦者，东周洛阳人也。东事师子齐，而习之于鬼谷先生。"

王龁：号信梁，战国末期秦国大将，经历三代秦王，为秦国宿将。初为白起的锋芒所掩盖，长平之战中担任初期和后期的秦军统帅。始皇帝二年，王龁战死 。

王绾：战国末年，秦国的丞相。他的出生和去世的年代历史上没有准确的记载。在秦国统一中国之后，他和御史大夫冯劫、廷尉李斯等人为秦始皇商议称号，他们认为古代有天皇、地皇和泰皇，其中泰皇最好，所以，给秦始皇定的称号是"泰皇"，秦始皇觉得自己统一中国，功劳很大。他认为自己有三皇的品德，也有五帝那样的功劳，所以他用了"皇"和"帝"，给自己定的称号叫"皇帝"。

王翦：战国末期秦国杰出的军事家、大将军，与其子王贲一并成为秦始皇兼灭六国的最大功臣。杰出的军事指挥才能使其与白起、李牧、廉颇并列为战国四大名将。被尊为秦始皇"帝师"。

王昭君：名嫱，字昭君，乳名皓月，汉族人，中国古代四大美女之一的落雁，晋朝时为避司马昭讳，又称"明妃"，汉元帝时期宫女，后成为匈奴呼韩邪单于的阏氏。籍贯是西汉南郡秭归（今湖北省兴山县）。

王吉：字子阳，西汉时琅琊皋虞（今属温泉镇）人，官至博士谏大夫。班固把王吉比作周朝的伯夷、叔齐，汉代的园公、绮里季、夏黄公等。即墨九贤之一。

王莽（公元前45—公元23年）：字巨君，中国历史上新朝的建立者，公元8—23年在位。王莽为西汉外戚王氏家族的成员，其人谦恭俭让，礼贤下士，在朝野素有威名。西汉末年，社会矛盾空前激化，王莽则被朝野视为能挽危局的不二人选，被看作是"周公在世"。公元9年，王莽代汉建新，建元"始建国"，宣布推行新政，史称"王莽改制"。王莽统治的末期，天下大乱，新莽地皇四年，更始军攻入长安，王莽死于乱军之中。王莽在位共15年，死时69岁，而新朝也成为了中国历史上最短命的朝代之一。

王充（公元27—约97年）：东汉著名哲学家，字仲任，会稽上虞人，他的祖先从魏郡元城迁徙到会稽。王充年少时就成了孤儿，乡里人都称赞他孝顺。后来到京城，到太学（中央最高学府）里学习，拜扶风（地名）人班彪为师。喜欢博览群书但是不死记章句。

家里穷没有书，经常去逛洛阳集市上的书店，阅读那里所卖的书，看一遍就能够背诵，于是精通了百家之言。后来回到乡里，住在家里教书。会稽郡征聘他为功曹（官职名），因为多次和上级争论，和上级不合而辞职离开。王充擅长辩论，开始的话好像很诡异，最后却又实在的结论。他认为庸俗的读书人做学问，大多都失去儒家了本质，于是闭门思考，谢绝一切庆贺、吊丧等礼节，窗户、墙壁都放着刀和笔。他写作了《论衡》八十五篇，二十多万字，解释万物的异同，纠正了当时人们疑惑的地方。王充祖籍是魏郡元城（今河北大名），系元城王氏之后。元城王氏在西汉时期极为风光，自开基始祖王贺始，王氏一门内外，上有皇后、宰相、下有列侯、将军及各级官吏，一时间，元城王氏势齐云霄，荣耀非凡。到了王莽时候，废汉自立新朝，元城王氏走向顶峰，成为天下第一家族，但也随着王莽政权的消失，地位一落千丈。

王允（公元 137—192 年）：字子师，太原祁（今山西祁县）人。官至司徒、尚书令。用美人计和连环计杀掉乱臣董卓。

王粲（公元 177—217 年）：字仲宣，山阳高平（今山东邹城）人。东汉末年著名文学家，"建安七子"之一，由于其文才出众，被称为"七子之冠冕"。初仕刘表，后归曹操。

孝子王祥"卧冰求鲤"

王祥（公元 185—269 年）：字休征，祖籍琅琊（今临沂）人。以孝著称，其事迹为二十四孝之一，"卧冰求鲤"的主人公。"书圣"王羲之五世祖王览的同父异母兄。历汉、魏、晋三代，东汉末年隐居 20 年，后在晋为官，担任太尉、太保等官职。今故里孝友村有"王祥卧冰处"。

王戎（公元 234—305 年）：字濬冲，祖籍琅琊临沂。西晋名士，"竹林七贤"之一。

王敦（公元 266—324 年）：字处仲，东晋初权臣。琅邪临沂（今山东临沂）人，士族出身，是王导的堂兄，娶晋武帝司马炎女襄城公主为妻。早年任给事黄门侍郎，王衍荐为青州刺史，东海王司马越掌权时，任为扬州刺史。司马睿移镇建业，召为军咨祭酒，后又继刘陶任扬州刺史、都督征讨诸军事。与王导共同扶植司马氏的江东政权，消灭不从命的江州刺史华轶，镇压以杜弢为首的荆湘流民起义。东晋的经济、军事重心在于荆、扬二州，王敦进位镇东大将军、开府仪同三司，加都督江、扬、荆、湘、交、广六州诸军事、江州刺史，封汉安侯，掌握长江中上游的军队，统辖州郡，贡赋入己，将相官吏多出其门，专擅朝政，威胁晋室。晋元帝司马睿既畏惧又嫌恶，重用刘隗、刁协等与之抗衡，并放免扬州地区的僮客组成军队，任命刘隗为镇北将军，戴渊为征西将军，名义上北讨石勒，实则防御王敦。永昌元年（322 年）正月，王敦以诛刘隗弊恶为名在武昌（今湖北鄂州）起兵，江南大族沈充也起兵响应，王敦攻入建康，杀戴渊、周顗、刁协，刘隗投奔石勒。朝廷以敦为丞相、江州牧，进爵武昌郡公，还屯武昌。太宁元年（323 年），王敦谋求篡位，进谏朝廷征召自己，当年元帝病死，明帝即位，在胁迫下手诏征敦入朝辅政，又拜受加黄钺、班剑武贲二十人，奏事不名，入朝不趋，剑履上殿。王敦自武昌移镇姑孰（今安徽当涂）时，晋明帝司马绍派侍中阮孚设牛酒犒劳王敦，但王敦却称病不见，只派主簿接受，不久王敦自任扬州牧。后王敦侄儿王允之听到潘凤与王敦讨论夺权的计划，王允之即告诉父亲王舒，而王舒及王导就告诉晋明帝，让朝廷都准备应付王敦。太宁二年（324 年），王敦患病，明帝下令讨伐。王敦以兄王含为元帅，使钱凤等率兵三万攻建康，明帝亲率六军抗拒。王敦病重而卒，不久王含、沈充、钱凤等军都被击败，王敦之乱得以平定。之后王敦即被起出尸身，烧毁衣冠，并摆成长跪的姿势戮尸，头颅被斩下后与沈充等人的头颅一同被挂在城南朱雀桁上，向平民展示。及后王敦的尸首都没有人敢收葬，最后在尚书令郗鉴的建议下才让王敦家属收葬。王敦覆亡后，王敦各党羽都被追捕，但琅琊王氏并未被牵连，如王导等人更获加官晋爵。

王导（公元 276—339 年）：字茂弘，汉族，琅琊临沂（今山东临沂）人，在东晋历仕晋元帝、晋明帝和晋成帝三代，是老练的政治家。他出将入相，识量清远，奠定东晋之基础，朝野号称"仲父"。王导出身中原著名士族琅琊王氏，从太保王祥以来，一直是名门望族，王祥族孙王衍累任至司空、司徒、太尉，是朝中数一数二的人物。王导是王衍的族弟。王导的祖父王览，官光禄大夫；父亲王裁，任镇军司马。东晋建立后，身历要职。咸康五年，病逝，终年六十四岁，谥文献。有六子。

王导

王廙（公元 276—322 年）：字世将。祖籍琅邪临沂人。东晋著名书法家、画家、文学家；同时，也是一个屈指可数的音乐家。王廙是东晋丞相王导的堂弟、晋元帝的姨弟，并与王导一起倡导晋室南渡。封武陵县侯。曾为平南将军，赠侍中，骠骑将军，谥曰康。《晋书本传》评其"少工书画。"羊欣云："廙能章楷，谨传钟法。"王僧虔云："王平南是右军叔，自过江东，右军之前，唯廙为最。书为右军法。"

王羲之（公元 321—379 年，一作公元 303—361 年，又作公元 307—365 年）：字逸少，号澹斋，祖籍琅琊临沂人，晋代大书法家。历任秘书郎、宁远将军、江州刺史。后为会稽内史，担任右将军，人称"王右军"、"王会稽"。因对书法方面的至高造诣，被誉为"书圣"。

王羲之自幼爱习书法，由父王

王羲之

旷、叔父王廙启蒙。王廙是王羲之的叔父，王羲之从小就受他的影响。因此，成就了他的书法事业。王廙不仅书、画名重一时，而且有理论，他是继汉代的蔡邕之后又一个将书、画等艺术相结合的人。他的绘画理论的重要一点是，提出了书、画创作要"行己之道"，即所谓不因袭前人，要闯出自己的路子。王羲之正是遵循他的这一创新原则，在广泛学习借鉴前人优秀成果的基础上，努力创新，做到承前启后，继往开来，使书

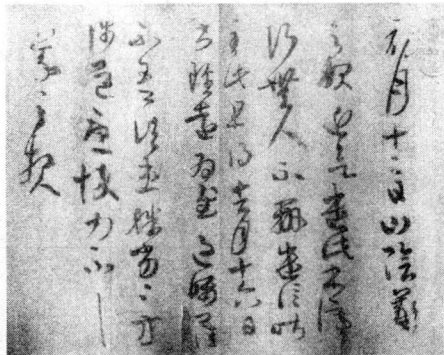

初月帖

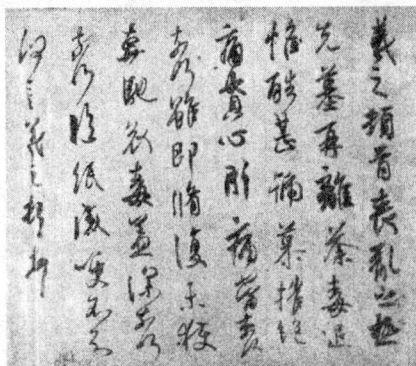

丧乱帖

法艺术到晋代为之一变，开创一代书风，成为中国历史上有名的一代"书圣"。王羲之代表作品有：楷书《黄庭经》、《乐毅论》、草书《十七帖》，行书《姨母帖》、《快雪时晴帖》、《丧乱帖》、《兰亭集序》、《初月帖》等。其中，《兰亭集序》为历代书法家所敬仰，被誉作"天下第一行书"。王兼善隶、草、楷、行各体，精研体势，心摹手追，广采众长，备精诸体，冶于一炉，摆脱了汉魏笔风，自成一家，影响深远。

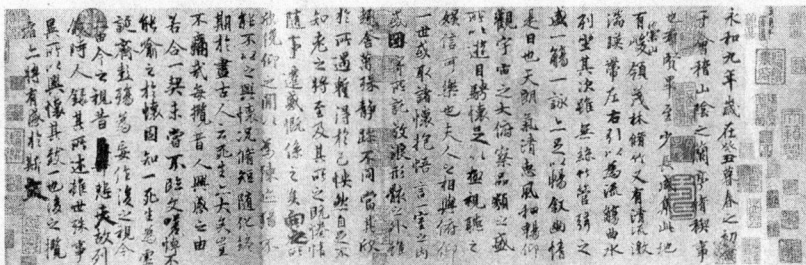

兰亭集序

王徽之：（公元338—386年），字子猷。祖籍琅邪临沂人，晋代书法家，王羲之第五子。

王徽之生性"卓荦不羁"，生活上"不修边幅"，即使是做了官，也是"蓬首散带"，"不综府事"。桓冲曾劝告他，为官要整衣理冠，应当努力认真严肃地处理公务。他对桓冲的话根本不予理睬，照样"直眼高视"，整天用手板拄着自己的面颊，东游西逛。由于王徽之

王徽之画像

"其性放诞"，受不了朝中的各种规矩的束缚，在任黄门侍郎一职不久，便"弃官东归"，退居山阴。王徽之生性酷爱竹，尝曰："何可一日无此君！"他弃官后退居江宁山阴村。亲手在房子周围栽满了竹子，并且每天在竹林之下，吹箫咏竹。

王徽之作品

王献之（公元344—386年）：字子敬，祖籍琅琊临沂人，晋代书法家、诗人，生于会稽（今浙江绍兴），王羲之第七子。死时四十三岁。以行书和草书闻名后世。王献之幼年随父羲之学书法，兼学张芝。书法众体皆精，尤以行草著名，敢于创新，不为其父所

圉，为魏晋以来的今楷、今草作出了卓越贡献，在书法史上被誉为"小圣"，与其父并称为"二王"。

王猛（公元 325—375 年）：十六国时期苻坚的丞相。"关中良相惟王猛，天下苍生望谢安"，两人分别留下了各自的精彩。曾经被苻坚等时人誉为诸葛亮式的人物。柏杨在《中国人史纲》中列出"中国六大丞相"为管仲、商鞅、诸葛亮、王猛、王安石、张居正。

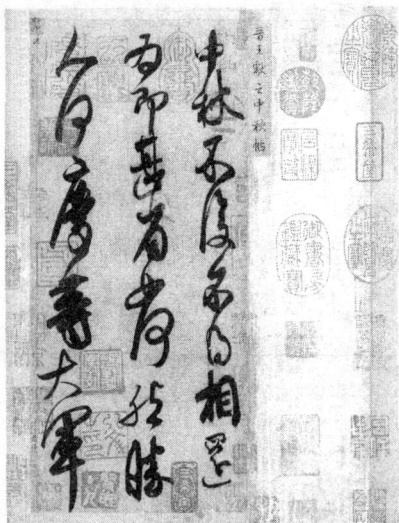

王献之《中秋帖》（米芾临摹本）

王勃（公元 649—676 年）：唐代著名诗人，字子安，绛州龙门人。诗文与于龙齐名，并称"王于"，王勃也与杨炯、卢照邻、骆宾王齐名，齐称"初唐四杰"，其中王勃是"初唐四杰"之冠。

王之涣（公元 688—742 年）：唐代诗人，《登鹳雀楼》久传不衰。

王昌龄（公元 698—756 年）：字少伯，汉族。盛唐著名边塞诗人，后人誉为"七绝圣手"。世称王龙标，有"诗家天子王江宁"之称，存诗一百七十余首。

王维（公元 701—761 年）：字摩诘，祖籍山西祁县，唐朝诗人、画家，外号"诗佛"。

王仲舒（公元 762—823 年）：字弘中，唐代太原（今山西太原西南）人，文学家。少好学，工诗文。历任左拾遗（唐朝中央政府设立谏诤机构，左拾遗是监察官）、苏州刺史、洪州刺史、中书舍人、吏部员外郎等。曾上疏极论裴延龄之过。穆宗时，任江南西道观察使，曾出官钱两千万，代贫民输税，后病死任所。元和年间（806—820 年），在南昌奖励文学，文风盛开。还邀请当时担任袁州刺史的韩愈来南昌，对南昌文学的发展做出重要贡献。作有《滕王阁记》和《钟陵送别》等。

Wangxing Qiming Tongdian

王孝通：中国唐代算历博士，著名数学家，著作《缉古算经》。

王建（公元847—918年）：五代时十国之一前蜀皇帝，庙号"高祖"。

王旦（公元957—1017年）：北宋名相，字子明，大名莘县（今属山东）人。官工部尚书、同中书门下平章事、集贤殿大学士。天禧元年九月，王旦病逝，册封太师、尚书令、魏国公，谥"文正"。仁宗即位后，为其立碑，并亲笔御书"全德元老之碑"。欧阳修奉旨为其撰写碑文。苏轼为王氏宗祠撰写了《三槐堂铭》。

王曾（公元978—1038年）：字孝先，青州益都（今山东益都）人，宋真宗咸平五年壬寅科状元。取解试、省试、殿试皆第一，成为科举史上"连中三元"的状元。官至右仆射兼门下侍郎，平章事，集贤殿大学士，封沂国公。卒谥"文正"。

王惟一（公元987—1067年）：名王惟德，北宋医家。对针灸学很有研究，集宋以前针灸学之大成，著有《铜人腧穴针灸图经》一书，奉旨铸造针灸铜人两座。为我国著名针灸学家之一。

王安石（1021—1086年）：字介甫，号半山，封荆国公。汉族。临川人（今江西省抚州市区荆公路邓家巷人），北宋政治家、思想家、文学家，改革家，唐宋八大家之一，宋神宗的宰相。卒谥"文"。

王安石

王重阳（1113—1170年）：中国宋代道士，道教全真道的创始人。原名中孚，字允卿，又名世雄，字德威，入道后改名喆，字知明，道号重阳子，故称王重阳。北宋末京兆咸阳（今陕西咸阳）大魏村人。其死后三年间，全真道传教范围波及关中、河南、河北、山东大部分，遍于社会上下各阶层。在组织上、理论上为全真道的兴盛发展奠定了基础。

王约（1252—1333年）：字彦博，号豫斋，赠文定公、梁国公，为仁宗帝儒师，任太子詹事、河南省右丞、集贤大学士，官荣禄大夫。工文辞，精蒙语，世称元初"鸿笔"，官历七朝五十余年，为元代名臣，深为元廷敬畏。

王实甫（1260—1336年）：字德信。河北省定兴县究室村人。元代戏曲伟大戏剧家。中国著名剧作《西厢记》的作者。

王蒙（1301—1385年）：字叔明，号黄鹤山樵、香光居士，湖州（今浙江吴兴）人。元朝著名画家。与黄公望、吴镇、倪瓒合称为"元四家"。

王守仁（1472—1528年）：汉族，浙江余姚人。字伯安，号阳明子，世称阳明先生，故又称王阳明。

王重阳

他是明代最著名的理学家、教育家、军事家、书法家，陆王心学之集大成者，非但精通儒家、佛家、道家，而且能够统军征战，是中国历史上罕见的全能大儒。王守仁生长于文化世家大族，从小就继承了家学，于弘治十二年（1499年）中进士，从此走入仕途，历任刑部、兵部主事。他学识渊博，诗文、经史、兵书、术数、佛道、百家之书无所不读，因而成为一位具有文韬武略的全才，在中国历史上，以文人而善于用兵，身兼哲学家、军事家于一身的伟大人物，独王守仁一人而已，可以说是千古奇才。明正德元年（1506年），王守仁因得罪宦官刘瑾，被贬至贵州龙场驿站，但他却在此"阳明小洞天"潜心经学，提出"知行合一"、"致良知"的"格物致知"学说，创立了著名的"阳明学派"。王守仁对中国哲学、思想、文化的卓越贡献，使余姚王氏名扬天下，赫赫如日中天。至此，余姚王氏的发展到达巅峰。

王铎（1592—1652年）：字觉斯，号嵩樵，别署烟潭渔叟。孟津（今河南孟津）人。博学好古，工诗文。好古博学，诗文书画皆有成就，尤其以书法独具特色，世称"神笔王铎"。书法与董其昌齐名，明末有"南董北王"之称。

王夫之（1619—1692 年）：字而农，号薑斋，别号一壶道人，学者称"船山先生"，湖南衡阳人，明末清初杰出的思想家，哲学家。与方以智、顾炎武、黄宗羲并称为明末四大学者。

王时敏（1592—1680 年）：明末清初画家。字逊之，号烟客、西庐老人等。江苏太仓人。与王鉴、王翚、王原祁并称四王，外加恽寿平、吴历合称"清六家"。开创了山水画的"娄东派"，居清初画家"四王"之首。

王文治（1730—1802 年）：字禹卿，号梦楼，江南丹徒（今江苏省镇江市）人。乾隆二十五年（庚辰，1760 年）一甲第三名进士（探花），清代文学家、书法家。工诗、书，书法得董其昌神髓，与梁同书齐名。

王鼎（1768—1842 年）：字定九，号省厓，陕西蒲城西街达仁巷人。清朝著名水利专家、政治家。王鼎是清代著名抗英名相，嘉庆和道光皇帝的老师。王鼎少年时家境贫寒。他勤奋好学，心存大志。清嘉庆元年（1796 年）中进士，曾历任翰林院庶吉士、编修、侍讲学士、侍读学士，礼、户、吏、工、刑等部侍郎，户部尚书、河南巡抚、直隶总督、军机大臣、东阁大学士。曾改革河务、盐政、平反冤狱，颇有政绩。鸦片战争中，他极力主战，反对议和投降割让香港。

王庸敬：字圣传，号简候。浙江慈溪人，谱牒学者，生于嘉庆甲戌六月十八日，卒于同治戊辰十二月十八日，享年 55 岁。三槐堂西沙支后裔。

王庸敬经数次乡试均落第，便决心不再参加科举，在邑南太平桥举办云华堂，专为民间操办善事，规模很大，影响深远。此间，以例贡捐州同知衔加一级，并诰授奉政大夫、晋授朝议大夫。

王庸敬花费半生心血纂修的《王氏通谱》共 106 卷，生前未能亲自付印出版。及至丁亥年，王庸敬次子仁恩开始努力筹集资金，并嘱咐弟仁元着手核对谱稿。经 8 年努力，终于将 106 卷的《通谱》用活字版排印 100 套。

王守训（1845—1897 年）：字仲彝，号松溪。黄县城东（今龙口市兰高镇）逢鲍村人。清光绪年间武英殿协修、纂修。自幼笃志好学，17岁入邑庠（县学），补廪膳生（享受官府发给生活补贴的生员）。1870年（同治九年），考中山东省同治丁卯、庚午并科乡试副榜。1885年（光绪十一年），中顺天举人。次年，中进士，选为翰林院庶吉士。在教馆学习中，馆课连列第二名，授教馆检讨之职，继授国史馆协修，武英殿协修、纂修等职。在职期间，分管编修《国史·艺文志》。他稽经问史，日夜考据，勘误订正，不辞辛劳。1894年（光绪二十年）正月，奉旨协助挚友、侍读王懿荣回乡办团练，干练认真，王懿荣赞之为"合郡第一"。

王守训一生宦海生涯（1886—1897年）不长，更多的时间是著书立说，从事教育和收藏古籍。其著述共17种、100卷。主要著作有《登州杂事》、《登州诗话》、《汉碑异文录》、《读札笔记》、《春秋地理补考》、《韵字折衷》等。

王国维（1877—1927年）：字伯隅，号观堂，浙江海宁盐官镇人。是清末中国知识分子的旗帜，他曾担任过光绪皇帝的老师。1925年任清华国学研究院第一导师。我国近现代在文学、美学、史学、哲学、古文字、考古学等各方面成就卓著的学术巨子，国学大师。

王宠佑（1878—1958年）：字佐臣，广东东莞人。我国近代第一批矿冶专家，中国地质学会创建人之一。

王若飞（1896—1946年）：是我党早期杰出的无产阶级革命家。王若飞以自己的生命，实践了他"一切要为人民打算"的诺言，成为共产党员学习的楷模。

王尽美（1898—1925年）：是中国共产党的创始人之一。

王荷波：中国工人运动的先驱，是中国共产党早期领导人之一。

王亚南（1901—1969年）：著名现代经济学家，著有《政治经济学史大纲》、《〈资本论〉研究》等。

王震（1908—1993年）：中国无产阶级革命家，原中华人民共和国副主席，中国人民解放军高级将领。

王淦昌（1907—1998年）：江苏常熟支塘镇人，著名核物理学家、中国核科学的奠基人和开拓者之一、中国科学院院士、九三学社中央名誉主席、中国共产党优秀党员、中国"两弹一星"功勋。在国际上享有很高的声誉。在70年科研生涯中，他奋力攀登，取得了多项令世界瞩目的科学成就。

王进喜（1923—1970年）：大庆人的杰出代表，中国石油工人的光辉典范，中国工人阶级的先锋战士，中国共产党人的优秀楷模，给后人留下了宝贵的精神财富——铁人精神。

王安（1920—1990年）：美籍著名企业家，现代电脑重要发明人。

王选（1937—2006年）：曾任中国科学院院士，中国工程院院士，第三世界科学院院士。汉字激光照排系统的创始人。

王光美（1921—2006年）：刘少奇的夫人，祖籍天津，1921年9月出生于北京，20世纪40年代初求学并任教于北平辅仁大学。曾任全国妇联第三届执行委员，是中共十二大代表，第三届全国人大代表，第五届全国政协委员，第六、七届全国政协常委。王光美出身名门。她的父亲王槐青在辛亥革命前曾留学日本早稻田大学，后在民国初年代理北洋政府农商部总长，参加过1919年的巴黎和会及1921年的华盛顿九国会议。光美，就是其父亲在华盛顿参加九国会议时得知喜得千金后所起的名字。

王永庆（1917—2008年）：祖籍福建安溪。为台湾著名的企业家、台塑集团创办人，被誉为台湾的"经营之神"。

此外，当代王姓名人还有王希季（两弹一星功勋）、王大珩（应用光学专家）、王蒙（作家）、王永民（王码汉字键盘输入发明者）、王家卫（香港著名导演）、王菲（著名女歌手）等。

与读者沟通联系方式以及调查卷

您看到我们的书,对你我都是一个很重要的机遇! 为了提高我们的服务水平,请把您的建议和要求告诉我们。

出版社　E-mail：cmp01@263.net

　　　　电　话：010-68407061

作　者　E-mail：haoming169@yahoo.com.cn

　　　　手　机：(0)13013576514

1. 您是怎么知道本书的?
   A. 书店购买　　　　　　　　B. 借阅
   C. 上网　　　　　　　　　　D. 亲朋好友

2. 您购买本书的原因?
   A. 作者的知名度高　　　　　B. 书的内容质量好
   C. 对此类书感兴趣

3. 您对本书的封面设计、内文排版及图书开本大小满意吗?
   A. 对封面设计满意　　　　　B. 内文排版满意
   C. 对封面不满意　　　　　　D. 内文排版不满意
   E. 开本太大,携带不方便

4. 您希望本书增加或减少哪些方面的内容?
   A. 增加第＿＿章第＿＿节　　B. 减少第＿＿章第＿＿节

5. 您对本书的评价?
   A. 最喜欢第＿＿页的文章　　B. 最不喜欢第＿＿页的文章
   C. 与同类书相比,本书更值得阅读

6. 这本书的定价高吗?
   A. 不高　　　　　B. 有点高　　　　　C. 能接受现在的书价

7. 其他意见或建议＿＿＿＿＿＿＿＿＿＿＿＿＿